KB105542

복지의 배신

SOUTH KOREANS IN THE DEBT CRISIS

by Jesook Song

ⓒ 2009 by Duke University Press

Korean translation copyright ⓒ 2016 by E-Who Publishing company

복지의 배신

송제숙 지음 | 추선영 옮김

이후

낸시 에이블먼 선생님과
그녀의 가족들에게

차례

한국어판 발간에 부쳐   6

감사의 글   22

여는 글 복지는 어떻게 우리를 배신했나?   28

1장 대한민국에 세워진 신자유주의적 복지국가   53

2장 서울역 광장과 〈자유의집〉   95

3장 〈농협〉의 구조 조정이 의도한 것과 가족해체 담론   147

4장 보이지 않는 사람들: 여성 노숙인에 대한 정책 부재   167

5장 청년, 신자유주의의 복지와 노동 주체   241

닫는 글 진보 세력의 딜레마   288

참고 문헌   314

찾아보기   335

한국어판 발간에 부쳐

이 책은 외환 위기(1997년~2001년) 동안의 노숙인 문제와 청년 실업을 중점으로, 한국 최초의 보편적 복지국가가 등장하는 과정과 의미를 돌아보고 있다. 당시 한국 사회에서 화두가 되었던 '가족해체', '실직 노숙자', '재활/자활', '공공 근로 사업', '신지식인', '벤처 창업', '창의적 자본' 등에 관심을 기울이며, 현장 문화기술지(文化記述誌, ethnography) 연구 자료들을 통해, 신자유주의적 노동/복지 주체가 형성되는 과정을 살펴본다. 2003년 일리노이 주립대학 박사 논문이었던 것을 바탕으로 2009년 〈듀크대학 출판사〉에서 책으로 출판했다.

2013년 이후 출판사에서 한국판 출판을 의뢰해 왔을 때, 반가운 마음이 들면서도 선뜻 응낙할 수가 없었다. 이제 와서 15년도 더 지난 이야기를 한다는 게 한국의 독자들에게 너무 느닷없이 여겨지지 않을까 싶은 게 우선 드는 걱정이었다. 이는 한국 밖에 살면서 한국을 연구하는 이들이 흔히 토로하는 한국 사회의 놀라운 변화 속도에 대한 불안감과도 관련이 있다. 내 박사 논문을 지도한, 지금은 고인이 된,

한국 지역 전공 인류학자 낸시 에이블먼(Nancy Abelmann, 1959 ~ 2016) 교수는 이렇게 말했다. "아무리 한국 전문가라 해도 한국에 살지 않으면서, 한국 사회의 빠른 변화 속도를 따라잡을 수 있는 현장 기술지 연구란 거의 불가능해요." 그리고 매년 한국에 연구하러 올 때마다 항상 뒤처진 느낌, 많은 것을 놓치고 있다는 느낌이 든다고 했다. 나 또한 뼈저리게 공감한다. 골목에 있던 익숙한 가게 간판이나 업종이 방문할 때마다 바뀌어서 인터뷰 약속 장소 정하는 데 애먹는 일이 허다하고, 최근 화두가 되는 드라마나 텔레비전 프로그램, 유행 신조어, 지자체 선거 결과 같은 것을 바로 못 알아들을 때마다, "그것도 모르세요?" 하는 말과 함께 상대방의 웃음을 자아내는 것도 예사가 되었다.

하지만 이렇게 우려하는 까닭은, 내가 매번 한국 풍경을 낯설어 하는 해외 거주 한국 지역 전공 인류학자이기 때문이기도 하지만, 한국에서 1980년대 말부터 1990년대 초까지 대학을 다닌 사람으로서, 한국 독자들과 저자들이 시대 감각을 담아내지 못하는 글쓰기에 얼마나 통렬한지 잘 알고 있기 때문이다. 또한 한글 저술 활동을 하지 않은 지 25년이 넘어가고, 학술 논문은 한글로 써 본 적도 없는 내가 과연 민망하지 않은 글쓰기를 할 수 있을지, 독자들에게 의미있는 출판을 하는 것인지 자신이 없었다.

과연 책임 있는 지식 생산을 하는 것일까 하는 우려는 출판에 대한 압력이 거센 북미 학계에서의 경험(한국에서도 별다르지 않다고 들었지만), 곧 출판이 연구자의 연간 실적과 종신제 심사 도구로 사용되는 가운데, 가장 의식해야 하는 것은 대중 독자가 아니라 출판 리뷰를 담당하는 몇 명이라는 점에서 이미 생겨난 의구심이다. 게다가 왜 출판을 하는가, 무슨 의미로 지식 생산을 하는 것인가 하는 우려는 '번역'이란 과정을 통해 한층 더 깊어진다. 기본적으로 외국 서적을 한국어로 출판하는 경우, 번역 과정이 내포하는 맥락의 차이, 곧 책이 쓰인 맥락과 번역된 곳에서의 맥락이 매우 다를 수 있기 때문에, 이를 연계시키는 번역은 매우 힘들고, 성공적인 번역 역시 '오독'의 위험이 산재한다. 이 책은 더욱이 번역 과정이 중첩, 번복되는 과정에서 생겨나는 어려움을 겪었다. 연구 대상이 한국이고 원자료도 모두 한글이었지만, 이를 영미학계 논문으로 영문화 하는 과정에서 선별적 지식 생산을 한 다음, 다시 거꾸로 한국 독자들을 위해 한글 번역 작업을 진행한 책이기 때문이다. 한글 원자료를 추적하는 과정에서, 원자료(인터뷰, 신문 자료, 다큐멘터리 영화)가 보존되지 않을 경우(십 년 이상 되면 기밀을 이유로 폐기하는 게 원칙이다.) 한글 원자료는 영영 지식 생산 분배 과정에서 사라지고 영문으로 번역된 자료와 지식만 남게 되는 웃지 못할 아이러니가 생긴다. 언젠가 한글로 번역할 것이란 기대와 준비 없이 한글 원자료로 영문 논문을 쓰게 되면, 흔히 있을 수 있는 일이다. 다행히 이 책의 한글 원자료들은 무사히 남아 있었다. 내가 미래를 내다보는 눈이 있었던 건 아니다. 단지, 과거에는 원자료 폐기 조건이 강하지 않았던 데다, 캐나다로 직장을 옮기는 과정에서 한 캐비넷 정도 되는 자료 대부분을 가져왔고, 결국 이십 년 가까이 간직하게 되었을 뿐이다. 이런 한글 원자료를 뒤적이며 다시 '지식'을 한글로 복구하는 데 도와준 이윤희 조교에게 고마움을 표한다.

지식의 모체인 한국 독자를 대상으로 거꾸로 번역되는 경우는 아직도 드물다. 한국 전문가로서 프랑스 지리학자인 발레리 줄레조Valérie Gelézeau가 지은 『아파트 공화국』(길혜연 옮김, 후마니타스, 2007)이나 미국 사회학자인 구해근의 『한국 노동계급의 형성』(신광영 옮김, 창비, 2002), 앙드레 슈미드Andre Schumid가 쓴 『제국 그 사이의 한국 1885~1919』(정여울 옮김, 휴머니스트, 2007)가 있고, 한국 지역 전문 미국 인류학자인 낸시 에이블먼의 『사회이동과 계급, 그 멜로드라마』(강신표 외 옮김, 일조각, 2014), 역사학자 이남희의 『민중 만들기: 한국의 민주화운동과 재현의 정치학』(유리·이경희 옮김, 후마니타스, 2015), 한국 문학자 이진경의 『서비스 이코노미: 한국의 군사주의 성 노동, 이주 노동』(나병철 옮김, 소명출판, 2015), 로렐 켄달Laurel Kendall이 쓴 『무당, 여성, 신령들: 1970년 한국 여성의 의례적 실천』(김성례 옮김, 일조각, 2016)을 들 수 있다. 일반 번역서와 달리, 연구 대상과 장소의 사회정치적 맥락이 이미 독자들이 익숙한 '자신들'의 경험인데도 저자의 지식 생산 맥락, 곧 북미 영어권이나 불어권에서 의미 있는 정보와 질문들로 구성된 내용 때문에, 한국어판을 보는 독자들에게는 적절치 않거나 저자가 주장하는 바의 중요성이 분명하지 않을지도 모른다. 또한 한국 독자들이 더 궁금할 수 있는 점들은 많이 생략되었을 가능성이 있다. 다행히도 이 책은 한국 독자 입장에서 더 알고 싶은 내용들, 자료에서 논문으로, 또 영문 책으로 만들어지는 과정에서 삭제되거나, 아니면 시간이 흘러 내가 따라잡지 못한 부분들을 출판사에서 적절히 지적하고 보완해 주어 그럴 가능성이 조금이나마 줄었다. 진심으로 감사드린다. 이런 도움에도 찾지 못한 원자료와 정보들에 대한 책임은 모두 내 몫이다.

한국에서 정치 사회적, 지적 토양을 받고 자랐고 한국 밖에서 지식 생산을 하고 있는 삶에서 생겨나는 중층적 한계와 자의식은, 인류학 내에서 보자면 '본토/자국 인류학자native anthropologist' 라는 딱지에 붙어 다니는 논쟁들과도 무관하지 않다. 인류학 전통에서 서구 백인 인류학자들의 통역과 현지 안내를 담당하던 본토인들이 서구에 들어가 인류학자가 되는 경우에, 자국 출신 인류학자들이 현지 상황을 유기적으로 잘 파악하고 있다는 장점이 인정된다. 하지만 또 본토/자국 인류학자들은 출신 문화를 연구할 때 거리 두기가 어려워 연구의 객관성이 떨어진다는 비판이 있어 왔다. 그러나 본토/자국 인류학자의 장단점 모두 어불성설이라는 의견들이 나온 지도 꽤 된다. 자국 출신이라 해서 그 사회 내에서의 다양한 위치와 상관없이, 그 사회의 주도적 문화와 입장을 견지하고 이를 서구에 대변할 거라 미뤄 짐작하는 것은 매우 순진한 이해이며, '객관성'을 들먹이며 이들의 연구자 자질을 깎아내리는 것 또한 서구 근대 사고방식의 한계를 식민적 관계로 재생산하는 것이라는 비판이다. 다시 말해, 본토/자국 인류학자란 딱지는, 지식 생산을 위해 누구나 가지게 되는 위치관계성positionalities을 보지 않고 데카르트적 근대 사고의 전통을 이어 이분법적으로 객관-주관을 따지는 언설로서 한계를 드러내는 것이다. 서구 인류학자들의 해석자,

지식 생산자 역할과 달리, 본토/자국 인류학자의 가치는 '정보 전달자 native informants or knowledge broker'로서 그치게 만드는, 서구 지식 생산 계층 구조를 보여 주는 것이라는 문제성을 담보하고 있다.

나는 북미 영어권 학계에서 이런 탈식민지적(식민 관계를 벗어나서가 아니라, 식민 관계를 흑백논리 이상의 복잡 교묘한 권력 관계로 보는 의미에서의) 한계를 항상 의식하며 이를 벗어나기 위한 진영에 속해 지식 생산을 해 왔다. 다시 말해, '한국, 비서구 이야기는 사례 연구일 뿐'이라는 담론에 맞서, 한국 사회가 경험한 것을 통찰하는 것이 인류 근현대사의 보편적 쟁점을 짚어 보는 것과 맞닿아 있음을 보여 주려고 노력해 왔다.

그러나 이런 노력은 또 다른 탈식민성의 위험을 내포하고 있다. 서구 맥락에서 생성된 이론을 증명하기 위해 비서구 현지 맥락을 효과적으로 가져오는 방식의 연구가 되기 쉽고, 이는 결국 서구와 비서구의 지식 생산 과정에서 주종 관계를 재확인시키는 양상을 띠게 된다. 결국 자국 인류학자로서 '모국'에 대한 정보만 제공하는 것이 되지 않기 위해 '한국 이야기를 서구 이론 틀에 끼워 맞추는 것'이 되기 쉽다. 이때 아이러니는 자국 인류학자의 한계를 운운하는 입장이나 그에 저항해 지역 맥락을 서구에서 순환circulate되고 있는 쟁점으로 풀어내는 입장 모두 한국과 같은 비서구 상황과 그에 대한 지식 생산을 부차화/국지화시킨다는 것이다.

이런 탈식민적 한계들을 벗어나는 공식은 따로 없다. 모든 인류학자나 지역학자들이 노력하는 대로, 관점 중심으로 현지 자료를 수집하는 게 아니라, 자료를 수집하고 분석한 뒤 자료가 드러내는 논점을 받쳐 주는 이론을 선택하는 게 한 방법이다. 물론 가설과 위치 관계성에 따른 연구자의 특정 관점이 자료 수집에 영향을 미치는 것은 엄격히 배제할 수 없다. 북미의 경우, 대학원생 선별 과정과 논문 조사, 장학금 심사 과정들이 조사 이전에 분명한 이론적 배경과 학습을 기대하는 경향이 있기 때문에 관점과 이론 이전의 '순진무구한' 자료 수집이란 불가능하다고 할 수 있겠다. 그럼에도, 현지 조사를 하는 이들은 종종 자신들이 기대하지 않았던 상황들과 조사 자료를 맞닥뜨리게 되는데, 이런 예상치 못한 자료들의 의미에 대해 열려 있고, 자료가 보여 주는 바를 뒷받침하는 이론 틀을 찾아내는 것이 관건이다. 이런 방법을 탈식민적 한계를 벗어나 적용하는 것은, 서구 지식 사회나 현지 사회 모두에 기여하는 바가 있다. 서구에서는 '보편적'이라 여겨지는 논쟁을 비판적으로 개입할 수 있는 여지를 주고, 현지 사회에서는 유기적으로 생성 변동되는 쟁점과 화두에 의미 있는 지식을 생산할 기치가 된다. 그러나 말이 쉽지, 맥락과 관심사가 다른 두 세계를 향해 동시에 글쓰기를 하는 것은 다른 차원을 일원화시키는 것만큼이나 어렵다. 최근에 출간된 서동진의 『변증법의 낮잠』(꾸리에, 2014)을 보면 왜 정치와 경제를 함께 얘기하는 것이 힘든지에 대한 설명이 나온다. 한 그림을 가지고 다르게 보는 방식을 인정하는 것은 가능하다. 그러나 여러 다른 방식들을 한번에 같이 사용해서 보는 것은 시각적으로 불가능한 것과 비슷하다는 것이다.

내가 나름대로 탈식민지적 한계를 벗어나려 한 과정은 다음과 같다. 인류학 박사 논문을 위해 1998년 초 한국에 현지 조사를 나갔을 때, 조사하려고 한 것은 1990년대 초반부터 두드러진 '성性 정치' 생성과 한국 사회 자유화의 의미였다. 그러나 현지 조사에서 만난 사람들, 그리고 시대 상황은, 외환 위기에 집중되어 있었다. 그래서 아쉽지만 원래 하려던 주제를 포기하고, 외환 위기 기간에 생겨난 최초의 보편적 복지 체제의 형성과 문제로 주제를 바꾸게 되었다. 현지 조사 기간 동안, 학자로서보다는 여성과 청년, 그리고 사회 비주류 구성원들이 겪는 부당한 노동시장 경험들에 대한 위기감을 느낀 사람으로서 뭔가 해야 한다는 마음으로 여기저기 뛰어다니다, 〈서울시 실업대책 위원회〉 산하 〈청년여성실업 분과위원회〉를 보조하는 〈청년여성실업 대책 모니터링 팀〉을 꾸리고 참여하게 되었다. 모니터링 팀은 공공 근로 사업이어서, 나는 다른 팀원들과 마찬가지로 '고학력 청년 실업자'로 등록해야만 했다. 나는 모니터링 팀에서 1999년부터 2000년까지 1년 동안 공식적으로 일했다. 당시 노동법 규정상 1년 이상 계약직이 연장되면 고용인에게 실업 보험과 국민연금이 부과되었기 때문에 더 이상 일할 수 없었다. 그래서 그 이후로는 새로 들어온 팀원들과 함께 비공식적으로 일했다. 공공 근로 사업자 재계약 기간에 맞춰, 분기(3개월)마다 쪼개져 생산해야 했던 모니터링 사업 내용들은, '여성 노숙인', '여성 쉼터 연계', '자구 청년 탈실업 방안', '여성 창업 지원 체계', '장애 여성 실업 대책' 들이었다. 단지 조사를 하는 것을 떠나, 근본 문제를 드러내려는 운동성과 실용적 방안을 찾아내 정부를 설득하고자 하는 정치성을 동시에 담고 있었다. 이때 같이 참여했던 팀원들 사이에는 '운동권 밖의 운동' 또는 '정부 내 운동'을 하는 이로서 실험 의식과 투철한 연대감이 형성되었다. 그때 함께한 팀원들 모두에게 고맙고, 소식 끊긴 이들은 어떻게 지내는지 궁금하다.

모니터링 팀은 정부 보고서를 작성하는 데 요구되는 형식과 내용에 담아낼 수 있는 지식의 한계를 종종 이야기했다. 예를 들면 방대한 공공 근로 사업이 실업·복지·노동·산업 정책의 실질적 구제책으로 실행되는 것이라든지, 기존의 성차적 함의를 고려한 행정 체계가 전무했던 지형에 더해져 외환 위기 당시 사회적으로 보수적 가족 젠더 담론이 헤게모니를 잡아 간 것이라든지, 진보/민주라는 이름으로 나선 민간 협력자들 또한 신자유주의적 복지국가를 형성하는 데 어쩔 수 없이 한몫을 하게 된 것이라든지, 같은 것들이다. 이런 문제의식들은 연구 논문의 기초를 잡고 구체화해 나가는 데 밑거름이 되어 주었다. 덕분에 애초 논문을 위해 준비한 '성 정치'와 한국의 자유화 과정에 대한 화두는 뒤로 밀려나 버렸지만, 수집한 연구 자료와 관찰한 면모들을 바탕으로 사회국가, 복지, 실업, 노숙, 신자유주의와 관련된 문헌들을 새롭게 공부하게 되었다. 연구자로서는 큰 도전이자 새로운 배움이 되었다.

당시 현장 조사 자료에서 국가 위기를 이해하고 해결해 가는 연결 고리로서 두드러진 노숙인과 청년 실업 관련 한국의 사회적 화두는, '가족해체', '실업 노숙인', '재활/자활 사업', '공공 근로 사업', '신지식인', '벤처 창업', '창의적 자본' 등이었다. 이런 화두가 거론되는 장들은 각각 따로인 것처럼 보이기도 했다. 그러나 그 안에서 이 언설을 사용하는 이들은 진정으로 국가의 위기를 함께 벗어나가기 위해 머리를 모으고 애를 쓴다는 점에서 접합점이 보였다. 동시에, 이런 '구국 활동'이 공익과 공공성을 우선으로 한 모범적 행위였음에도, 이런 과정과 함의들을 비판적으로 성찰하는 연구가 필요해 보였다. 어떤 맥락에서 이런 언설들이 최초로 '국민기초생활보장법'이 만들어졌음에도 동시에 빈곤한 이들에게 필요한 수급은 더 까다로워졌는지, 다르게 말하면 신자유주의를 급속화시키는 데 손발이 맞춰졌는지, 어떻게 한국의 젠더와 노동 체제를 보수화하는 데 기여했는지, 담화를 구성하는 참여자들의 딜레마, 특히 복지를 운동이라 생각한 이들조차 신자유주의 복지 정책에 참여하게 된 과정은 무엇이었는지 들이 논문을 쓰는 줄기가 되었다. 외환 위기 당시 한국 도시 빈민 운동 역사에 주목해 온 연구를 보면 비슷한 문제의식을 발견하게 된다. 대표적으로 조문영의 현장 기술지인 「'가난의 문화' 만들기: 빈민 지역에서 '가난'과 '복지'의 관계에 대한 연구」(2001)는 복지라는 행정과 복지를 전략적으로 삼고자 했던 지역 운동가들 사이에 빈민의 수급/시혜를 둘러싼 상호작용을 통해 '가난'과 '복지'의 공모, 곧 가난의 문화를 정당화하고 가난의 조건을 자원화하는 다양한 참여자들의 현실적 문제들을 드러낸다.

결국 이런 담화와 언설들의 행적을 보여 줄 수 있는 방식으로, 언어 인류학, 사회언어학, 푸코 학파 등이 소개한 담론 분석discourse analysis이 유용했다. 이런 담화들이 생성한 복지 시민 주체(특히 누가 수급 자격이 있고 없는지에 대한)는 실상, 단지 국가권력의 강행에 의해

서가 아니라, '민관 협력 체제'라는 이름으로 광범위한 행위자 그룹의 성원과 자발을 통해 이뤄진 사회 통치 방식이란 차원에서 미셸 푸코 Michel Foucault의 통치성governmentality 담론이 적절해 보였다. 또한 이런 담화들이 한국의 자본 축적 체제를 지식 정보 기술 상품, 시장 개발과 금융자본을 통한 이익으로 변동시켜 가는 것과 관련된 것임을 보여 주는 데는 신자유주의neoliberalism를 분석하는 좌파 정치경제학 이 지지해 주었다.

신자유주의와 자본주의 시장의 횡포는, 아시아 국가의 외환 위기부 터, 특히 2007년 국제적 외환 위기(미국 서브프라임 모기지 사태)를 계기 로, 더이상 좌파에서만 비판하지 않는다.[1] 자유주의와 대비해서 무엇 을 신자유주의라 한정짓는지, 그 여파가 '민주화', '자유', '시민의 권 리'라는 언설과 어떻게 얽혀 있는지, 현장에서 개혁과 변혁에 앞장서 는 이들에게 어떤 혼란을 야기하고 있는지 알아보아야 한다. 이런 일 들은 지금 지구 곳곳에서 벌어지는 현상이다. 유로 위기로 인한 유럽 내 비주류 국가들의 정세(유럽 주류 국가들의 횡포에 맞서 국가주의적 단 합에 나서는데 이 가운데 극우 정권이 힘을 받는다든지, 좌파 정권이 들어섰 어도 사회국가에 대한 입장이 불분명해진 경우가 있다.)나, '아랍의 봄'이 란 이름 아래 중동에서 연이은 '혁명'의 기운이 곧 보수 종교나 인종 주의에 의해 '반혁명'으로 이어지는 것처럼 말이다.

내가 외환 위기 당시 현장 조사를 통해 배운 것도 비슷하다. '신자 유주의'의 국가정책 및 국제기관의 표면적 주도 이외에, 실제로 그들 과의 저항적, 협조적 관계 속에, 본인들 의도와 상관없이, '신자유주의'를 증폭시키는 시대정신과 주체를 형성해 가는 사회 통치 행위자들은 다양할 수밖에 없으며, 특히 민주주의와 진보를 위해 뛰어든 이들의 과정과 딜레마를 이해하는 것은 중요하다는 점이었다. 이는 자본주의와 자유주의의 동반성과 관련된다. 곧 자본주의의 탄생과 가속에 불을 지펴 온 자유주의와 그 한 변형으로서 신자유주의는, 자본주의 기반으로서의 '소유권'과 누구에게나 주어진 축적의 기회를, 시민의 자유와 평등의 핵심으로 뒷받침하고 있기 때문이다.[2] 여기서 다양한 '신자유주의' 사회 통치 행위자들이란(이 책에서는 '사회공학 실행자 social engineer' 나 '위기 지식 매개자crisis knowledge broker' 라고 부른다. 여기서의 위기 지식 매개자는 앞서 말한 자국 인류학자를 본토 정보 전달자라고 한 것과 무관한 개념임을 밝혀 둔다.) 보수적 언론과 정부 행정 직원들뿐 아니라, 진보계 전문 지식인, 시민운동가, 심지어는 '의식 있는' 자구 청년 실업자들까지 포함한다. 나 또한 예외일 수 없다.

"그럼 모두가 신자유주의자라는 것이냐?"란 질문과 함께 신자유주의를 이해하는 것이 불가능하고, 바꿔 나가는 것을 단념해야 한다는 것으로 오인할 수도 있겠다. 또한 진보계 세력까지도 당시 위기 지식

---

1) 좌파 내에서도 과연 포스트포드주의적 자본 축적 체제·양식을 어떻게 봐야 하는가, 또는 금융자본의 자본 축적 과정에서의 역할을 어떻게 볼 것인가에 대해 여러 입장이 있다. 한국의 금융시장을 바탕으로 한 금융자본주의와 신자유주의의 관계에 대한 논쟁은 내가 쓴 다른 논문에서 좀 더 자세히 다루었다.(송제숙, 「Living on Your Own: Single Women, Rental Housing, Post-Revolutionary Affect in Contemporary South Korea」, SUNY Press, 2014)

2) 서동진이 쓴 『변증법의 낮잠』을 보라. 우리가 생각하는 시민의 권리가 어떤 지점에서 노동의 권리에서 나온 것임에도 불구하고 어떻게 그것을 앞서는 것으로 변형되었는지, 그 과정에서 살아남은 것이 어떻게 '소유'를 기반으로 한 것이 되었는지를 잘 설명한다.

매개자로 신자유주의적 큰 그림 안에서의 영향력을 보여 주는 것은 되돌아온 보수 정권과 오랫동안 당당한 보수 언론계 앞에서, 안 그래도 옹호 세력이 줄어 가는 듯한 좌파나 그나마 '진보적'이었던 김대중 정권에게 엉뚱한 펀치를 날리는 게 아닌가 하는 우려가 있기도 하다. 하지만 외환 위기 당시의 사회 현상을 연구한 서동진의 『자유의 의지 자기 계발의 의지』(돌베개, 2009)에 잘 나와 있듯이, 자기를 계발하고자 하는 의지와 자발적 노력이 굳이 자본가들과 보수주의자들에게 도움이 되고자 한 것은 아니다. 신자유주의 노동시장에서 살아남기 위해 온갖 자기 계발서를 소비하고 자신을 돌보는 방식으로서 시간 관리, 스펙 관리 등의 지침 언설을 따라가는 것이, 푸코의 개념으로는 시대마다 변화된 자기 관리 기술(technology of self/care of the self/ethics of self-care) 신자유주의적 주체 형성과 사회 통치인 것이다. 곧 개인의 유연성과 상품성을 최대한 계발하고 스스로를 책임지는 주체를 통해, 국가의 개입 없이 사회가 스스로 통치되며 시장이 최대한 활용되는 통치가 가능해지고 심층화된다.

이런 과정에서 내가 한국 당시의 사회 통치 과정을 설명하기 위해 채택한 주요 프레임의 하나인 푸코의 통치성 개념이, 한국 사회에서 좀 더 유용하게 쓰이길 바란다. 푸코의 저서는 1980년 대 말부터 꾸준히 한글로 번역되어 왔지만 통치성에 대한 저서는 많은 인문학 모임에서 공부해 왔는데도 이제서야 출판계의 관심을 받는 것 같다. 최근 번역된 『푸코 효과: 통치성에 관한 연구』(콜린 고든Colin Gordon 외 지음, 이승철 · 전의령 외 옮김, 난장, 2014)이 그 한 예라 볼 수 있다. 또한 푸코의 통치성과 역사적 유물론을 함께 이해한 드문 국내 연구물로 이미 언급한 서동진의 『자유의 의지 자기 계발의 의지』, 『변증법의 낮 잠』을 적극적으로 권하고 싶다. 내가 논문을 쓰던 당시(2000년~2003년)만 해도 통치성은 인류학 안에서 아직 낯선 개념이어서 내게도 미심쩍은 부분이 많았다. 통치성에서 보는 권력은 너무 너그러웠고(국가 권력을 언제든지 도용되는 권위로 보지 않는 점에서), 통치 권력이 불필요한 사회·경제 개입을 최소화하기 위해 스스로 검열하는 근대국가의 사회 통치 방식으로 탄생했다는 것은 한국의 역사적 경험으로 보면 전혀 사실이 아니기 때문이다. 하지만 '민주화' 이후 더 복잡해져 가는 사회적 역학관계와 자유의 의지를 힘입어 이뤄지는 사회 통치를 이해하고, 한국의 '자유주의'와 자본주의 정치경제를 이해하는 데 통치성의 개념은 자극적인 개념이 될 수 있다. 이 책만으로 통치성 개념, 그리고 왜 통치성이 좌파적 정치경제학 입장에서도 유효한가에 대해 다 이야기할 수는 없지만, 앞에 언급한 책들이 있어 마음 든든하다.

이쯤에서 다시 질문한다. 외환 위기 당시의 사회정책과 두드러진 담론들을 분석한 논문이 십 년도 넘은 지금에 와서, 다중적 독자와 지식 생산의 차원을 거쳐 '거꾸로' 번역이 되는데도 여전히, 또는 새롭게 의미를 지니는 지점은 어디일까? 결국 이는 독자가 판단할 일이다. 저자로서 내가 바라는 게 있다면 앞에 논했듯이 '복지'를 '운동'으로, 변혁의 계기로 삼는 것의 계보를 외환 위기 당시부터 짚어 보는 것이다. 지금은 복지에 대한 범위와 기대가 더 보편 확장되어, 진보뿐 아니라 보수도 복지를 핵심 사항으로 겨냥하게 되었고, 이는 몇 년 전

대선과 지자체 선거에서 드러난다. 복지국가는 자본주의 국가가 냉전 체제 속에서 사회주의 국가와 경쟁하는 가운데 노동자 계급의 불만을 무마하기 위해 생겨난 것이기에 엄연히 자본주의 국가의 한 형태다. 그런데도 신자유주의에 저항할 선택의 여지가 별로 없다고 여겨지는 가운데, 복지국가가 마치 자본주의적 성장과 축적의 원리를 넘어서는 방식인 것처럼 미화되는 경우가 한국뿐 아니라 서구에서도 흔히 보인다. 그렇다면, 현재 팽배해진 복지 담론이 신자유주의적 포퓰리즘으로 흡수되어 가는 것이, 이 책에서 밝히는 외환 위기 시 진보 세력의 딜레마로부터 시작되었음은 시사하는 바가 있을 것이다. 변혁을 바라는 '우리' 들은, 신자유주의를 비판하는 주체이자 동시에 신자유주의를 재생산하는 행위자가 되어 있음을 알고 있다. 그렇다면 무엇부터 다시 생각해야 하는지를 점검하는 데 이 책이 도움이 되길 바란다. 또한, 이 책의 주제는 노숙인 문제와 청년 실업이지만, 거론된 담론들 깊숙한 배경에 당시 한국사회의 성 체제를 생생히 보여 주는 기록물로서 의미도 발견할 수 있을 것이다. 민주화와 함께 성장한 성평등 십여 년의 행적이 '가족해체'의 주범을 무책임한 아내, 엄마라는 담론으로 뒷걸음질 치는 모습을 보기도 할 것이다. 지금은 많이 나아졌다고 하지만, 당시만 해도 행정체계 구석구석의 성의식 부재로, 여성 실업, 여성 노숙인 문제 제기에 한계가 많던 시기였다. 여성 정책의 주류화와 성(평등)정치의 보수화가 함께 가속화되는 지점이라 해도 과언이 아니기 때문이다. 아직도 외환 위기 당시에 떠오른 노숙인 문제를 기억할 때, 노숙인 다수는 외환 위기로 실직한, 그리고 서울역 같은 거리로 나앉게 된, 남성 노숙인으로 기억하게 되는 것이 어떤 성 체제의 결과였는지(왜 여성 노숙인은 가시화되지 않았는지), 또 왜 부랑인이란 이름으로 빈곤층이면서도 적절한 혜택을 받지 못하게 되었는지도 생각해 볼 기회가 되길 바란다. 또, 이런 현상이 〈농협〉 사내 부부 정리 해고와, 그 소송 과정, 청년 여성의 취업난과 어떤 관련이 있는지도 알 수 있는 계기였으면 좋겠다. 그 시간과 공간을 청장년 시절 겪은 독자에게도 기억을 재생하고 재건하는 의미가 있기를 바라지만, 그 시대를 유년기로 지냈거나 아니면 더 젊은 세대에게도, 그 역사적 현장을 간접 경험으로나마 재현해서 이해하는 데 도움이 되길 진심으로 바란다.

토론토에서 송제숙

감사의 글

연구를 진행하고 책을 쓰는 동안 많은 분들과 많은 기관의 지원을 받았다. 모든 분들에 대한 고마움을 여기에 일일이 기록하기에는 한계가 있을 것이다. 과정마다 도움을 주신 분들의 이름을 나열하는 것으로 대신하고자 한다. 많은 분들로부터 매우 가치 있는 조언을 받은 것은 사실이지만 이 책에 있을지 모르는 실수나 한계에 대한 책임은 전적으로 내 몫이라는 사실을 미리 밝혀 둔다.

박사 논문을 쓰기 위해 현장 연구를 수행한 1998년에서 2000년에는 변도윤 님, 장필화 교수, 장영희 박사. 조한혜정 교수, 조옥라 교수, 조순경 교수, 김찬호 박사, 김은실 교수, 김현미 교수, 김수현 교수, 이상화 교수의 도움을 받았다. 이름을 일일이 밝히지는 못했지만 서울시 공무원, 여성 노숙인, 청년 실업자, 노숙자 쉼터 관리자들에게도 많은 빚을 졌다. 특히 〈서울 청년여성실업대책 모니터링 팀〉에서 함께 일한 동료들에게 각별한 감사를 드리고 싶다. 그들과 함께였기에 복지 혜택을 누리지 못하는 주변화된 계층을 위한 정책을 추진할 수 있었고, 그들의 격려가 있었기에 이 책의 주제와 관련된 중층적 하위 맥락subcontext과 거대 담론meta-narrative 분석을 할 수 있었다.

어바나-샴페인에 위치한 일리노이 대학에서 박사 논문을 썼던 2000년에서 2003년 사이에는 인내심을 가지고 전심을 다해 나를 지원해 준 조언자이자 지도교수 낸시 에이블먼으로부터 많은 지적 자극과 전적인 지원을 받았다. 그 밖에도 박사 논문 심사위원회 교수들인 매티 번즐Matti Bunzl, 브렌다 M. 파넬Brenda M. Farnell, 마이클 골드먼 Michael Goldman, 고故 윌리엄 F. 켈러 2세William F. Kelleher Jr., 마틴 F. 마날란산Martin F. Manalansan 4세께 감사를 드린다. 또한 마샤 J. 브로프카-베렌즈Marsha J. Brofka-Berends 님, 최정아 박사, 아야 에자와Aya Ezawa 교수, 주자 가일Zsuzsa Gille 교수, 데이빗 허쉬David Hirsh 박사, 모토니 퐁 호지스Motoni Fong Hodges 박사, 테드 휴스 Theodore Hughes 교수, 정진헌 박사, 김현희 박사, 김수철 박사, 이수정 교수, 크리스 레먼Chris Lehman 교수, 이생화 님, 알레한드로 루고 Aljandro Lugo 교수, 커티스 마레스Curtis Marez 교수, 노리코 무라키 Noriko Muraki 박사, 도널드 노니니Donald Nonini 교수, 라모나 오스왈드Ramona Oswald 교수, 팔라사나 R. 발고팔Pallassana R. Balgopal 교수, 박소진 박사, 사라 필립스Sarah Philips 교수, 제니퍼 섀퍼Jenifer Shaffer 님, 심윤정 박사, 아키코 타케야마Akiko Takeyama 교수, 미쉘 위벨스먼Michelle Wibbelsman 교수, 양한순 교수에게도 감사 인사를 드린다. 그중에서도 내 박사 학위 논문을 편집하는 수고를 마다하지 않은 제니퍼 섀퍼에게 진심으로 감사드린다.

일리노이 대학의 여성학 포럼, 한국학 워크샵, 한국 교육 컨퍼런스,

사회문화인류학 워크샵, 트랜스내셔널 연구 워크샵과 미국 문화기술지 학회, 캐나다 인류학회에서 만난 분들과의 대화 내용도 많은 도움이 되었다.

해당 기간 동안 연구비를 지급해 많은 도움을 준 다음 기관에도 감사의 말씀을 전한다. 당시 나는 인류학과 장학금, 박사 학위 논문 완성 장학금, 〈일리노이 인문학 연구 센터〉 지원금, 마리안 A. 퍼버 여성학과 장학금의 지원을 받았다. 일리노이 대학 인류학 부문 최우수 논문에 선정되어 드미트리 쉽킨 상을 수상했고 〈미국 인류학 협회〉의 여성주의 인류학 협회가 선정한 최우수 졸업 논문으로 선정되어 실비아 H. 포먼상도 수상했다. 덕분에 논문을 무사히 마칠 수 있었다.

토론토 대학에서 교편을 잡은 2003년부터 책으로 발간할 요량으로 박사 학위 논문을 고쳐 쓰기 시작했다. 1장은 2004년 캘리포니아 대학에서 열린 워크샵 "치열한 경쟁의 공간: 한국의 비판적 지리학"에서 발표한 초고로 작성한 논문이다. 이후 이 내용을 보완한 논문이 저널에 실렸으며(「노숙 공간의 역사화: 서울역 광장과 자유의집」, *Anthropological Quarterly* 79, no.2, 2006, 193~223) 캘리포니아 대학교 워크샵 팀에서 출판한 『공간/장소: 한국 지리연구에 대한 비판적 연구』(University of Hawai'i Press , 2008)에 부분으로 수록되었다. 2장은 『입장: 동아시아 문화비평 *positions: east asia cultures critique 14*』에 수록된 「가족해체와 여성 노숙인에 대한 정책 부재 가족해체 담론과 비가시화된 여성 노숙 이슈: 1997년~2001년 아시아 외환 위기 기간 동안 한국의 신자유주의 통치」(no.1, 2006, 37~65)라는 논문을 바탕으로 작성되었다. 3

장은 『페미니스트 리뷰 *Feminist Review*』 89호에 수록된 「'자격 없는' 여성 노숙인의 탄생: 1997년에서 2001년 사이 한국의 노숙인 정책에 대한 여성주의적 분석」(2008, 87~101)을 바탕으로 한 것이다. 4장의 초고는 『청년 연구 저널 *Journal of Youth Studies*』에 「'벤처 기업', '유연 노동', '신지식인': 대한민국 청년 실업자의 신자유주의적 구성」(10, no.3, 2007, 331~351)이라는 제목으로 수록되었다. 5장은 2005년 토론 토 대학에서 열린 "개발에 대한 훈련 담론의 해체" 세미나, 2005년 워싱턴 대학에서 열린 "동아시아의 국가 문화 신경제" 세미나, 2006년 맥길 대학에서 열린 동아시아 연구 시리즈에서 발표한 내용을 보완한 것이다.

특히 다음에 나열하는, 워크샵과 컨퍼런스 주최자와 편집자들, 해당 행사에 참석해 논평해 준 많은 참석자들에게도 고마운 마음을 전한다. 앤 아나그노스트Ann Anagnost 교수, 안드레아 G. 아라이Andrea G. Arai 박사, 타니 E. 발로우Tani E. Barlow 교수, 피터 버튼Peter Button 교수, 린 클락Linn Clark, 그레이스 퐁Grace Fong 교수, 앤디 펄롱Andy Furlong 교수, 로이 리처드 그링커Roy Richard Grinker 교수, 브라이언 해머Brian Hammer 박사, 새론 하야시Sharon Hayashi 교수, 리사 호프만Lisa Hoffman 교수, 로렐 켄달 교수, 이남희 교수, 앤 맥나이트Anne McNight 교수, 로라 넬슨Laura Nelson 교수, 푼 나이 Pun Ngai 교수, 하이 렌Hai Ren 교수, 티모시 R. 탱길리니Timothy R. Tangherlini 교수, 폴 윌리스Paul Willis 교수, 하이롱 얀Hairong Yan 교수, 로빈 예이츠Robin Yates 교수, 샐리 예Sally Yea 교수가 그들이다.

이 책은 토론토 대학 코낫 연구 기금(2003년)과 영문 저널에 게재된 한국학 우수 논문 장려를 위한 한국학 연구 촉진 아카데미 지원금 (2007년)의 지원을 받아 쓰게 되었다.

낸시 에이블먼 교수, 앤 아나그노스트 교수, 타니 E. 발로우 교수, 존 클라크John Clarke 교수, 김승경 교수, 구해근 교수, 데이비드 누전트David Nugent 교수를 비롯한 앞선 연구자들의 지원에도 감사드린다.

토론토 대학에서도 많은 지적 자극과 제도적 지원을 받았다. 또한 〈아시아센터〉의 "마켓과 모더너티" 프로젝트의 조슈아 바커Joshua Barker 교수, 리투 벌라Ritu Birla 교수, 앨래나 볼랜드Alana Boland 교수, 휘콴 퀴Huikian Kwee 교수, 통 람Tong Lam 교수, 타니아 M. 리 Tania M. Li 교수, 산죽타 무터지Sanjukta Muterjee 교수, 캐서린 N. 랭킨Katharine. N. Rankin 교수, 레이첼 실비Rachel Silvey 교수와 〈한국학 센터〉에서 열린 비판적 한국학 연구 워크샵과 한국의 신자유주의 워크샵의 박소양 교수, 박현옥 교수, 서동진 교수, 신광영 교수, 이강국 교수, 장진호 교수, 주해연 교수, 천지혜 교수, 한주희 교수, 해람 교수, 홍갈 교수, 재니스 킴Janice Kim 교수와 트랜스내셔널 여성학 연구 그룹의 핑-천 칭Ping-Chun Hsuing 교수, 린지 마니콤Linzi Manicom 박사, 리사 요네야마Lisa Yoneyama, 알리사 트로츠D. Alissa Trotz 교수와, 인류학과의 보니 맥힐리니Bonnie S. McElhiriny 교수, 시호 사츠카 Shiho Satsuka 교수, 고 크리스티나 Z.시치초비츠Krystyna Z. Sieciechowicz 교수, 가빈 스미스Gavin Smith 교수, 그리고 '마켓과 모더너티' 박사 논문 워크샵(2007년) 참석 학생들, 대학원 과정 수업 '신자유주의의 인류학'(2005년과 2007년), 학부 과목 '사회공학의 기술'(2006년, 2007년), 학부 과목 '전후 한국의 사회와 문화'(2003년~2007년)를 수강한 학생들에게도 감사드린다. 특히 홍영화 박사, 미로즈 황Merose Hwang 교수, 김성조 님, 메건 매리언Meaghan Marian 박사, 에릭 슈피겔Erik Spigel, 지에 양Jie Yang 교수, 양선영 박사, 방지원 님, 이진화 님, 이윤희 님을 비롯한 여러 학생과 조교들이 보내 준 다양한 지원에 깊이 감사드린다.

이 책이 출판되는 마지막 과정에서 변함없는 지원을 아끼지 않은 듀크 대학교 출판부의 몰리 밸리코프Molly Balikov, J. 레이놀즈 스미스J. Reynolda Smith, 새런 토리안Sharon Torian에게 감사드린다. 제인 스프링어Jane Springer는 전문가다운 편집 역량을 발휘해 많은 도움을 주었을 뿐 아니라 따뜻한 우정을 보여 주었다.

마지막으로 물심양면으로 지원을 아끼지 않은 가족과 친구들, 그 밖의 많은 분들에게 감사를 표하고 싶다. 김하나 님, 임혜영 님, 천영초 님, 정혜진 교수, 배리 가오Barry Gao 님, 한선정 작가, 진유미 님, 강헬렌Helen Kang 박사, 김종복 님, 김명희 님, 김복희 님, 시호 코시나카Shiho Koshinaka, 존 레어Joh Lehr 교수, 다나 레먼Dana Lerman, 할 로웰린Hal Llowellyn과 카렌 로웰린Karen Llowellyn, 바버라 로이드barbara Lloyd, 박천하 님, 매리온 포프Marion Pope 박사, 샌드라 로톨크Sandra Rotholc, 송성숙 님, 무엇보다 최헌이와 카라에게 감사드린다. 또한 이후 출판사 관계자들에게 특별한 감사를 드리고 싶다.

여는 글
복지는 어떻게 우리를 배신했나?

대한민국은 1997년 11월 21일을 쉽게 잊지 못할 것이다. 바로 그 날, 한국 정부는 해외 금융기관에 진 부채를 갚을 달러 부족을 해결하기 위해 〈국제통화기금(International Monetary Fund, 이하 IMF)〉이 제시한 구제금융 조건을 받아들였다. 주요 신문은 그날을 대한민국 "제2의 경술국치"라고 표현했다. '아시아 외환 위기Asian Debt Crisis', 또는 공식적으로 1997년 12월에 시작되어 2001년 7월 막을 내린 'IMF 위기'는 사상 유례 없는 대량 해고와 사회경제적 혼란을 초래한 '국가적' 비극이었다.[1]

아시아 외환 위기(이하 위기, 혹은 IMF 위기, 내지 IMF 사태)를 겪으면서 사람들은 'IMF 노숙자', '신지식인', '가족해체', '고학력 실업

---

[1] 2001년 대한민국 정부는 해외 채권자들에게 채무를 갚았으며, IMF 위기도 끝이 났다고 공식 선언했다. 그러나 이런 공식적인 '종료' 선언과 그 뒤 부분적으로 이어진 경제 회복에도, 노동하는 빈곤층과 박탈당한 계층이 받은 충격은 사라지지 않았다.

자', '벤처 캐피털' 같은 용어에 익숙해졌다. 이런 신조어들은 갑작스런 위기로 혼란스러운 사회적 반응을 대변한다. 'IMF 노숙자'는 IMF 위기로 직장과 집을 잃고 거리로 내몰린 사람들을, '신지식인'은 첨단 IT 기술을 익힌 신세대를 일컬었다. 특히 '신지식인'은 위기 이후 변화된 한국 사회를 이끌어 갈 잠재력을 갖춘 이들로 여겨졌다. 또 '벤처 캐피털'이나 '벤처 산업(업계)', '벤처 사업'은 위기에 빠진 한국 경제를 구원해 줄 고위험, 고수익 투자·사업 방식을 가리키는 말이었다. 이런 용어들은 그저 신문에만 오르내리는 무의미한 추상적인 개념이 아니었다. IMF 위기를 거치며 한국인들은 이런 용어들을 통해 그들이 처한 가족적·사회적·경제적 곤경을 인식했다.

IMF 위기와 김대중 정부가 동시에 등장하는 동안 정치 변동, 경제 구조 조정, 나날이 치솟는 실업률, '무너진' 가족 가치, 개인과 기업에 대한 새로운 투자법 등에 대한 견해를 피력하는 수많은 글들이 쏟아졌다. 그러나 대중 담론에 빈번하게 등장했고 한국 사회의 핵심적인 통치 기술로 작용한 이 용어들의 작동 방식을 깊이 있게 분석한 종합적 연구는 드물었다. 이 책은 이런 새로운 용어들과 이미지들이, 새롭게 등장한 민주적 통치성을 등에 업고 장악한 신자유주의적인 체제의 핵심이었다고 인식한다. 또한 IMF 위기를 겪는 과정에서 강화된 신자유주의는 인간의 자유의지와 자기 충족적 자아를 촉진함으로써 효율성과 생산성을 달성한다는 이상을 품고 있는, 진화한 자유주의의 사회 통치 양식으로 규정한다. 따라서 자유주의와 신자유주의는 둘 다 정치경제적 원칙인 만큼 사회문화적 에토스로 봐야 한다. 이 책에는 고전적 형태의 자유주의와 새로운 형태의 자유주의를 동시에 가리키는 용어로 '(신)자유주의'라는 표현을 쓴다.[2] 물론 좌파 이론가들이 선두에 나서서 보여 주듯(Harvey, 2005. Jessop, 2002) 신자유주의는 산업자본보다 금융자본을 우위에 둔다는 점과 (준국가 기관이나 비국가 기관을 경유하는 통치를 통해) 국가의 후퇴를 인정한다는 점에서 케인지안 복지국가를 형성시킨 자유주의와 차별화되는 지점이 있다.[3] 그러나 다음 장에 설명하듯이, 푸코와 푸코 이론가들은 효율성과 생산성 위주의 통치성은 고전적 자유주의에서 발생했다고 본다. 전근대의 통치성이 죽음의 위협에 근거했다면, 근대적 통치로의 전환은 효율적 인구 관리를 위한 생명 권장과 자율에 기반해 표상되기 때문이다. 그러므로 국가와 사회의 작동 방식이 생산성과 효율성을 중심으로 움직이는 상황은 고전적 자유주의와 신자유주의를 아우르는 원칙으로 봐야 하며, 이런 맥락을 일컬을 때 (신)자유주의로 표현한다. 이 책은 위기에 대한 조직적인 대응 과정과 신자유주의로의 이행 과정에서 대중 담론에 새롭게 나타난 용어들이 어떻게 상호작용하였는지를 살피고, 그것을 자세히 묘사함으로써 최근의 한국 사회와 (신)자유주의적 통치에 대해 분석한다.

한편으로 이 책이 IMF 위기 전후를 다루고 있는 이유는, 이 시기야말로 한국이 복지사회로 발전해 나가는 모습을 포괄적으로 그려 보일 수 있는 시기이기 때문이다. '복지사회'란 빈곤층을 지원함으로써 사회 불안, 사회 불안정과 불평등을 규제하려는 국가와 민간을 아우르는 범국가적 노력을 지칭한다. 이 책의 핵심 논지에 등장하는 IMF

노숙자'와 '신지식인'이라는 범주는 IMF 위기가 탄생시킨 새로운 시민 주체로, 위기 동안 대중 담론에 의해 국가의 복지 혜택을 받을 자격이 있는 부류로 인정받았다. 이들의 탄생 배경을 살펴봄으로써 IMF 위기에 탄생한 한국 복지 정책의 특성을 고찰할 수 있을 것이다.

이 책은 29개월 동안(1998년 5월~2000년 7월, 2001년 3월, 2001년 10월) 진행한 현장 연구와 2년 동안(2003년~2005년) 진행한 후속 연구의 결과물이다. 〈서울시 실업대책위원회〉와 모니터링 팀은 서울시의 공식 행정조직은 아니었지만 업무 특성상 노숙이나 청년 실업 같은 문제에 관련된 정부 기구, 준정부 기구, 비정부기구 및 해당 기구 관련자들과 만날 수 있는 기회를 마련해 주었다.[4]

서울시 공무원, 실업(또는 불완전 취업) 상태의 청년(모니터링 팀 구성원 포함), 정부 또는 학계 전문가, 준정부 기구 또는 비정부기구 구성원, 사회개혁 활동가를 일컫는 '전문가', 또는 이른바 '지식인'도 연구 대상에 포함된다. 이 책에서는 정부 직원, 실업 청년(모니터링 팀 구성원 포함), 학계 언론 전문가, 준 정부 내지 비정부기구 대표, 사회 개

---

2) 자유주의와 신자유주의를 의미하는 '(신)자유주의' 또는 '(신)자유주의적'이라는 용어는 자유주의와 신자유주의가 핵심적인 인식론을 공유한다는 이 책의 기본 가정을 보여 준다. 대한민국의 자유주의적 사회 세력이 신자유주의 수립에 기여했다는 이 책의 주장은 바로 이 가정에 근거한다.

3) 이 책은 푸코주의 문헌(Foucault, 1990. 1991)과 마르크스주의 학자들의 이해(Harvey, 2005. Jessop, 2002)를 바탕으로 자유주의와 신자유주의를 개념화했다.

4) 이 책에서 '청년'은 고등학교나 대학교를 졸업하고 노동시장에 막 뛰어든 계층을 지칭한다. 대한민국 사회에서는 30대 후반이면서 미혼인 사람들도 청년으로 본다. 또한 '실업(또는 불완전 취업)' 상태라는 표현은 청년 고용과 청년 실업 사이에 놓여 있는 불안정한 경계를 묘사하는 용어다.

혁 활동가들을 아울러 이렇게 다양한 집단에 속한 사람들을 사회공학 실행자 내지 위기 지식 매개자로 간주한다. 푸코와 푸코주의자들은 생生을 양성하는 권력 기제technology of biopower가 효율적인 통치를 위해 하나의 기관에 의존하기보다 지식이나 공적 담론을 통해 일상생활에서 여러 주체들이 동원되는 사회 구성과 사회공학 방식에 초점을 둔다. 여러 가지 예가 최근에 번역된 『푸코 효과The Foucault Effect』와 아직 번역되지 않은 『푸코와 정치 이성Foucault and Political Reason』에 나온다. 특히 팻 오말리Pat O'Malley의 위험/위기(risk, danger, and crisis)에 대한 담론과 지식이 정치 프로그램화해 가는 과정을 보여 주는데, 도덕성에 대한 위기감이든 정부나 시장이 효율적이지 못한데서 오는 위험이든, 이를 언설화하고 문제 제기하는 가운데, 결국 '개인' 이 어떻게 해야 하는가로 종착되는 과정을 얘기하는 데 귀감이 된다.(1996)

한국의 IMF 시기 동안에도 위기와 해결을 위한 담론을 통해 사회 통치가 이루어졌다. 이에 기여한 다양한 주체들을 이 책에서는 '사회 공학 실행자', 또는 '위기 지식 매개자'로 표현한다. 참여 관찰하고 인터뷰한 사회공학 실행자들은 공공 근로 사업에 참여한 실업(또는 불완전취업) 상태의 청년들, 노숙·실업 대책을 관장한 정부 직원들, 노숙자 쉼터에서 일한 사회 개혁 활동가들, 전문가들이다. 더불어 영화 나 텔레비전 드라마 같은 영상 자료, 서울역 광장, 〈방림방적〉 공장 같은 공간 텍스트, 심포지엄 등의 공식 행사와 집회 시위를 비롯한 사회 적 사건들도 위기지식의 매개체로 함께 분석했다. 이들은 IMF 위기 담론을 사회 규범과 정책을 촉진하기 위한 계기로 삼아 노숙이나 청년 실업 같은 사회문제에 대한 사회 정책을 설계, 규정하고 매개, 실행한 주체들이다. 그들은 저마다 다른 방식과 상이한 수준으로 '통치 가능한 대상', 곧 복지 급여를 받을 자격이 있는 시민 유형을 규정하는 데 기여했다.

대한민국의 신자유주의적 사회관리는 노동 통제와 정치 사회적 불안 통제를 위해 (노숙인과 청년 실업자 같은) 특정 유형의 주체에 우선권을 부여했다. 뿐만 아니라 이렇게 우선권을 부여받은 이들조차도 복지 혜택을 받을 '자격이 있는' 시민과 '자격이 없는' 시민으로 차별화해 자격 있는 시민만을 통치 가능한 대상으로 구분했다. 노숙인 정책의 경우 'IMF 노숙자', 또는 곧 취업이 가능할 것으로 여겨지는 단기 노숙인은 '자격이 있는' 노숙인으로 분류한 반면, '정처 없이 떠도는 노숙인(부랑인)'이라고 불리는 장기 노숙인은 지원을 받을 '자격이 없는' 것으로 분류했다.

이와 유사하게 실업(또는 불완전 취업) 상태의 청년에 대한 정책의 경우, '신지식인' 곧 정보통신 산업이나 서비스 산업에 '창조적'으로 기여하는 사람은 지원을 받을 '자격이 있는' 전도유망한 존재로 분류하고 유연한 노동시장에 자신들이 배운 바를 써먹지 못하는 '백수'는 비난의 대상으로 분류했다. 사회공학 실행자들은 바로 이런 방식으로 신자유주의적 복지국가가 통치 가능한 대상을 규정하는 데 기여했는데, 공공 근로 사업에 참여한 청년들을 제외하면 이들은 대체로 복지 혜택에 의존할 필요가 없는 '고용 가능하고 자가 충족할 수 있는' 특권층이었다. 이 책은 국가 관료제에 대한 내용을 다루는 것이 아니라 사회적 통치에 대한 내용을 다루는 문화기술지다. 통치(governing, 또는 푸코식으로 통치성governmentality)는 자유주의의 정치적 사고방식이자 기술 장치다. 이 정치 기술은 비정부기구, 기업, 주거 공동체, 가족, 학교, 개인, 국가 행정 기구 같은 다양한 사회 영역과 사회적 행위자에 의해 사회 전체로 퍼져 나간다.(Barry · Osborne · Rose, 1996. Dean , 1999. Foucault, 1991)[5] 이 책은 푸코의 이론에 의거해, 일반적으로 인식되는 국가 행정제도로서 정부의 개념과 달리, '통치' 라는 용어를 선택함으로써 주체 형성을 통해 인구 전체를 관리하는 자유주의적 정치권력의 작동방식을 'government' 또는 'governing' 으로 명명한다.(Foucault, 1991. 2003. Lemke, 2002. Guala, 2006) 푸코주의자들 사이에서는 '통치성' 이라는 개념이 더 많이 쓰이지만, 이 책에서는 주로 '통치' 라는 용어로 사회 관리의 맥락을 강조하고자 한다. 또한 학문 분야에 따른 혼동을 피하기 위해 '거버넌스governance' 라는 용어는 사용하지 않는다.(정책학이나 사회계획학에서는 정책의 효과를 평가할 때 일반적으로 '거버넌스' 라는 용어를 사용한다. 그러나 이 책은 인식론적 의미 및 공공 담론과 연계된 정책의 실행에 주안점을 두고 있기 때문에 거버넌스라는 개념이 적절하지 않다.)[6] '통치', 특히 '사회적 통치' 는 유용할 뿐더러 이해하기 쉬운 용어로, 이 책이 국가 관료제나 정책 또는 사회계획에 초점을 맞추고 있지 않다는 사실을 독자들에게 계속 상기시킬 것이다.

관료제는 국가의 제도적 활동에 초점을 맞추고 국가와 사회를 엄격하게 구분하는 반면 사회적 통치 개념은 국민 통제에 관여하는 다양한 사회 영역과 사회적 행위자들에 대한 더 너른 분석을 가능하게 한다. '관료제'는 적절한 분석 단위이자 국가에 대한 인류학적 연구를 가능하게 하는 용어지만[7] 국가 관료제로 연구의 대상을 제한하게 되면 IMF 위기에 대한 정부 이상의 전 사회적 대응을 모두 아우르는 연구를 하기 어렵다. 나는 IMF 위기에 대한 대응 과정에서 나타난 지식 생산 과정에 초점을 맞추었으므로 관료제를 넘어서 IMF 위기에 대한 대응에 관련된 다양한 계층과 다양한 사건을 연구했다. 당대 신자유주의적 복지 시민권의 의미 창조 과정에는 정부 기구, 준정부 기구, 비정부기구가 모두 사회공학 실행자로서 작용했으므로 이 책에서는 '사회적 통치'라는 개념을 사용하는 것이 적절하다.

이미 언급한 사회공학 실행자들과 더불어 대중매체(신문, 영화, 소설, 다큐멘터리, 텔레비전 드라마 등)를 주관하는 언론인, 작가, 감독들도 핵심적인 사회공학 실행자 내지 IMF 위기에 대한 지식 전달자로 간주한다. 비록 그들을 인터뷰하지는 못했지만, 그들은 노숙, 실업, 가족해체, 신경제 창업 사업 등을 주제로 작성한 글이나 작품을 통해 한

---

5) '관료제'라는 용어를 '국가'라는 용어와 서로 바꿔 사용하는 일이 드문 일은 아니지만 엄밀하게 말해 관료제는 국가의 제도적 기구일 뿐이다.(Hall, 1984:19).

6) '거버넌스'라는 용어의 한계와 거버넌스와 통치성의 구분에 대해서는 Sigley(2006)과 Larner · Walters(2004)를 참고하라.

7) 다층적이고 복잡 미묘한 국가 관료제의 내적 역동성을 묘사한 연구가 드물다는 사실을 밝혀 두는 것이 중요하다. 점차 늘어나고 있는 추세지만 여전히 30여 년 전 네이더Nader가 '연구의 필요성'을 역설했을 당시와 비슷한 수준이다.(1974) 최근의 연구로는 Ferguson, 1994. Gill, 2000. Gupta, 2001. Hertzfeld, 1992를 참고하라.

국의 신자유주의적 사회 통치를 극대화하는 데 핵심적인 역할을 했다. 그에 비해 이 책의 주요 이슈 대상인 노숙인과 청년 실업자는 사회공학 실행자로서의 역할이 미미하다. 특히, 노숙인의 경우 신자유주의적 주체를 형성하는 과정에 전혀 간여하지 않았다는 점에서 사회공학 실행자로 간주되지 않는다. 청년 실업자의 경우, 공공 근로 사업에 참여하거나 신지식인이라 불리는 몇몇 사례를 통해, 부분적으로나마 그들이 신자유주의적 주체 형성에 기여한 것을 배경으로 사회공학 실행자로 인정한다. 이 즈음에서, 이 책이 초점을 맞추는 집단은 사회공학 실행자들이 통치 대상으로 삼았던 사람들이 아니라 사회공학 실행자들 자체라는 것을 분명히 밝혀 두고 싶다. 노숙인들의 참여에 대해 기술하지 않는 것이 무엇을 의미하는지 알고 있지만 그럼에도 노숙인들을 사회공학 실행자에 포함시키지 않음으로써 노숙인들이 노숙에 대한 사회적 통치에 참여하지 않았다는 점을 부각시키고자 했다.[8]

1980년대 후반과 1990년대 초반에 대학 시절을 보내면서 나는 당시 한국 정치 운동에 새롭게 등장한 성 정치에 눈을 떴다. '성 정치'란 이성애를 규범으로 하는 기존의 성문화 및 젠더 문화에 거리를 두는 대안정치 운동이다. 내가 학교를 다닌 시기는 많은 학생 활동가들과 사회 활동가들이 제도화된 결혼, 성별에 따른 노동 분업, 젠더와 성

---

8) 노숙인을 중심 주제로 한 연구를 비롯해 노숙에 대한 인류학적 연구로는 Lyon-Callo, 2004. Gowan, 2000. Fowler, 1996. Passaro, 1996. Susser, 1999를 들 수 있다.

정체성, 성적 지향, 성적 파트너쉽 같은 사회 규범에 막 문제제기를 하던 참이었다. 대학 시절의 나는 중심과 주변을 오가며 좌파 학생운동과 종교개혁 운동, 그리고 급진여성주의 운동을 경험했다.

1998년 5월, 박사 논문 현장 연구를 위해 한국을 다시 찾을 때만 해도, 나는 1990년대 초반 성 정치가 등장한 이후 변화된 한국의 정치사회 운동에 대해 연구할 생각이었다.(서동진, 1996) 당시 나는 민주화운동과 새롭게 등장한 성 정치로 인해 집단적/공동체적 사고방식과 개인의 욕망 간의 알력이 증폭되었을 것이라고 가정했다. 당시의 문제의식은 이 책의 저변에 여전히 맴돌고 있다. 예를 들어 이 책은 대부분 진보적인 행위자였던 사회공학 실행자들이 어떤 방식과 경로를 통해 신자유주의적 복지사회의 대리인으로 참여하는가 하는 질문을 던진다. 이때 국가와 (시민) 사회 사이에 존재하는 경계가 뚜렷하지 않고 상호 침투가 가능하며 집단적 정치의식과 개인적 이해관계를 상관지어 보는 것은 매우 어려운 질문이다. 이 질문이 민주화가 성취되고 IMF 위기가 오기 이전 기간(1987년~1997년)에 대해 성찰하는 의미와 관련 있기 때문이다.

2008년 촛불 시위 이후 민주화 기간을 돌아보는 지식인의 성찰이 활발해졌지만(『경향신문』 특별취재팀, 2008. 〈프레시안〉 편집부, 2008. 『당대비평』, 2008. 2009), 이 책은 이미 외환 위기 기간 동안 민주화의 의미가 얼마나 혼란스럽게 적용되고 있었는지를 잘 보여 준다. 민주화 기간 동안 개인은 군정 이후 처음으로 자신의 신체, 욕망, 기량을 끊임없이 상품화할 수 있는 자유를 만끽했다. 민주화 이후에 어떻게 자유주의적 주체가 출현했나 하는 것은 이 책의 관심사가 아니다. 그러나 외환 위기 동안 사회적 위험과 재난에 대한 지식을 생산하고 매개한 전달자들 대부분이 민주화 과정을 거치면서 자유주의적 자아를 함양해온 존재들이라는 점에서 내 첫 박사 논문 연구 초기에 던진 질문과 연관되는 지점이 있다. 이들 자유주의적 자아의식을 지닌 위기 지식 매개자들은 IMF 위기를 거치면서 자기도 모르는 사이에 신자유주의를 강화하는 일상생활의 저위층 사회공학 실행자로 역할을 담당하게 되었다.

그래도 한국에 도착할 당시 나는 내가 외환 위기를 초점으로 (신)자유주의와 복지 문제에 대해 연구하게 되리라고는 전혀 예상하지 못했다. 다른 문화기술지 학자들이 경험하듯, 나 또한 예측 불가능한 현장 상황이 내 연구 주제를 큰 폭으로 변화시킨 셈이다.

현장 연구를 위해 서울에 막 도착했을 무렵만 해도 IMF 위기의 결과가 서서히 가시화되기 시작하던 참이었고 실직한 사람들을 비롯한 많은 사람들은 곧 일터로 되돌아갈 수 있으리라는 희망을 품고 있었다. 당시 나는 IMF 위기라는 상황이 얼마나 심각한 것인지에 대해 전혀 감을 잡지 못한 상태였으므로 IMF 위기를 (대한민국 영토에서 벌어진 '첫 번째' 전쟁인 한국전쟁에 이은) '두 번째 한국전쟁'이라고 묘사하는 대중매체의 태도에 공감할 수 없었다. 하지만 IMF 위기의 충격이 애초에 연구하기로 마음먹었던 연구 주제의 대상이 되는 유형의 주체에도 미쳤으므로 결국에는 연구 주제를 변경할 수밖에 없었다. 원래 연구 주제의 대상이 되는 사람들 대부분은 20대에서 30대의 청년 여성과 남성으로, 대학에서 그리고 대학을 졸업한 뒤에도 성 정치와 젠더 운동을 표방하는 소규모 단체에서 활발하게 활동하는 사람들이었다.[9] 이들의 교육 수준, 가족 배경, 성 역할에 대한 태도는 저마다 달랐다. 그러나 대부분 소득원이 불안정하거나 부정기적이었는데 그런 현실은 IMF 위기가 닥치기 전에도 마찬가지였다. 대부분은 아르바이트, 일용 노동자, 프리랜서, 계약직, 파견직으로 일하고 있었다. 따라서 1997년 IMF 위기가 와서 실업률이 극적으로 치솟자 (IMF 위기 이전 실업률은 2.5퍼센트였지만 1998년에서 2000년 사이 실업률은 7.5퍼센트였다.) 노동시장에서 주변화된 이들은 일자리를 유지할 수 없게 되었고 따라서 사회 정치적 활동도 중단될 수밖에 없었다. 그들과 만날 때마다 나눴던 이야기의 주요 주제는 어떻게 하면 아르바이트 일자리를 여러 개 얻어서 살아갈 수 있을 것인가, 그리고 새롭게 대두된 경제적 불안 상황에서도 경제적 독립을 유지해 정체성을 지켜낼 방법은 무엇일까, 였다.

불안은 노동 현장에서 날로 늘어가는 성차별과 동성애 혐오증으로 인해 일자리를 잃게 되지 않을까 하는 우려에서 비롯되었다. 단체 구

---

9) 여성의 경제적 독립을 추구하는 조직인 〈프리워FReE-War〉(1999년~2001년), 소규모 급진 여성주의 대학생 단체 〈들꽃〉(1996년~1998년), 소규모 급진 여성주의 대학 졸업자 단체 〈돌꽃〉(1997년~1999년), 1995년 대한민국 레즈비언 여성주의 정치 단체로 출범해 2004년 〈레즈비언 상담센터〉로 변모한 〈끼리끼리〉, 1994년 출범한 한국 남성 동성애자 인권운동 단체 〈친구사이〉, 1996년 출범한 연세대학교 성소수자 동아리 〈컴투게더〉, 소규모 여성주의 잡지 『가라오라 페미니스트 진Karaora Feminist Zine』(1997년~2000년), 여대생의 경제적 생존을 추구하는 단체 〈여먹살〉(1997년~1998년), 〈코마 문화 기획단〉(1997년~2003년)이 있다.

성원 대부분이 서울과 수도권의 대중교통 수단을 이용할 돈이 없어서 정치 집회나 사회 참여 활동에 참가할 수 없었다는 말은 절대 과장이 아니다. 또한 일자리를 잃게 되자 독립적인 주거 공간을 잃었고, 단체의 모임 장소를 잃었으며, 특히 여성들은 결혼하라는 가족의 압박에 더욱 시달리게 되었다.

나 또한 일자리를 구하기 위해 고군분투해야 했다. 당시 나는 미국 일리노이 주립 대학에서 박사 과정을 이수한 뒤 논문을 쓰고 있는 고학력자였고, 내 경력은 IMF 위기 이전이었다면 대한민국 노동시장에서 상당한 대우를 받을 수 있었겠지만 현실은 달라졌다. 따라서 연구를 진행하는 동시에 프리랜서 번역가로 일하면서 생계를 유지해야 했다. 그러나 번역 업계의 현실 역시 비참하기는 마찬가지여서 번역 회사는 다섯 달이 넘도록 번역료를 지급하지 않은 채 미루다가 미지급 번역료를 주겠다는 단서를 달아 무료 번역을 떠맡기기도 했다.

상황이 이러했는데도 IMF 위기가 도래한 첫 해에 진보적 신문과 언론, 실업 대책을 수립하는 정부 부처는 주변화된 인구층에 대해 관심을 보이지 않았다. 취업이 절실한 여성에 대해서도 역시 무관심했다. 정부 정책, 대규모 시민 단체, 언론들은 모두 실직한 중년 남성 가장을 집중 조명했지만, 가장 먼저 일자리에서 밀려나는 노동군이 여성이라는 점에는 침묵했다. 여성이 가구의 주요 소득원이 아니라는 변함없는 가정이 그런 침묵의 근거였다.

대학을 졸업한 많은 젊은 여성들은 취업철이 되어도 대기업에 이력서를 내 볼 기회조차 얻지 못한 반면, 젊은 남성들은 그나마 우대를 받았다. 대한민국 역사상 최초로 성평등을 통치 이념으로 내세웠다는 명성에 걸맞지 않게, 김대중 정부는 성차별이 이루어지고 있다는 사실을 인식하지 못했고 따라서 개선도 이뤄지지 않았다. 오히려 정부는 의무적으로 군복무를 한 데 대한 보상이라는 이유로 당시 논란이 되고 있던 군 가산점제를 묵인했다. 여성운동은 군 가산점제의 위헌성을 심판해 달라며 〈헌법재판소〉에 헌법 소원을 내는 것으로 이에 맞대응했다.(1998년 10월 19일, 이화여자대학교 졸업생 다섯 명과 장애를 가진 연세대학교 남학생이 군 가산점제로 인해 7급 공무원 시험에서 떨어졌다며 법의 형평성을 문제 삼아 〈헌법재판소〉에 헌법 소원을 제기했다. 1999년 12월, 재판관 전원일치로 위헌 판결이 나 결국 군 가산점제는 폐지됐다.) 보수 세력은 군 가산점제 폐지를 요구하는 여성 단체와 여성 연구 관련 부처에 전화를 걸어 항의하거나 온라인 상에 악성 게시물을 게시하면서 반발했고, 심지어 여성 단체 웹사이트를 해킹해 차단해 버리거나 여성 활동가들에게 살해하겠다는 협박도 서슴지 않았다.

IMF 위기로 인해 원래의 연구 주제를 고수하기가 어려워졌지만 여성을 비롯해 노동시장에서 주변화된 이들에 대한 관심을 완전히 거둘 수가 없었다. 그래서 나는 당시 정부의 실업 대책에 대해 검토하게 되었다. 서울에 도착하고 첫 6개월 동안 여성운동 단체, 성 정치 운동을 하는 단체와 지지 집단 활동에 적극적으로 참여했고, 그러면서 실업 구제 기금 할당을 관장하는 정부의 정책 결정자들과 소통할 수 있는 통로를 찾기 위해 애썼다.

여성 단체들은 내가 이 문제에 개입할 계기를 마련해 주었다. 덕분에 학계의 준전문가 자격으로 서울시 〈고용안정과〉 직원들과 만날 수 있었다. 어느 여성학자가 소개해 주어 〈대통령 직속 여성특별위원회〉에 참여 기회를 얻기도 했다. 그 과정에서 나는 정부의 여성 정책을 논한다는 이유로 많은 질타를 당했다. 정부는 IMF 위기를 국가 전체에 영향을 미친 재앙이라고 선포하면서도 여성 실업 같은 문제에는 무관심해도 괜찮다는 입장을 보였다. 어떤 행정 직원은 이렇게 말했다.

"가장이 실직하는 마당에 남편이나 아버지에게 의존해 생활하면 그만인 여성 문제로 골머리를 앓아야 할 이유가 뭡니까?"

서울시에서 개최한 '실업 대책 워크샵'에 참석했을 때도 비슷한 질문을 들었다. 고학력 여성 청년 실업자 자격으로 워크샵에 참석한 내게 기혼인지, 아니면 아버지에게 의지해 생활하는지 물었다. 내가 결혼은 안 했고(당시에는 '비혼'이란 말이 없었다.) 독립해서 생활한다고 말하자 질문했던 정부 직원은 이해할 수 없다는 듯이 고개를 저으며 이렇게 반문했다. "결혼하면 [취업] 문제가 해결되지 않나요?"

이런 외환 위기 상황에서 내 연구는 성 정치를 통한 정치적 주체의 변형 과정이 아닌, 위기 대응책으로 구축된 복지국가의 특수성과 혜택받을 가치가 있는 대상으로 선택된 유형에 대한 조사로 서서히 바뀌어 갔다. 특히 가장 역할을 떠맡은 실업 남성은 실업 대책의 최우선 혜택자로 떠오른 반면, 실업 여성은 실업 대책의 대상에서 제외되었고 혜택을 요구하면 비난을 받았다. 나는 신자유주의적 복지사회가 성별에 따른 노동분업을 규범화하는 방식으로 체계화된다는 사실에 주목하기 시작했다.

서울시 〈고용안정과〉, 그리고 〈대통령 직속 여성특별위원회〉와 만남을 가진 뒤 나는 서울시와 함께 일해 보기로 했다. 그런 결정을 내리게 된 배경에는 〈대통령 직속 여성특별위원회〉의 지위가 불안정하다는 이유도 있었다. (〈대통령 직속 여성특별위원회〉는 새로 창설된 임시 조직으로, 규모나 영향력이 매우 작았다.) 그러나 그런 결정을 내리게 된 더 중요한 이유는 서울시에서는 진보적 성향의 민간인들의 지원을 받을 수 있다는 점이었다. 여성학계 및 여성 단체와 교류하면서 안면을 튼 인사가 있었다는 점도 그런 결정을 내리는 데 중요하게 작용했다. 여성 실업 문제는 고려할 가치가 없다는 서울시 공무원의 언급 또한 시 당국 인식 변화가 꼭 필요하다는 생각에 자극제가 되었다.

게다가 서울시가 실업 문제 해결에 도움을 줄 싱크탱크를 구축할 계획이라는 소문이 무성했다.[10] 대한민국 인구 가운데 4분의 1이 살고 있는 최대 도시 서울은 지난 30년 동안 안정적인 성장을 누려 오다가 갑작스레 들이닥친 경제적 재난 앞에 망연자실한 상태였다. 1998년 김대중 정부가 들어서고 대통령과 같은 당 소속인 고건이 서울시장에 당선된 뒤로는 싱크탱크가 더욱 절실해졌다. (외환 위기 당시 서울시 구조 조정을 단행한 시장이 고건이었다.)

---

10) 실업 문제를 다루는 일차적인 싱크탱크는 〈서울시 실업대책위원회〉였다. 〈서울시 실업대책위원회〉는 국책 연구소, 대학 연구원, 비정부기구 지도자, 저명 언론인 등 다양한 전문가로 구성되어 있었다. 〈서울시 실업대책위원회〉는 정부와 비정부기구 사이의 협력 관계를 촉진한 사례로서 〈서울시 노숙자대책협의회〉나 〈노사정위원회〉와 함께 신자유주의적 통치기술의 예로 볼 수 있다.

이런 배경을 발판으로 나는 서울시의 정책 결정을 지원할 수 있도록 질적 연구를 수행할 팀을 구성하자고 제안했다. 질적 연구팀을 구성하자는 제안은 흔쾌히 받아들여졌지만 서울시는 질적 연구 팀을 어떤 식으로 가동할 것인가에 대해서는 의견이 달랐다. 그 배경에는 관료가 아닌 사람에 대한 서울시 공무원들의 거부감도 도사리고 있었는데, 그런 거부감은 IMF 위기 상황에서 극대화된 것이었다. 그도 그럴 것이 정부 공무원들 역시 한국전쟁 이후 처음으로 단행된 정부 규모 축소 구조 조정으로 인해 일자리를 잃을 위기에 처해 있었던 것이다.

당시 IMF는 대한민국 정부에 정부 조직, 금융기관, 기업에 대한 '구조 조정'을 주문했다. 오래 일한 공무원이나 고위 공무원들은 '자발적으로' 조기 은퇴(명예퇴직)하라는 압력에 시달리고 있었고, 큰 불안감을 느꼈다. 일자리를 잃지 않은 서울시 공무원들도 (IMF 위기 이전 임금의 70퍼센트로 삭감된) 임금을 감내해야 했을 뿐 아니라 회식비나 체육대회비 같은 임금 이외의 혜택도 잃게 되었다. 또한 직무 이동이 의무화되었다. 내가 알고 지내던 어느 중위직 공무원은 상부의 명령에 따라 일년(1998년~1999년) 사이 무려 세 차례나 자리를 옮겨야 했고, 〈여성복지과〉의 고위 공무원 자리는 1년 6개월(1999년~2000년) 사이 네 번이나 사람이 바뀌기도 했다.

서울시 공무원들이 털어놓은 대로(5장 참고), 지난 수십 년 동안 국가 기관에서 땀 흘려 일한 노고가 폄하되는 상황에 직면한 공무원들 대부분은 경험이 부족한 '머리에 피도 안 마른 젊은 애들'과 일터에서 마주하는 상황 자체를 견디기 어려워했다. 노숙과 실업 대책을 담당하는 중년의 공무원 대부분은 스스로를 잠재적 실직자나 잠재적 노숙인으로 여기고 있었기 때문에 해당 정책을 세울 때 개인적인 감정을 많이 투사했다. (노숙인에 대한 이미지가 안정적인 화이트칼라 일자리를 IMF 때문에 갑작스레 잃고 거리로 내몰린 중년 남성들로 알려져 있었기 때문이다.) 나아가 정보 통신 시대에 대처하라는 압력에 시달리던 서울시 공무원들은, 모니터링 팀 구성원처럼 공공 근로 사업에 참여한 청년들로 대변되는, 기술과 친숙한 '신지식인'과 비교되는 상황이 편치 않았다. 대부분의 노숙인 관련 서울시 직원들은 여성 노숙인에 대한 대처를 묻고 다니는 나와 모니터링 팀 구성원들을 몹시 불편해했다. 업무가 끝난 뒤 가지는 회식 자리에 모니터링 팀 구성원들도 참여할 수 있게 배려하는 등 친밀감을 표시하는 공무원들도 있었지만 불편과 불만이 쌓여 가는 공무원들로부터 모니터링 팀을 보호하기에는 역부족이었다. 또한 그들의 반감은 IMF 위기를 거치는 동안 여성에게도 동등한 관심을 보여 달라는 주장을 외면한, 당대의 만연한 보수주의를 대변하고 있었다.

대한민국 정부에 만연한 보수적인 성 개념의 문제는 여성운동가들과 여성 공무원의 조언에 따라 2005년 〈여성가족부〉를 신설한 노무현 정부(2003년~2008년 집권) 시절에 많이 개선되었다. 〈여성가족부〉가 신설되자 여성 단체들은 성性 민감성 훈련gender-sensitivity training을 강화하라고 정부에 촉구했다.(〈여성민우회〉, 2005) 최근에는 성 인지적 통계 및 정책 개선의 필요성을 제안하는 연구물도 출간되었다.(문유경, 2013. 원숙연, 2012) 그러나 IMF 위기가 진행되는 상황에서는 보수적인 성 관념이 지배적이었고 이에 문제제기하는 경우는 극소수였다. 보수적인 성 문화 때문에 서울시 직원들이 표출한 말들은 대부분 매우 퉁명스럽고 적대적이었다.

호의적이지 않은 분위기 속에서 자금과 사무실 지원에 관해 4개월 (1998년 9월~12월) 동안 협상한 끝에 질적 연구를 담당할 모니터링 팀은 정부에서 활동하는 정규직 전문가 집단을 일컫는 별정직 공무원이 아닌 공공 근로 사업 자격으로 구성되었다. 따라서 공공 근로 사업에 참여할 수 있는 자격을 갖춘 사람, 곧 실업 상태에 있는 사람만 연구원이 될 수 있었다. 모니터링 팀을 이끌기 위해서는 나 또한 부모님 거주지 동사무소로 가서 실업 등록을 해야 했는데, 실업자 범주에 항목 하나가 신설되어 있었다. 바로 '고학력 실업자'였다. 내가 제안한 질적 연구를 수행할 모니터링 팀은 이런 과정을 거쳐 어렵게 구성되었다. 모니터링 팀 구성원들은 실업 (또는 불완전 취업) 상태의 청년들로 구성되었는데 이들은 노숙뿐 아니라 자신들의 문제이기도 한 청년 실업에 대한 사회적 통치를 구성하는 일에도 간여하게 되었다.[11]

모니터링 팀은 1999년 1월부터 2001년 6월까지 활동했다. (공식적으로 나는 1999년 12월에 팀을 떠났지만 실제로는 2000년 7월까지 지속적으로 간여했다.) (활동 기간 동안 적게는 3명에서 많게는 12명까지 참여했던) 모니터링 팀 구성원들은 서울시 외부에서 활동하는 젊은 여성운동가들로 구성된 비정부기구나 비영리단체에 적극적으로 참여하면서 주변화된 노동시장의 실업 전반에 대한 문제와 여성 실업에 대한 목소리를 키웠다. 〈프리워FReE-War〉, 〈여성학 연구 모임〉, 〈장애여성네트워크〉같은 여성운동 단체와 성 정치 운동 단체를 통해 연구원을 모집했다. 여성운동과 성 정치 운동에서 이미 안면이 있는 사람도 있었지만, 대부분 모니터링 팀 합류 이후에 알게 된 사람들이었다.

모니터링 팀에 합류한 젊은 여성운동가 대부분은 1980년대 말에서 1990년대 초에 대학을 다니면서 모두 반정부 학생운동을 직간접적으로 경험한 사람들이었다. 그들이 대학을 다니던 시절은 1987년 군사독재가 공식적으로 막을 내린 이후에도 정치적 억압이 계속되는 상황이었다. 따라서 학내 여성운동 또한 범민주화 운동에 합류해, 부패하고 무능한 정부의 개혁을 촉구했다. 그리고 대학 졸업 후, IMF 위기를 맞이해서는 대학을 졸업한 청년 여성들의 암울한 취업 전망을 알리기 위해 워크샵을 열거나 거리로 나섰고, 청년 여성 고용과 여성 노동자 불법 해고에 정부가 개입할 것을 촉구하는 등의 활동을 펼쳤다.[12]

모니터링 팀은 장애인, 여성, 청년 실업에 대한 수많은 보고서를 작성해 정책 결정자들의 관심을 끌고자 했다. 모니터링 팀 구성원들은 여성 노숙자 쉼터, 위기에 처한 여성에게 특별한 보호를 제공하는 위탁 기관, 쉼터 체계를 관찰했다. 또한 모니터링 팀은 정부의 여성 중소기업인 지원과 여성 실업자에 대한 인터넷 자원 지원이 부족하다고 지적하고 불완전 취업 상태의 청년이 창업하기 적합한 업종에 대한

---

11) 하루 8시간 일당 27,000원, 식대 3,000원, 달마다 55만 원에서 75만 원 사이를 받았다.
12) 정부가 노동시장에 존재하는 성차별에 대해 눈감고 있다는 사실을 인지한 여성주의자들은 국가 기관과 지방자치단체 정부에 대한 깊은 불신을 키우게 되었다.(〈농협〉에서 해고된 여성 노동자에 대한 더 자세한 내용은 3장을 참고하라.)

창의적인 구상을 제시했다.

어떻게 보면, 모니터링 팀은 당대에 만연한 (신)자유주의적 사회 통치의 본보기일 수도 있겠다. 팀을 거쳐 간 많은 구성원들은 자발적 생산성과 효율적 자기 관리의 합의 하에 자유 의지를 바탕으로 스스로를 계발하고 동시에 규제하는 방식에 익숙해졌는데, 이는 (신)자유주의적 주체와 별다르지 않기 때문이다. 푸코는 (신)자유주의적 통치성과 자기 돌봄 기술이 이러한 자발적 자기 계발 주체 형성을 동반했음을 논의했다. 칼 마르크스Karl Marx 또한 자유주의적 정치경제가 노동자를 임노동 상품의 소유자로 전유하고, 마치 노동자들이 자신들의 노동 상품을 자유의지로 파는 것처럼 구조화한 것이 자본주의적 노동 착취의 기반 조건임을 일찍이 명시했다.

모니터링 팀은 국가의 자금 지원을 받는 임시직 연구자로서, 주변화된 계층에 대한 정보와 실업 관련 정책에 대한 정보를 수집했다. 모니터링 팀 구성원들과 나는 국가의 일을 대행하는 대리인인 동시에 국가의 통치 대상이라는 독특한 지위에 있었고 그런 위치는 신자유주의 국가가 어떤 방식으로 효율적인 복지사회를 촉진해 나가는지 이해할 수 있는 유용한 시야를 제공했다.

동시에 모니터링 팀 운영은 쉽지 않았다. 모니터링 팀 구성원이 공간적으로나 조직적으로 서울시와 전문가들로부터 떨어져 있었던 탓도 있다. 모니터링 팀 구성원 대부분은 자발적이고 창의적이며 비교적 느슨한 구조의 소규모 사회단체에서 활동한 경험이 있었다. 그러나 구조화된 노동 시간, 공식 보고 체계, 공식적인 의사소통 전반에 관련된 제도적 맥락에서 일한 경험은 부족했다. 그러다 보니 모니터링 팀은 자유로운 개인들이 모인 집단을 효율적으로 관리하는 방법을 터득해 나가야 했다. 자주 지각하거나 과제 제출 기한을 넘기는 경우에는 징계를 내리기도 했고 '자유 의지'를 바탕으로 한 책임감을 강조하는 '민주적' 방식으로 규제를 하기도 했다. 모니터링 팀은 그야말로 (신)자유주의적 통치의 축소판이었다.

나는 모니터링 팀에서 공식적으로 일 년 이상 일할 수 없었다. 노동법이 일 년 이상의 근로자에게는 건강보험과 국민연금 혜택을 주도록 규정하고 있어서, 정부를 포함한 공공 근로 사업 고용자들이 일 년 이상 근무조건에 대한 부담을 피하려고 했기 때문이다. 대부분의 팀원들은 이런 제한 때문에 일을 그만두었는데, 간혹 정부 직원들의 태도를 참을 수 없어 그만둔 이들도 있었다. 대부분의 공공 근로 사업과 마찬가지로 모니터링 팀 구성원으로서의 계약도 3개월마다 다시 체결해야 했으므로 구성원들은 정기적으로 동사무소를 찾아가 실업 등록을 다시 해야 했고 그동안 일자리를 찾기 위해 애썼다는 증거를 제출해야 했다. 모니터링 팀이야말로 소득 조사를 바탕으로 제공되는 근로 복지 제도(소득이 없다는 것을 증명하거나 노력했으나 일자리를 얻지 못했다는 사실을 증명해야 한다.)의 산증인이었다. 모니터링 팀이 임시직으로 구성되었다는 점은 노숙인과 실업 대책을 구성하는 데 처음부터 끝까지 참여한 구성원이 없다는 사실을 의미한다. 그럼에도 모니터링 팀은 서울시에 여성 노숙자 쉼터와 청년 실업자에 관련된 보고서를 작성해 제출했고 바로 그 보고서를 만든 과정이 이 책의 뼈대가 되었다.

이 책은 모니터링 팀의 보고서를 구성하는 현장 연구와 보고서 내 외부의 지식을 창조하는 과정을 중심으로 이루어졌다. 이런 의미에서 문화기술文化記述 과정을 기술한 메타-문화기술지라고도 할 수 있다. 이 책은 보고서를 작성하게 된 배경과 작성 과정을 추적하고 개념화 한다. 그리고 정책 설계와 시행 과정에서 활용된 개념과 범주를 분석 한다. 이는 보고서를 작성할 당시에는 문제를 제기할 수 없었던 일이 다. 가령 모니터링 팀은 공공 근로 사업과 같은 방식의 지원이 여성 노숙자 쉼터를 찾는 여성 노숙인들에게 안정적인 일자리를 제공하려 는 여성 노숙자 쉼터의 필요를 만족시킬 수 없다는 사실을 잘 알고 있 었다. 그런데도 쉼터에 공공 근로 사업을 진행하자고 제안했다. 여성 노숙인은 정책 대상에서 배제되어 있을 뿐 아니라 단순한 자선의 대 상으로 취급되는 반면, 남성 노숙인은 실업자로 분류된다는 문제를 논의할 여지가 전혀 없었다. 대한민국의 노숙인 일반이나 여성 노숙 인에 대한 장기 연구가 부재한 상황이었기 때문에 특히 더 그랬다. 정 부에 임시로 고용된 연구자라는 한계를 안고 있던 나는 여성 노숙자 쉼터에 대한 지원의 필요성을 부각시키기 위해 이론적으로 동의하지 않는 입장, 곧 여성의 육체적 나약함을 내세워 여성 노숙인에 대한 관 심을 이끌어 내는 전략을 취하기도 했다. 그런 결정이 정부에서 일하 는 활동가로서 내가 내릴 수 있었던 전략적인 결정이었다. 그리고 이 책은 내가 성찰적 학자로서 복지 혜택을 받기에 '적절한' 대상을 구성 하는 바로 그 과정을 문제로 부각시키기 위해 선택한 결정이다.

나를 비롯한 모니터링 팀 구성원들과 마찬가지로 많은 학계 연구자들이나 정부 연구자(전문가)들, 사회개혁 활동가들 역시 국가를 위해 일하는 것과 정부에 대한 비판 사이에 놓인 갈등을 경험했다. 이 책에서 이 집단들은 하나로 뭉뚱그려져 지식인, 또는 전문가라고 부를 것이다.(Mitchell, 2002) 그들 대부분은 사회경제적 위치가 비교적 확고하고 청년, 여성, 도시 주거, 노숙인, 풀뿌리 지역 운동에 정통한 전문가로 인식되었다. 40대 이상이 대부분인 그들은 (모니터링 팀 구성원보다 적어도 열 살은 더 먹은 사람들이었고) 도저히 참을 수 없을 만큼 억압적이었던 1970년대와 1980년대의 독재정권기에 벌어진 민주화 운동에 적극적으로 참여했던 세대였다.

비교적 나이가 많은 이 진보적 지식인 세대 가운데 일부는 IMF 위기를 계기로 사회를 구해야 한다는 향수 어린 감정을 되살려 냈고 집합적 복지를 촉진하기 위해 지역 수준이나 국가 차원을 가리지 않고 개방된 공간을 통해 적극적으로 활동했다. 대부분 비정부기구나 비영리단체와 결부되어 있던 그들은 새로운 사회정책을 구축해 달라는 정부의 요청을 받고 지방정부와 중앙정부의 각종 위원회에서 자문을 맡고 있었다. 정부에 대한 비판을 비롯해 그들이 제시하는 조언이나 의견은 IMF 위기에 대처해 나가는 대한민국 사회를 구성하는 데 기여했는데 특히 노숙이나 청년 실업 대책과 관련된 정책에 큰 영향력을 행사했다.

이 책에서 다루는 사회공학 실행자들은 크게 세 범주로 구분할 수 있다. 바로 서울시 공무원, 청년 실업자, 전문가 들이다. 내 경우는 마지막 범주인 전문가에 가장 가깝다. 이제는 박사 학위를 취득하고 한 대학에 교수로 재직하고 있기 때문에 더욱 그러하다. 여기서 말하는 전문가 집단과 서울시 공무원들은 현장 연구를 진행하던 20대 후반과 30대 초반의 나를 청년 실업자 겸 준전문가로 분류했다. 나는 선배 전문가들 대부분과 비교적 좋은 관계를 형성했지만 IMF 위기를 거치는 동안 우리가 했던 활동의 의미를 되새기는 과정에서 나는 이 전문가 집단이야말로 개념화하기 가장 어려운 집단이라는 사실을 깨달았다. 그 이유는 대한민국에 정착된 신자유주의의 대안을 찾으려고 애쓰는 대한민국의 전문가들이 겪고 있는 딜레마가 무엇인지 공감했기 때문이다.

이 책의 중심에는 과거 행동하는 지식인이었던 사람들이 정부가 추진하는 (신)자유주의적 사회 통치의 대리인으로 변모했다는 분명한 모순이 자리 잡고 있다. 그들은 모니터링 팀 구성원처럼 주변화된 실업 계층을 지원했지만 그와 동시에 복지 혜택을 받을 '자격이 있는' 시민을 규정하는 정부의 지침을 수립하고 확인하는 역할도 수행했다. 그들은 (신)자유주의 및 자본주의와 관련된 정부 활동에 비판적인 입장을 취하면서도 존경 받는 정부의 자문가로 처신하면서 정부 관계자들과 비교적 협력적인 관계를 유지했다. 나는 이와 같은 지식인들의 딜레마가 우리 일상 생활에 녹아들어 있다고 주장한다. 이는 대한민국의 (신)자유주의적 사회에만 국한되는 주장이 아니라 전 세계 모든 (신)자유주의적 사회에 적용되는 주장이다.

Creation of
a Neoliberal

1장

대한민국에 세워진
신자유주의적 복지국가

Welfare
Society

정부에 대한 이론과 정부의 메커니즘에 대한 전통적인 분석은 **권력이 집행되는 영역과 권력이 기능하는 영역**에 대한 문제를 해결하지 못한 것이 분명하다. 누가 행사하는지 어느 영역에서 작동하는지 등 권력에 대한 의문은 여전히 수수께끼로 남아 있다. 이제 우리는 누가 타인을 착취하는지, 누가 이윤을 획득하는지, 어떤 사람들이 관련되어 있는지, 그들의 자금이 어떻게 재투자되는지에 대해 상당히 분명하게 파악하게 되었다. 그러나 권력의 문제에 이르면 (…) 우리가 아는 것이라고는 권력이 통치자의 손에 들어 있지 않다는 것 정도에 불과하다. 물론 '지배계급'이라는 사고를 비롯해 '지배하다', '다스리다', '통치하다' 등의 용어가 적절하게 개념화된 적도 없다.

미셸 푸코, 『지식인과 권력Intellectuals and Power』(강조는 추가)

노인은 죽어 가는데 신생아는 태어날 수 없다는 사실이 위기의 정확한 본질이다. 중단된 기간에는 끔찍한 징후들이 다양하게 나타난다.

안토니오 그람시Antonio Gramsci,

『옥중수고Selections from the Prison Notebooks』

이 책은 아시아 외환 위기(1997년~2001년)와 김대중 정부(1998년~2003년)로의 정치적 이행이 겹쳐진 특별한 역사적 국면에 성립된 신자유주의적 복지국가에 대해 탐구하고, 사회적 통치의 특수성과 함의를 드러내는 구체적인 사례연구에 초점을 맞춘다. 특히 신자유주의적 복지 정책의 혜택을 받을 '자격이 있는' 집단으로 지목된 청년 실업자와 노숙인은 IMF 위기 동안 펼쳐졌던 사회정책의 주요 대상이었다.

대한민국은 특이하게도 고전적인 자유주의적 복지 체제가 없는 가운데 IMF 위기에 대응해 나가는 과정에서 신자유주의적 복지국가 체제가 탄생했다.[1] 서구 자본주의 국가들은 20세기 초반 분배 민주주의를 특징으로 하는 복지국가를 세우면서 근대화 과정을 거쳤지만 한반도는 서구 자본주의 국가들과는 사뭇 다른 근대화 과정을 겪으면서 근대 국가로 발돋움했다. 대한민국 역사상 최초로 성립된 광범위한 복지국가는 '모든 국민에게 최저생계 기준'을 보장하겠다고 약속했지만, 그 동력은 고용 가능성, 재활 능력, 유연성, 자기충족적 자아, 자기 계발과 같은 신자유주의적 척도에 집중되어 있었다.(대통령 비서실 〈삶의질향상기획단〉, 「새천년을 향한 생산적 복지의 길」, 1999. 14~16)

IMF 위기를 거치는 동안 신자유주의적 통치 기술은 민관 협력을 통한 사회 정책 시행을 특징으로 하는데 당시 시행된 사회 정책으로는 노숙인과 실업자 수 축소, 가족적 규범 강화, 성별에 따른 노동분업 강화 같은 것들이 있다. 이와 같은 통치 기술은 정치적 정당성을 확보함과 동시에 서비스 산업과 정보산업을 중심으로 하는 포스트 포드주의 시대의 전 지구적 자본주의에 적합한 새로운 시장, 산업, 상품, 노동인구를 동원했다.[2] 이런 식으로 해서, IMF 위기에 대응했던

---

1) 고전적 자유주의의 복지 체제에 대해서는 Esping-Anderson, 1990과 Flora and Heidenheimer, 1987을 참고하라.

노력들은 곧 신자유주의화로의 길 닦기, 곧 금융 구조 조정과 대기업 구조 조정을 필두로 한 자유무역 경제와 신자유주의 복지국가 도입을 이루는 과정이었다.

이 독특한 복지국가는 IMF 위기와 김대중 후보의 대통령 당선이라는 특수한 역사적 맥락에서 이해해야 한다.[3] IMF 위기는 한국전쟁 이래 대한민국이 겪은 최악의 경제적 추락이었지만, 존경받는 민주화 운동 지도자의 대통령 당선은 1961년 박정희의 군사독재가 시작된 이래 대한민국에서 가장 주목할 만한 정치적 사건이었다. 한국의 복지국가는 그 틈바구니에서 비로소 성립되었다.

하지만 IMF 위기를 거치는 동안 신자유주의적 방책을 가장 효율적인 사회 통치 방식으로 정당화시킨 것은 김대중 정부 단독으로 이룬 것은 아니다. 민주사회와 삶의 질 향상을 추구한 시민 단체, 그리고 그 지도자들의 협력을 통해 구체화될 수 있었다. 이와 같은 시민 단체의 역할은, 빈곤소외층에 대한 의무를 도외시해 왔던 국가에 책임을 묻는 동시에, 국가에 종속되거나 의존하지 않는 주체적 시민의 이상향을 촉진하고자 하는 의도에서 촉발된 것이다. 아이러니하게도 정부

---

2) 밥 제솝(Bob Jessop, 1994)은 포스트 포드주의를 노동시장과 생산수단을 불안정하게 만드는 경향을 지닌 자본주의 양식인 동시에 제도, 규율, 규범을 안정화시키는 역량을 지닌 자본주의 양식이라고 설명한다. 포드주의가 산업 시스템에 의해 극대화되고 엄격한 규제를 통해 대량생산을 이룩하는 체제라면 포스트 포드주의는 불안정한 서비스 산업과 정보 산업으로 묘사된다.

3) 혁명 상황을 역사적 국면으로 인식한 루이 알튀세르Louis Althusser의 개념은 타당하다. 혁명 상황이 결정적인 원인을 유발함에도 혁명 상황은 헤게모니 세력의 문화기술적 흔적과 역사적 흔적을 상정한다. 알튀세르, 1969를 참고하라.

에 의존하지 않는 자율적 주체 형성은, 이를 민주주의의 실현으로 간주한 시민사회뿐 아니라, 신자유주의 정책을 추진했던 국가 지도층에서도 적극 환영하는 이상향이었다.

이런 아이러니를 이해하기 위해서는 두 가지 배경을 기억해야 한다. 하나는 1987년 이후 자유화와 선거 민주주의를 통해, 투표권을 지닌 정치 주체와 경제성장의 근간을 이룬 소비 주체가 중첩되는 자본주의적 자유시민의 양태를 육성해 왔다는 점이다. 두 번째는 권위주의적인 개발 국가의 유산과 구별되는 자본주의 국가 체제를 구축해야 한다는 점이었다. 이 장에서는 IMF 위기와 김대중 정권의 동시성에 대한 역사적 맥락을 살펴본 뒤, 이론적 의미들을 짚어 보고자 한다. 그럼으로써 대한민국에서 노숙인과 청년 실업에 대한 사회정책과 담론이 생성된 특정한 방식, 그리고 김대중 정부가 위기 기간 동안 시민사회의 참여를 성공적으로 이끌어 낼 수 있었던 배경을 보여 줄 것이다.

아시아 외환 위기와 김대중 정권

IMF가 제시한 구제금융의 조건은 한국인들에게 국권을 상실했던 일제강점기와 미 군정기의 치욕을 떠올리게 하는 것이었다.(손호철, 1999. 8) 이 국가적인 부채의 위기는 때로 외세에 국가를 파는 행위로 해석되었다. 주권 상실이라는 '치욕'을 극복하고 경제적인 독립을 쟁취하려면 전 국가적인 협력이 필요하다는 촉구가 이어졌고, 실제 '금 모으기 운동'과 같은 형태로 실현되기도 했다. 1910년 일본이 대한제국을 공식 합병한 뒤 이뤄진 '국채보상운동'과 '조선물산장려운동'을 연상시키는 대목이다.(Eckert 외, 1990)

1960년부터 1987년까지 개발 국가가 조건 없이, 또는 저금리로 은행 대출을 시행하는 등 대기업(재벌)을 지원한 결과 대한민국의 국가 경제는 번영을 구가했고 대한민국 국민들은 이런 대기업이 제공하는 안정적인 직장에 익숙해졌다. 따라서 1997년 12월 3일 IMF와 대기성 차관 협정standby agreement을 맺은 뒤부터 구조 조정으로 인한 기업 규모 축소와 폐업으로 대량 해고 사태가 벌어지자 대한민국은 혼란에 빠지고 말았다.

IMF가 구제금융을 제공하는 대신 내건 조건에 따라 대한민국 정부는 산업(대기업) 시스템, 금융(은행) 시스템, 정부 관리 시스템을 자유 시장 노선에 맞게 구조 조정하기 시작했다. 이와 같은 조치 때문에 많은 대기업과 은행이 도산했고 대규모 실업 사태가 벌어졌다. IMF 위기 이전 2.5퍼센트던 실업률은 1998년과 1999년 내내 7퍼센트 내지 8퍼센트를 유지했다. 이마저도 일자리를 원하는 주부와 일자리가 필요한 학생을 제외한 수치였다.(장필화, 1998. 진수희, 1998. 조순경, 1998. 1999. Haggard, Pinkston, and Seo, 1999: 202. 김현미, 2000. 박숙자, 1998)[4]

IMF 위기 이전 대한민국 총인구는 약 4천만 명이었고 노동인구는

---

[4] 조순경은 일하기를 원하지만 실업자로 분류되지는 않은 여성과 청년이 실업률 산정에서 제외되어 있다고 했다.(1999) 그러면서 이를 반영한 실질 실업률은 IMF 이전에도 20퍼센트에 가까웠다고 주장하며 이런 계층을 '실망실업자'로 명명했다.

약 1천만 명이었는데 1998년 약 150만 명이 일자리를 잃었다.(United Nations Development Program,「UNDP」1999: 40) 실질성장률(GDP)은 1997년 5퍼센트에서 1998년 -5.8퍼센트로 하락했다. 1996년과 1997년 8.5퍼센트로 유지되던 빈곤율도 1998년에는 12퍼센트까지 치솟았다. 1998년과 1999년의 실질 임금은 1998년보다 10퍼센트나 하락했다.(신기욱 · 장경섭, 2000. UNDP, 1999.〈세계은행〉, 2000)

IMF 위기는 아시아 경제와 전 세계 경제라는 거시적 차원에서 이해되어야 한다. 아시아 외환 위기는 1997년 7월 2일 태국에서 시작되었다. 해외 투자자들이 위험 회피가 전혀 되어 있지 않은 단기 채무를 회수해 가면서 주식시장과 부동산 시장의 '거품'이 꺼지자 환율이 치솟았다. 해외 투자자들이 단기 투자를 회수해 간 뒤에 찾아온 공포는 인도네시아, 말레이시아, 필리핀, 대한민국을 비롯한 아시아의 여러 나라로 급속하게 확산되었다.(Aslanbeigui · Summerfield, 2000) 1997년 8월 김대중 정부의 전 정부인 김영삼 정부는 태국의 외환 위기가 대한민국에 미칠 영향을 인식하고 금융실명제를 도입해 금융 시스템을 더 투명하게 개혁해 해외 투자자들을 끌어들이려고 시도했다. 그러나 재정경제부, 한국은행, 여당과 야당의 국회의원들은 금융 개혁에 반대했다.(Haggard · Pinkston · Seo, 1999. 206) 그해 11월 한국은행이 보유한 외환은 국제 단기 채무를 갚을 수 없을 정도로 줄어들었다. 김영삼 정부가 일본 정부와 미국 정부에 경제적 어려움에 대해 토로하자 두 정부는 모두 IMF에 도움을 청하라고 충고했다.(김병국, 2000)

외환 위기의 원인과 그에 대한 해결책에 대한 국제금융 전문가들의 입장은 두 가지로 나뉘었다. 하나는 금융과 경제를 비민주적으로 운영하면서, 자유방임적 시장 방식으로 운영하지 않은 결과 외환 위기가 발생했다는 입장이었다. 이런 주장을 펼친 전문가들은 그 해결책으로, 영향을 받은 동아시아와 동남아시아 국가들에게 더 엄격한 긴축 통화정책을 펼치라고 제안했다. 특히 대한민국의 경우 (급속한 경제 성장에 기여해 온) 대기업과 정부의 강력한 유착이 자금과 상품의 흐름을 '부자유스럽게' 가로막아 국가 경제를 붕괴시킨 주범이라는 비판을 받았다.

다른 하나는 후기 케인즈주의에 입각한 설명으로, 주요 국제금융기관인 IMF와 〈세계은행(World Bank)〉이 아시아 국가(와 비서구권 국가)를 자유무역화하기 위해 무차별적으로 압력을 가한 결과 외환 위기가 나타났다는 입장이었다. 이 견해는 1980년대 라틴아메리카가 겪었던 경제불황과 아시아 외환 위기를 차별화시켰다.(Aslanbeigui · Summer-field, 2000. 장하준, 2002. Maurer, 2002. Snyder, 1999. Stiglitz, 2000. 2002. Wade, 1998) 국가 경제를 촉진할 자금이 충분하지 않았던 1980년대 라틴아메리카 국가들에는 경제 위기를 극복하기 위한 처방으로 긴축 예산 정책이 제시되었다. 그러나 후기 케인즈주의적 입장은 동아시아 국가들은 개발 국가로서 계획에 입각한 시장경제를 유지하고 있었기 때문에 이미 긴축 예산 정책을 시행하고 있었다는 입장을 고수했다. 따라서 후기 케인즈주의적 입장에서 볼 때는 무조건적인 긴축 예산 정책을 요구하는 IMF의 처방으로는 외환 위기를 극복할 수 없었다. IMF의 조언을 가장 성실하게 따른 태국의 경우는 특히

더 그러할 터였다.(Stiglitz, 2002. 126 ~ 127)[5]

경제 구조의 부실에서 비롯되었든, 자유무역국가 경제로 전환하라는 국가 외부의 압력에서 비롯되었든, 위기의 원인과 무관하게 아시아 대부분의 국가들은 기존에 유지해 온 보호주의 경제의 모습과 구조적 내용을 이른바 자유주의적 정책으로 변화시키기로 결심했다. 1980년대 후반 이후로 한국 정부는 줄곧 경제성장 속도가 저하되는 것에 염려를 표했다. 경제 불황이라는 위협은 국제 석유 위기가 몰아치고 달러와 엔화 가치가 하락하던 시기에 군사정권이 노동자들을 탄압하기 위해 빈번하게 써먹던 방법이었다.

그러나 군사독재 정권이 끝난 뒤 찾아온 중대한 시기에 민간 정권은 미국, IMF, 자유주의 경제 전문가들로부터 국가의 계획에 따른 경제개발을 그만두고 해외 시장에 문호를 개방하라는 압력을 받게 되었다. 게다가 민주화를 거치는 과정에서 노동조합이 전보다 더 큰 협상력을 갖추게 되자 더 이상 노동력을 손쉽게 착취할 수도 없게 되었다. 대한민국을 강타한 아시아 외환 위기는 자유시장에 대한 국가 개입의 한계와 단기적 성격의 해외 헤지펀드가 예기치 않게 대량으로 빠져나가는 사태가 맞물리면서 나타난 결과다.

IMF 위기 이전 대한민국 정부는 '세계화'(Samuel Kim, 2000)와 '정보 사회'(정영호, 1992)라는 사고를 전파하면서 급격한 구조 조정을

---

5) 흥미로운 점은 〈세계은행〉 부총재를 지냈던 조셉 스티글리츠Joseph Stiglitz도 국제 금융 기구의 역할, 그중에서도 특히 IMF의 역할에 대해 강하게 비판했다는 것이다. 〈세계은행〉과 IMF 사이의 갈등에 대한 내용은 Polak, 1994를 참고하라.

피하는 가운데 경제성장을 유지하려는 노력을 기울였다. IMF 위기를 거치면서 세계화 캠페인은 그 당시 사라졌지만 정보사회 캠페인은 일석이조의 효과를 보기 위해 활용되었다. IMF 기간 동안 실업 방지 대책으로서의 정부 정책은 정보화 프로젝트를 공공 근로 사업 내 주요 사업으로 진행시키고 인터넷 벤처 사업들을 대표적 창업 지원 사업으로 밀어 주는 식으로 해서 정보사회 캠페인을 확장시켰다. 정보사회 캠페인의 중점은 탈산업화된 자본주의적 경쟁에서 살아남기 위해 신기술과 새 시장을 섭렵해 온 국가로서 미래 지향적 이상을 가늠해 가는 것이었다.

결국 그와 같은 변화는 김대중 정부에서 실현되었다. IMF 위기를 거치는 동안 정보사회라는 개념은 대한민국을 더 유연하고 자본 친화적인 탈 개발 국가로 이행하기 위한 것이었다. IMF와 대기성 차관 협정을 체결한 1997년 12월 반체제 운동의 지도자로 오랜 세월을 보낸 김대중이 대통령에 당선되었다. 1988년 이후 대두된 인식, 곧 삶의 질을 향상시킬 사회적 필요가 있다는 인식은 IMF 위기 앞에서 폭발적으로 쇄도했다. 1997년 대통령 선거에 나선 후보는 누구라도 당선된 이후 광범위한 개혁을 실행에 옮길 기회를 잡을 수 있었을 터였다.

그러나 시민사회의 전폭적인 신뢰를 받은 민주화 운동 지도자 김대중은 대한민국의 사회적 통치를 증폭시킬 '생산적 복지'라는 사회 정책을 펴기에 특히 적합한 인물이었다. 김대중 대통령은 한국의 성숙한 민주주의를 상징하는 인물이었다. 한국 정치사상 최초로 평화적인 여야 정권 교체를 이뤄 낸 것으로 평가받는 그의 당선은 최초의 호남 출신 대통령 당선자라는 점에서 민주주의의 승리이자 박탈당한 계층의 승리로 기억될 기념비적인 사건이었다.

이런 맥락에서 볼 때 민주화를 염원해 온 반체제 단체나 다양한 재야 세력이 김대중 대통령이 IMF 위기 대응 방안으로 제시한 정책에 전폭적인 지지를 보낸 것도 당연하다. 김대중 대통령은 자유민주주의를 이상화하고 사회정의를 강조했다. 그리고 기업과 사회문제에 대한 국가 개입이 최소화되어야 한다고 생각했다.(김대중, 1996. 1998)[6] 대통령이 되기 전 영국에서 망명 생활을 하는 동안 영국식 신자유주의 물결인 '제3의 길'에 영향을 받은 김대중은 기업과 정부의 부패한 유착을 끊기 위해서는 경제 자유화와 정부의 구조 조정이 필수적이라는 인식에 이르렀다. 이런 입장은 국제 금융기관의 조언과 노선을 같이 하는 것이었다.

김대중은 1998년 3월 취임 연설을 하기도 전인 당선자 시절부터 일련의 개혁과 구조 조정 계획을 실행에 옮겼다. 〈노사정위원회〉의 구축이 바로 그 핵심이었다. 〈노사정위원회〉는 양대 노동조합 대표와 〈한국경영자총협회〉 등의 경영자 단체 대표, 정부 대표로 구성된 위원회로, 이 위원회는 역사상 전례 없이 이루어진 대량 해고를 합법화하는 통로로 활용되었다. 〈노사정위원회〉의 구성은 김대중 정부가 도입한 신자유주의적 통치 기술을 나타내는 주요 지표 가운데 하나다. 〈노사

---

6) 김대중 대통령이 초기부터 자유주의적 사상을 품었다는 김성조의 입장에 동의한다.(2007년 9월 나눴던 개인적인 대화) 유철규, 2004도 참고하라.

정위원회〉는 국가기구가 독단적으로 규제를 결정하던 과거의 관행에서 벗어나 여러 사회 세력 사이의 협상을 통해 합의를 도출해 넘으로써 실업과 같은 위태로운 문제를 해결하려고 시도했다. 정부의 운영 방법이 노골적인 규제에서 다양한 사회·정치 세력을 매개로 한 통치로 전환된 것이다.

(신)자유주의적 사회에서 시민 단체의 성장

〈노사정위원회〉에 참석한 노동조합 대표들은 대량 해고 사태에 직면한 조합원들의 거센 비판을 받았지만 IMF 위기 이전부터 노동단체의 존경을 받았던 김대중 대통령에 대한 반체제 단체의 지지에는 변함이 없었다. 게다가 IMF 위기가 현실화되고 그 뒤를 이어 사회적 불안이 심화되자 사실상 비판이 수그러들었고 탈개발 자본주의 국가로의 구조 조정이 급물살을 탔다.(신광영, 2000) 김대중 대통령은 비정부기구와 비영리단체에 대한 자금 지원을 확대해 실업자와 노숙인에 대한 핵심적인 사회적 지원을 관리하는 데 참여하도록 유도했다. 이런 맥락에서 김대중 대통령은 IMF 위기에 대응하기 위해 민관 협력 관계를 구축함으로써 오랫동안 진보적 시민 단체 활동을 해 온 사람들의 지지를 끌어냈다. 민관 협력 관계는 국가와 민주주의라는 명목 하에 노숙과 실업에 초점을 맞춘 신자유주의적 사회 정책을 펴기 위한 수단이었다.(권혁주, 2003)

가령 시민 단체는 IMF 위기에 대한 대응으로 펼쳐진 '범국가 차원의 금 모으기 운동'에서 주요한 역할을 했다. 금 모으기 운동이 벌어지는 동안 정부는 평범한 시민들에게 금을 기부해 국가 채무를 되갚는 데 기여하라고 호소했다. 이는 일제강점기에 벌어졌던 '국채보상운동'이나 '물산장려운동'의 재현이었다. 위기로부터 나라를 구해야 한다는 구호 아래 중산층뿐 아니라 저소득층까지 금 모으기 운동에 동참해 상당한 양의 금을 모을 수 있었다. 공영 텔레비전 방송국은 돌잔치에서 받은 금반지, 결혼 예물, 가보 같은 금 제품을 기부한 시민들을 애국자라고 치켜세웠다. 금 모으기 운동으로 거둬들인 자금을 관리하고 실직자, 노숙인, 여성 가장 가구를 비롯해 지원이 필요한 사람들에게 자금을 나눠 주는 일은 대한민국 3대 종교(불교, 가톨릭교, 개신교)의 존경받는 지도자들에게 맡겼다.[7]

IMF 위기를 거치는 사이 이뤄진 시민 단체의 성장은 (1987년부터 현재에 이르는) 민주화 시기로부터 역사적 흔적을 추적할 수 있다. 민주화 운동의 목표는 30여 년(1960년~1987년)에 걸쳐 이뤄진 군사독재의 종식이었다. 군사독재 정권은 대기업과의 협력, 보호주의 정책을 바탕으로 계획시장 경제를 운영해 경제발전을 극대화했다. 경제 발전의 극대화를 위해 노동조건과 사회 정책의 증진은 묵살되었다. 반체

---

7) 종교 지도자들이 주도한 기부 운동은 '실업 극복 국민운동'이라 불렸고 『한겨레신문』이 관련 광고를 실었다. 자발적 참여를 강조한 자유주의적 윤리를 지닌 시민 단체는 자기도 모르는 사이에 신자유주의적 사회 통치에 참여한 셈이 되었다. 시민사회의 자발적 참여와 신자유주의적 통치성 사이의 관계에 대해서는 Hyatt, 2001를 참고하라.

제 단체(재야 세력)는 자본주의 산업가들의 착취를 비판하고 엄혹한 국가가 공산주의와 북한에 대한 증오심을 이용해 정권의 정당성을 확보하는 방식을 비판했다. 학계, 대중매체, 종교 단체, 농민운동, 노동운동, 대학의 지식인과 활동가들이 반체제 단체 활동을 벌였다. 1980년대 사회운동에 참여한 사람들은 통일을 우선으로 하는 민족 해방 노선과 계급 갈등에 초점을 맞춘 민중 민주 해방 노선 등 이데올로기적 지향에서 차이를 보였지만 당대의 사회운동은 대체로 독재 타도라는 기치 아래 통일된 모습으로 나타났다.[8]

그러나 1987년 민주화가 이뤄지고 난 뒤 반체제 단체 중심의 운동은 대부분 시민사회 운동 형태로 재편되었다. 사회정치적 운동의 초점이 변화하게 된 것은 자유화와 연관이 있다. 특히 공식적으로 민간에 정권이 이양된 이후로 민주화와 자유화는 손을 맞잡고 걸어가게 된다. 1987년의 민주화는 약 30여 년의 군사독재의 막을 내리라고 요구하는 역사적인 대중 저항을 통해 실현되었다.(조희연, 2000a. 2000b. 2002) 그 뒤 대한민국은 여성의 권리, 성 정체성, 환경 문제, 경제 정

---

8) 민족해방 노선을 따르는 민족주의 이데올로기는 대한민국과 북한의 분단으로 인한 대한민국 국민들의 고뇌를 냉전 이데올로기가 초래한 결과라고 생각해 통일을 목표로 삼았다. 통일을 목표로 삼은 민족해방 노선은 민중 억압의 근본 원인을 자본주의 국가 발전과 계급 갈등에서 찾고 그에 따라 노동자와 농민의 혁명을 목표로 삼는 민중민주 노선을 따르는 좌파 이데올로기와 갈등이 있을 수밖에 없었다.(Abelmann, 1996. 1997a. 전순옥, 2003. 김승경, 1997. 구해근, 2001. 이남희, 2007. 박미, 2002. Prey, 2004. 신기욱, 2002. 2006). 이와 같은 이분법이 좀 거친 것은 사실이지만, 분명 민주화 운동은 계급 해방과 제국주의로부터의 자유(곧 통일)라는 두 가지 전략적 방향으로 구성되어 있었다. 1987년 민주화의 상세한 역사에 대해서는 구해근, 1993. 2001. 이남희, 2005. 2007을 참고하라.

의를 부르짖는 대중적인 시민 운동의 성장을 경험했다.(문승숙, 2002. 서동진, 1996) 이러한 운동은 과거의 운동과 차별화되는 것으로 개인의 가치와 포함 전략을 강조하고 중산층 또는 중간계급을 사회운동의 적법한 대상으로 삼는 다양한 형태의 시민 운동을 낳았다. 대표적인 단체로 〈참여연대〉, 〈환경운동연합〉, 〈경제정의실천시민연합〉(경실련), 〈여성민우회〉, 〈한국여성단체연합〉(여연)을 들 수 있다.

구해근(2001)과 서두원(2003)은 시민사회 단체가 중간계급을 사회적 보호와 사회운동의 적법한 대상으로 삼게 된 것은 화이트칼라 노동자들이 1987년 민주화 노력에 동참한 결과라고 설명한다. 화이트칼라 노동자들의 참여는 전례 없는 것이었고 블루칼라 노동자, 학생, 시민사회 단체 활동가와 정치 활동가들은 그들의 참여를 크게 환영했다. 이런 맥락에서 중산층 시민은 새롭게 부상하는 시민운동의 대들보로 인정받게 되었다. 따라서 1987년 이후 회원이 대폭 늘어나면서 번영하게 된 시민사회 단체는 김대중 정부가 장려한 민관 협력 사업에서 중심 역할을 하는 주요 사회적 행위자가 되었다. 이 책은 이와 같은 역사를 시민 단체가 성장하게 된 조직적 차원에서의 변화 못지않게 정치사회 주체를 블루칼라 노동자 중심의 저소득층/서민에서 화이트칼라 중심의 중간계급 내지 중산층으로 확장하게 된 인식적 차원의 이행으로 간주한다.

새롭게 전개된 자유로운 환경에서 시장과 정치적 자유를 누리게 되면서 대한민국 민주화의 원동력이었던 (좌파를 비롯한) 시민사회 운동은 자유민주주의의 열망을 구체화시키는 데 기여했다.[9] 동시에 시민

사회 운동은 국가기구의 개입을 최소화하는 신자유주의적 복지국가의 틀을 근본적으로 비판하기 어려웠다. 김대중 정부가 신자유주의적 복지국가를 성립시킴으로써 민주화 정신에 위배되는 일을 하고 있다고 비판하는 목소리가 없었던 건 아니다. 그러나 반체제 단체 스스로 자신들의 자유주의를 문제 삼는 일은 드물었다. 사실 김대중의 사상은 과거 좌파 활동가들이 몸담았던 민족주의적 자유주의 운동이라는 바로 그 맥락에서 발전했던 것이었다. 이런 의도하지 않은 자유화 물결과 신자유주의의 만남을 이해하기 위해서는 마르크스주의적 시각과 푸코주의적 시각을 바탕으로 한 신자유주의의 역사와 이론적 배경을 추적해 보고, 신자유주의와 자유주의의 연계를 검토하는 것이 유용할 것이다.

신자유주의에 대한 이론: 마르크스주의와 푸코주의적 접근

앞에서 밝혔듯이 이 책은 신자유주의를 정치경제적 논리 못지 않게 사회를 관통하는 총체적 의식이라 정의하고, 자유주의적 사회 통치의 한 형태로 간주한다. 신자유주의는 자본주의 생산양식이, 축적을 위한 축적을 추구하는 과정에서 신기술 개발과 주체 형성을 도모하고,

---

9) 브라운(Brown, 2003), 그리고 브라운과 핼리(Brown · Halley, 2002)는 한계에 대해 인식하고 있었으면서도 자유주의적 복지 민주주의를 지지하기로 선택한 미국 좌파도 비슷한 상황에 처해 있었다고 지적한다.

금융자본이 산업자본을 제압하는 상황을 특징으로 한다.(Harvey, 2005. Sunder Rajan, 2006. Read, 2002) 그러나 자유주의와 마찬가지로 신자유주의는 개별 사회 구성원에게 자유, 책임, 공동선과 경제적 번영을 추구하는 데 가장 적합한 사회 관리 형식을 집합적으로 선택할 근거를 부여함으로써 통치 권력을 획득하는 자유민주주의를 바탕으로 성립한다. 신자유주의적 경제가 자유주의적 정치 시스템을 오용한다는 말이 아니다. 자유주의가 신자유주의보다 근본적으로 더 너그럽다는 가정은 역사적으로 봤을때 근거가 부족하다. 자유주의 정부와 자유주의적 사회 통치는 신자유주의적 통치와 마찬가지로 자본주의와 이윤을 중심으로 한 계산에 깊이 관련되어 있다. 자유주의적 사회 통치는 신자유주의에 앞서, '자유'라는 이름을 빌려 가며, 노동력을 팔 수 있는 조건을 제외하면 모든 생산수단으로부터 인간이 소외되도록, 강압적인 국가의 힘을 이용해 토지를 사유화하고 사람들을 도시로 몰아냈다.(Marx, 1976. Perelmann, 2000. Hindess, 2004) 따라서 신자유주의는 자유주의적 사회 통치에서 벗어난 변종이 아니라, 그 전통을 더 충실히 이행한 자유주의의 한 형태이며, 기존의 대량생산 중심의 자유주의 통치가 이룬 이윤 성과에 만족하지 않고 최대한의 축적을 위해 고안된 금융자본 중심의 통치 방식이다.

그러나 여기서 따져 봐야 할 또 하나의 역사적 질문은, 과연 개발도상국이라 불리는 후기 산업화 국가나 과거 공산주의 국가였던 국가들에게도 신자유주의라는 개념을 사용하는 것이 적절한가이다. 한국과 중국처럼 역사상 전형적인 자유주의 정부 체제를 거치지 않았어도 그런 경험을 한 사회에 필적하는 신자유주의적 통치 기술과 주체성을 과시하는 경우를 신자유주의적이라 볼 수 있는가? 간단히 말하면 그 답은 "그렇다"이다. 이 책은 현대성modernity 논의(Chow, 1992. Hall et al., 1996. Ong, 1996. Lofel, 1999)가 서유럽과 북미의 현대성을 모델로 삼아 여타 지역 현대성을 부정하거나 미숙한 단계로 보는 수직적 진화주의 역사관을 비판하듯이, 자본주의의 경제체제를 먼저 겪은 자유주의 국가의 역사를 바탕으로 신자유주의 체제를 가늠하는 방식에 동의하지 않는다.

우선 자유민주주의를 인정하는 국가 체제가 아니더라도 자유주의 사상의 유포가 가능하다. (물론 자유주의 사상이 항상 헤게모니를 장악하는 것은 아니다.) 신자유주의를 "기존 자유주의와 경쟁하며 우세를 장악한 또 하나의 자유주의"라고 정의(Hindess, 1993)하면 자유주의 체제를 더 느슨하게 고려할 수 있다. 대한민국의 자유주의 사회체제는 1960년에서 1987년 사이 권력을 휘둘렀던 개발 독재 국가 또는 발전 국가(developmental state, 서구 자유주의적 자본주의와는 달리 국가의 시장 개입이 막강한 경우지만, '공산주의' 체제에 맞서는 '자유민주주의'에 편입된 자본주의 수호 입장은 서구 자유주의 못지않은) 치하에서 민주화 운동을 성립, 확대시켜 가는 가운데 중핵으로 형성되었다. 그 뒤 대한민국 자유주의 체제는 부분적인 자유주의 경제를 표방하는 민간 정부(1988년~1997년) 성취와 외환 위기를 거쳐 더 체계적으로 '자유주의' 경제와 사회적 통치를 수행하는 새로운 자유주의적 체제와 마주치게 되었다.

또한 금융 투자, 더 값싼 임금 추구, 최첨단 정보 통신 기술을 통한

자본 축적은 단지 국가 간의 경계를 뛰어넘었을 뿐 아니라, 후기산업
화국가들이 서구 자본주의 발전 속도와 전형 (다시 말하자면, 자유민주
주의와 대량생산적 자본주의 축적 방식이 맞물려 있는 정치경제의 틀에서, 신
자유주의와 함께 서비스업과 금융자본 중심의 자본주의 축적 방식으로 이행
한 서구의 전형)을 초월하게 되었다. 이는 유연성, 적응성, 자기통제를
갖춘 노동력을 신자유주의적 상품과 기술 유통에 핵심으로 인식하는
담론이 전 지구적으로 전파되었기 때문에 가능했다.[10)]

신자유주의를 자유주의의 변형된 형태 가운데 하나로 이해한다는
전제 하에 마르크스주의적 입장에서 연구한 (신)자유주의와 푸코주의
적 입장에서 연구한 (신)자유주의의 차이점과 유사성에 대해 살펴보
자. 푸코주의의 통치성 연구는 (신)자유주의적 통치의 과정과 기술을
설명하는 데 유용한 반면 마르크스주의의 자본주의 국가 연구는 자본

---

10) 중국에 대해서는 Anagnost, 2006. Farquhar · Zhang, 2005. Hoffman, 2006. Lofel, 2007. Pun,
2005. Ong, 2006. Wang Hui, 2003. Yan, 2003을 참고하라. 동유럽과 러시아에 대해서는
Berdahl · Bunzl · Lampland, 2000, Burawoy · Verdery, 1999. Gal · Kligman, 2000a. 2000b.
Haney, 1999. 2000. Verdery, 2003를 참고하라. 앤 아나그노스트(2004, 2006)는 건강의 상품화
와 불법 매혈을 통해 사회주의 중국과 전 지구적 시장 사이에 위치한 신자유주의의 미묘한 위상
을 간결하게 보여 준다. 주디스 파콰르Judith Farquhar와 쾨쳉 장Qoicheng Zhang은 중국의
'양생養生' 계보에 주목한다.(2005) 리사 호프만Lisa Hoffman은 중국의 신자유주의를 마오쩌
둥 이후의 사회주의와 신자유주의적 통치성의 결합으로 파악한다.(2006) 리사 호프만은 젊은
세대가 얼마나 효과적으로 마오주의의 민족주의적 담론과 신자유주의의 자기 기업화 담론을 결
합했는지를 보여 줌으로써 그 관계에 대해 묘사한다. 『인류학 신문Anthropology News』에 실린
신자유주의에 대한 공동 저술(Hoffman · DeHart · Collier, 2006)에서도 리사 호프만은 지역
화된 신자유주의에 대한 일관성 있는 논리를 편다. 『배제로서의 신자유주의Neoliberalism as
Exception』(2006)에서 아이화 옹은 이주 노동자 같은 배제된 시민을 통해 신자유주의를 조명한
다. 푼 나이(Pun Ngai, 2003. 2005)와 해이롱 얀(Hairong Yan, 2003)은 이주 노동자와 국내 노
동자에 대한 신자유주의적 노동 규제가 가져온 불균등한 결과를 보여 준다.

주의 노동시장에 대한 (신)자유주의 통치의 결과를 분석하는 데 유용하다. 푸코에 따르면 (신)자유주의적 사회 통치는 자기통제적 대리인과 행위자를 통해 작동한다. 푸코는 '타인을 통한 권력 행위act upon others' 또는 '행위의 감독conduct of conduct' 이라는 표현을 썼다.[11]

이와 같은 자기통제적 대리인에는 준정부 기관, 비정부기구, 정부 기구가 포함된다. 한편 자기통제적 행위자는 자유와 독립의 기준으로서의 자기 충족적 자아와 자기 계발의 논리를 체화한 개인으로, 사회공학에 적극적으로 참여하는 개혁가나 자원봉사자를 뜻한다. 다시 말해 푸코는 자유주의적 통치 논리가 대중을 통제하거나 사회를 방어하는 방식을 개념화한다. 그 방식은 직접적인 개입보다는 자기 책임을 다하는 주체(예를 들어 임금노동이 가능한 노숙인이나 기업가적 면모를 갖춘 청년 실업자)를 생산하는 다양한 사회공학 실행자들을 연루시키는 형태로 나타난다.

푸코주의 문헌은 자유주의적 사회 통치가 사회 통제를 최적화하기

---

11) 신자유주의적 통치성은 직접 개입이나 보호적 활동에 의존하지 않는다.(Barry · Osborne · Rose, 1996. Burchell · Gordon · Miller, 1991. Dean, 1999. Foucault, 2008. Lemke, 2001) 오히려 신자유주의적 통치성은 다양한 기구와 사회적 행위자들에 의해 먼 거리에서 작동되기 때문에 중앙 통치 기구를 거칠 필요가 없다. 따라서 신자유주의적 통치는 다음과 같은 특징을 지닌다. 준 복지 기관을 통한 국민의 관리(Gupta, 2001), 성별에 따른 복지의 대상 구축(Kingfisher, 2002), 감사와 감시의 폭발적 증가(Power, 1994), 스스로에 대한 회계와 계산 창출(Miller · Hopwood, 1994. Miller 1992), 어머니를 중심으로 하는 가족 정책(Donzelot, 1979), 위기 담론을 앞세워 위험에 대한 공포감을 조성해 국내 치안 규율 강화(O' Malley, 1996. 1999), 자유와 자율성을 통한 '공동체' 또는 '자기 관리' 규율 강화(Rose, 1990. 1999). 이런 과정은 사회 문제를 파악하고 거기에 대해 조언하는 전문가와 자기 관리 단위(가족, 주거 공동체, 비정부기구, 비영리단체)의 확대를 통해 더 공고하게 구축된다.

위해 'IMF 노숙자'나 '신지식인' 같은 통치 가능한 대상을 형성하고 촉진한다는 사실을 보여 준다. 다시 말하면, 복지 혜택을 받을 '자격이 있는 주체deserving subject'와 그렇지 않은 주체로 담론을 형성하는 것이 통치 기술의 기본이 되는 것이다. 이와 같은 이원적 메커니즘을 활용해 통치 가능한 대상을 형성하는 (신)자유주의적 기술은 대한민국 정부의 복지 정책에서 시작해 생계 유지와 관련된 실업자의 결정에 영향을 미치는 비정부기구의 활동에 이르는 사회의 다양한 수준과 다양한 영역에서 작동했다.

전제군주의 처벌과 억압을 통한 지배 규약에 반해, (신)자유주의적 통치의 지배 규약은 국민의 안녕을 돌봄으로써 국민을 통제하는 방식을 도입했다고 보는 것이다. 푸코에 따르면, 이는 '생명권력biopower'이 근대적 자유주의 체제 통치 기술로 작동하는 것과 관련이 된다. 생명권력은 '살리거나 죽게 내버려 두거나' 하는 차원에서 국민을 돌보고 생명을 증진해 국민을 통치하는 방식이다. 생명권력은 '죽이거나 살게 내버려 두는' 식으로 생명을 위협하는 봉건 군주의 통치 방식과는 다른 통치방식이다.(Foucault, 1990) 생명권력은 통치자(또는 국가기구)가 온전히 소유하고 휘두르는 것도 아니고 억압하거나 파괴하기 위해 권력이 존재하는 것이 아니라는 푸코의 권력 논의와 상통한다.(Foucault 1991, 1995)[12)]

푸코주의 학자들은 이런 방식으로 현대 자유주의 체제의 사회문제가 국가 정부에 국한된 문제가 아니라 어떻게 사회를 통치할 것인가의 문제라는 사실을 부각시키면서 국가와 사회 사이에 단단한 경계가 존재한다는 추정에 문제를 제기한다. 간단히 말해 바로 이것이 (신)자유주의적 통치성 또는 (신)자유주의적 사회 통치다. 그러나 푸코의 이론은 다양한 사회 통치 대리인과 행위자들 사이에, 특히 국가기구를 중심으로, 어떻게 다른 수위의 권력이 존재하고 행사되는지 그리 분명하게 밝히지 않는다. 따라서 신자유주의적 복지체제에서 국가권력이 복지와 노동의 관계에 어떤 영향을 미치는지를 드러내기가 어렵다. 그에 비해, 자본주의 체제에 대한 칼 마르크스의 연구는 (노동 장려나 노동 억압 등) 노동을 규제함에 있어 복지국가가 수행하는 역할의 중요성을 이해하는 데 유용하다.

마르크스(1963), 데이비드 하비(David Harvey, 2005), 밥 제솝(Bob Jessop, 1994, 2002), 제이미 펙(Jamie Peck, 2001) 같은 마르크스주의 학자들은 (신)자유주의적 권력의 작동 방식을 '타인을 통한 권력 행위'라고 묘사하는 푸코의 입장에 동의할지도 모른다. 그러나 마르크스주의 학자들은 그것을 '뒷짐지는' 또는 '후퇴하는' 국가권력이라고 표현한다. 18세기와 19세기 유럽을 지배했던 고전적 자유주의 국가와 다르게 신자유주의 국가는 국가 개입을 축소했다고 주장하지만 실제로는 시민사회와의 협력 관계를 통해 국가 개입을 확대한다. 전문가 집단이나 기업가에게 국가가 수행해야 할 과업을 위탁하거나 매개하

---

12) 1987년 군사정권이 무너진 뒤 구성된 정부 구조에서, 그리고 김대중 정부가 대한민국 최초로 성립한 복지국가에서 생산적 복지를 전파하면서 생명권력이 두드러지게 나타났지만 기업은 이미 1980년대 이후부터 노동 쟁의를 줄이기 위해 혜택을 확대하는 방식으로 생명권력이라는 (신)자유주의적 기술을 기업 구조에 도입해 왔다.

는 역할을 수행하기 때문에 이해관계자들의 눈에는 국가기구가 중립적인 존재로 보이게 된다.

자유주의 정치경제 체제에서 국가기구의 기능은 모순적인 방식으로 그 존재를 은폐한다. 마이클 페렐만(Michael Perelman, 2000)이 묘사한 대로 '보이지 않는 손' 이론을 정립한 애덤 스미스Adam Smith에 의해 고전적 자유주의 체제가 설계 감독된 이후 국가는 산업화 및 자본주의적 생산을 위해 노동인구를 동원하는 데 관여해 왔다. 자유시장을 지향한 애덤 스미스는 작은 국가 정부를 옹호했다. 그럼에도 스미스는 다른 자유주의 사상가들과 마찬가지로 국가가 토지 전유를 법제화해 농민을 임금노동자로 전환시키고 식민지를 통해 원시적 축적을 이루어 국부國富를 쌓을 수 있도록 매개하는 데 정치 관료로서 깊이 관여했다. 따라서 자유주의 정치경제 체제에서는 국가가 거의 개입하지 않았다는 생각은 역사적으로 볼 때 부정확한 생각이고 이를 중심으로 신자유주의와 자유주의를 구분하려는 시도 역시 어느 정도는 신화적인 것이다. 가령 〈노사정위원회〉에서 김대중 정부가 수행한 역할은 국가의 개입이 축소한 것처럼 보이지만 사회정치 기관 간의 중재적 기술을 활용해 변함없는 국가의 권력 행사를 도리어 은폐한 측면에서 신자유주의적 국가의 단면을 보여 준다.

이처럼 자유주의적 사회 통치 개념에서는 국가의 이중적 기능만 문제가 있는 것은 아니다. 푸코의 이론에 따르면 생명권력 자체는 이해관계에 무관하다고 하지만 결국 생명권력을 사용하게 되는 목적이나 결과는 그리 결백하지 않다는 것이다. 마르크스주의 입장에서 해석한다면, 생명권력이 위협의 통치가 아니라 장려하는 통치 기술이라 하더라도 결국 그 기술을 쓰는 이유는 자본주의 이익을 창출하는 데 통제 가능한 노동인구를 육성하기 위해서라는 게 중요하다. 특히 복지국가를 통해 생명권력을 활용하는 일(곧 '자유로운 개별 시민' 또는 '고용 가능하고 자기 충족적인 복지 시민'을 촉진하는 (신)자유주의)은 자유주의적 정치경제 체제가 자본주의의 유지와 진전을 위해 활동한다는 사실을 시사한다. 복지사회는 생명권력을 통해 노동인구를 규제하기 위한 수단일 뿐이다. 즉 복지사회는 노동력의 삶의 질을 높이는 수단인 것이다. 가령 대한민국의 신자유주의적 복지국가는 노동인구를 지속적으로 통제했다.

복지국가의 육성을 통해 노동의 질을 통제받는 (신)자유주의 시민/노동자들에게는 '자유'란 개념이 매우 양가적으로 주어진다. 생산수단을 소유한 자본가에게 자신의 노동력을 자유롭게 판매할 수 있는 '자유'와 민주적 통치행위 안에서 국가 행정 대표를 선출할 투표의 '자유'가 한쪽에 있다면, 동시에 '자유'는 노동자가 판매할 수 있는 유일한 상품인 노동력을 파는 것 말고는 생계를 유지할 별다른 수단을 갖지 못한 노동자의 비참한 상황을 나타낸다. 마르크스는 자본과 노동에 대한 이론을 설명하면서 자유의 이중적 의미를 '노동력을 판매할 자유'와 '생계 수단과 생산수단으로부터의 단절/무일푼'으로 정리한다.(1976)(Bryan, 2010) 이런 의미에서 자유주의 국가의 등장 이후에는 노동할 수 있고 상품을 구매할 수 있으며 세금을 납부할 수 있는 사람, 곧 계급 구조에 순응해 궁극적으로는 자본주의적 자유주의 국가의 유지에 기여할 수 있는 사람만이 시민이라는 범주에 포함되어 왔다.(Clarke, 2004. Hall et al., 1996)

생산적 복지: 대한민국의 신자유주의적 복지국가

IMF 위기 이전, 국가가 보조하는 복지 프로그램을 통해 이뤄지는 부족한 공공 급부를 보충하는 대한민국의 주요 기관은 가족과 대기업 (재벌)이었다. 전통적으로 대한민국에는 가족과 가족 구성원의 필요는 가족이 충족시켜야 하고 사회적 복리와 개인의 복리에 대한 책임은 가족에게 있다는 사고가 자리 잡고 있었고, 이러한 사고는 대한민국 사회정책에서 중요한 역할을 수행했다.(김은희 · 함한희 · 윤택림, 1999. Stevens, 1997. Trifiletti, 1999)[13] 대한민국에서 연이어 집권한 군사정권 은 신유교의 가부장적 사회 질서를 재생산하는 데 기여했다.(Han and Ling, 1998. Hort and Kuhnle, 2000. 권혁주, 1999. 문승숙, 2005. Tang, 2000. Wong, 2004)

대한민국의 대기업은 가족을 강조하는 사고에 발맞춰 안전하고 비교적 높은 임금 구조에 더해 각종 직원 혜택을 제공하는 대규모 시스템을 운영했다.(Janelli, 1993. 김중순, 1992. 구해근, 2001) 기혼 직원에게

---

13) 효孝를 강조하는 유교적 윤리는 가족이 지원하는 사회 보장 시스템의 유지에 기여한다. 효와 같 은 윤리는 사회 안전망을 유지하고 키워나가는 데도 핵심 역할을 한다.(손병돈, 1997)

는 가족수당을 지급했고 자녀가 있을 경우 교육비를 지급했다. 그 밖에도 주거비와 차량 유지비를 지급해, 기업이 감당하지 않았다면 국가가 감당해야 했을 필요들을 충족시켰다. 이러한 사실에서 개발 국가 대한민국이 대기업을 육성한 방식뿐 아니라 대기업에 의존한 방식을 엿볼 수 있다.(김은미, 1997, 1999, 김선혁, 2000, 윤방순, 1998)

대한민국 경제성장의 주요 요인인 재벌은 한 가지 산업에 특화된 기업이 아니라 전혀 무관한 여러 산업에 걸쳐 있는 다양한 기업체로 구성된 기업 집단을 말한다. 재벌은 다음과 같은 속성을 지닌다. 첫째, 1930년대 이후 창업한 창립자의 가족이 거대 기업을 소유하고 경영하며 유교적 가부장주의 성향을 강하게 내포한다.(예를 들면 〈삼성〉) 둘째, 재벌은 20개 내지 60개의 기업으로 구성된다. 각 기업의 제품과 서비스는 경공업에서 중공업에 이르는 다양한 산업 부문에 걸쳐 있다.[14] 셋째, 재벌에 속한 계열사 간의 자본, 기술, 경영이 유동적이고 상호 교환이 가능하다.(김은미, 1997) 수출 지향적 경제 번영이 최고조에 이르렀던 1970년대 10대 재벌의 평균 성장률은 22.7퍼센트를 기록해 대한민국 전체 경제 성장률의 세 배 반에 달했다. 대한민국의 평균 성장률 역시 전 세계 경제성장률 순위에서 상위권을 차지했다.(김은

---

14) 로저 자넬리(Roger Janelli, 1993)와 김중순(1992)은 재벌이 생산하는 제품과 재벌이 제공하는 서비스가 얼마나 다양한지, 그리고 그것들이 대한민국의 평범한 사람들의 일상생활에 얼마나 깊이 연관되어 있는지 생생하게 보여 준다. 재벌 회사에서 일하는 노동자들은 회사에 대한 충성심의 표현으로 회사에서 생산한 제품을 사용하라는 무언의 압력을 받는다. 가령 〈현대그룹〉 계열사 노동자들은 〈현대자동차〉가 생산한 자동차를 탈 것으로 여겨진다.

미, 1997. Woo-Cumings, 1999)

또한 재벌은 대한민국 노동자의 상당수를 책임지고 있었다. 1987년 10대 재벌이 고용한 노동자는 전체의 약 12퍼센트에 이르렀고, 하도급 업체로서 재벌에게 의존하는 중소기업에 고용된 노동자들도 많았다.(김병국, 2000) 그 결과 IMF 위기를 거치는 동안 이뤄진 재벌의 구조 조정은 하도급을 전문으로 하는 중소기업에 영향을 미쳤고 그런 기업들이 도산하면서 대량 실업이 발생하게 되었다. 심지어 IMF 위기의 초반부인 1998년 4월 대기업들은 직원을 12퍼센트에서 28퍼센트까지 감축했다.(Haggard · Pinkston · Seo, 1999: 231) 손호철은 만일 한국 사회에 복지 시스템이라는 것이 갖춰져 있었다고 한다면 그것은 급속한 경제성장과 안정적인 고용이었을 것이라고 언급하기도 했다.(손호철, 1999. 175) 민간 부문(산업, 시장, 가족)은 생산적 복지가 신자유주의적 자기 의존 이데올로기를 확고히 하기 전부터 이미 사회 안전망으로서의 책임을 다하고 있었다.

개발 국가가 없었다면 재벌의 전성기도 없었을 것이다. 개발 국가 대한민국은 여러 가지 방법으로 대기업을 지원했다. 국가가 규제하는 은행 시스템을 통한 저금리 대출은 1960년대에 경공업이, 1970년대에 중공업이 국제시장에서 경쟁력을 갖출 수 있도록 기여했다. 군사 쿠데타로 정권을 잡은 최초의 정부인 박정희 정부(1961년~1979년)는 1960년대에 제1차 경제개발계획을 수립했다. 이때 국가 기구는 중소기업에는 최소한의 지원만 제공한 반면 재벌에게는 전폭적인 지원을 아끼지 않았다.

메러디스 우-커밍스(Meredith Woo-Cumings, 1999. 1)는 개발 국가를 다음과 같이 정의한다. "개발 국가란 동북아시아에 위치한 자본주의 국가의 경제적 생활을 구조화하는 데 영향을 준 정치적·관료적·금전적 관계들을 총망라하는 속기적 통칭이다. 개발 국가는 서구가 지배하는 세계에 대한 동북아시아 특유의 대응 방식으로서 유래한 국가 형태로, 부패와 비효율성 같은 수많은 문제도 함께 낳았다. 오늘날 동북아시아 국가 정책은 국가의 경제적 경쟁력을 연마할 필요에 의해, 그리고 (세계화라는 현대적 맥락 속에서도) 아직 살아 남아 있는 국가 민족주의에 의해 정당화되고 있다."

많은 시민들은 경제발전을 지향하는 국가 사업을 불가피한 것으로 인식했다. 특히 한국전쟁이 끝난 뒤 겪었던 빈곤의 아픔과 반공산주의 정서가 그런 인식을 낳는데 크게 기여했다. 따라서 대한민국 국민들은 가정 경제와 기업 경제, 그리고 국가 경제 차원에서 벌어진 '새마을 운동'과 '과소비 추방 운동' 같은 사회운동을 통해 다양한 수준의 절약 운동에 동참했다.(권인숙, 2000. Nelson, 2000)

개발 국가의 보호를 받은 재벌이 운영하는 기업은 가족 지향적 혜택을 갖추고 있었기 때문에 화이트칼라(엘리트) 노동자들이 가장 가고 싶어 하는 바람직한 일터가 되었다. 자녀가 있을 경우 고등학교까지 등록금이 면제되었고 대학에 입학할 경우 저리의 대출이 가능했다. 아내, 부계 존속, 자녀를 비롯한 부양 가족의 수에 따라 추가 급여나 추가 보조금이 지급되었다. 또한 사고에 따른 지원금이나 퇴직금도 지급되었다.(구해근, 1993. Lie, 1998. Woo-Cumings, 1999) 재벌 기업에서 일하는 노동자들을 비롯해 모든 블루칼라 노동자들이 품은 가장 큰 소원 가운데 하나는 자녀들이 대학을 졸업한 뒤 재벌 기업에서 화이트칼라 일자리를 얻는 것이었다.(5장 참고)

1987년 거리 행진과 시위를 통한 민주화 운동이 벌어지자 개발 국가는 이전과 같은 수준으로 재벌을 지원해 줄 수 없게 되었다. 따라서 저렴한 노동력을 사용함으로써 전 세계를 상대로 한 경쟁력을 유지하는 대신 재벌은 직원에게 각종 혜택을 제공하고 노동조합과의 임금 협상에서 직원들의 편의를 봐 줌으로써 직원들을 진정시켰다. 이러한 전략은 재벌의 생존에 핵심적이었을 뿐 아니라 회사에 대한 직원의 충성심을 유지하는 데도 필수적이었다. 또한 장기적인 차원에서 볼 때 노동조합의 지도력을 약화시키는 효과도 있었다.(구해근, 2001)

IMF 위기를 겪으면서 대기업이 해체되자 그 여파는 화이트칼라 중간계급의 경제적 불안정에 영향을 미치는 데 그치지 않고 청년과 그들의 부모가 사회경제적 안정을 계획하는 방식에까지 영향을 미쳤다. 대기업은 더 이상 가장 바람직한 일자리가 아니게 되었고 정부가 지원하는 벤처 사업이 청년들에게 가장 인기 있는 직업으로 떠올랐다.(5장 참고) 따라서 독립적이고 유연한 노동자를 양성하는 교육이 일반화되었는데 거기에는 영어 교육과 컴퓨터 교육이 포함되었다.(박소진·Abelmann, 2004) 금융시장과 유연한 노동력을 추구하는 노동시장의 승세와 함께, 생산적 복지국가는 그런 곳에 유망한 청년을 복지 혜택을 받을 자격이 있는 주체로 만들었다.

대한민국 정부는 생산적 복지라는 정책을 대한민국 최초의 포괄적인 복지국가 시스템으로 내세우면서 모든 국민에게 '최저 생계 기준'을 보장하겠다고 약속했다. 1999년 생산적 복지를 소개한 정부 백서는 '제3의 길' 노선에 따라 자유주의와 사회주의 시스템을 통합한 생산적 복지를 대한민국의 복지 시스템이라고 선포했다.(Presidential Secretary Planning Committee to Improve the Quality of Life, 1999. 14~16) 그러나 (1998년 앤서니 기든스Anthony Giddens가 이론을 정립하고) 영국의 토니 블레어Tony Blair 총리와 대한민국의 김대중 대통령이 시도한 '제3의 길'은 둘 다 신자유주의와 사회민주주의 시스템을 조합한 것으로 지칭되기도 하지만 신자유주의로 봐도 무방하다.

경제적 번영을 강조하는 신자유주의와 생산적 복지의 청사진은 놀라우리 만큼 닮았다. 이는 생산적 복지 정책이 경제적 번영과 긴축 국가 재정을 추구하는 데 기반했기 때문이다. 언뜻 보기에 최저 생계 수준 보장이라는 약속은 생산적 복지라는 경제적 명령과 모순되는 것처럼 보인다. 그러나 생산적 복지는 최저 비용으로 복지국가를 구축함으로써 사회를 통치하는 이상적인 신자유주의 통치 형태의 전형이다.[15]

대한민국에 최초로 수립된 복지국가는 자국이 겪지도 않은 선진 자본주의 사회의 복지 정책 실패 사례와 일을 통해서만 혜택을 받게 제도화한 노동 복지 제도를 모델로 삼아, 결국 경제적 실리가 최우선임을 확인시켰다.(신광영, 2002. 송호근, 2003) 노동 복지 제도에서는 까다로운 연금제도와 소득 조사를 통한 생활보호 등급 제도와 더불어 노동인구의 취업 가능성과 유연성을 촉진함으로써 복지 비용이 최소화된다. 따라서 대한민국이 스스로 복지국가임을 선포한 초기부터 '복지'는 '노동 복지' 또는 '탈복지'로 개념화되었다. 다시 말해 복지국가 대한민국은 역사적으로 고전적인 자유주의적 복지국가가 부재한 상태에서 신자유주의 복지국가가 불쑥 성립되었다는 점에서 특이한 존재였다. 이는 서구 복지국가 역사의 전철을 한국이 순서대로 뒤따라가지 않은 것을 비판하는 것이 아니다. 왜 복지가 우리를 배신하게 되었는지에 대한 질문과 맞닿아 있다. 민주화 이후 복지에 걸었던 기대와 염원이 저버려진 것의 맥락인 것이다. 민주화라 믿어 의심치 않았던 과정이 자본주의 시장의 확장과 신자유주의적 복지정책을 정당화시킨 과정이었음에 대한 자성과 회한이다.

복지국가 이전에 개발 국가가 존재했고 고전적인 자유주의적 복지국가가 부재했다는 사실은 동아시아의 산업국가 대부분에서 나타나는 현상이다.(Johnson, 1982. Cumings, 1999. Woo-Cumings, 1999) 이와

---

15) 생산적 복지는 기여하는 바도 있지만 한계도 노정한다. 대한민국의 교육 정책, 보건의료 정책, 국민연금 정책, 공공 부조 정책 가운데 공공 부조 정책이 가장 취약했다. 물론 대부분의 선진국에서도 공공 부조 프로그램이 열악하지만 그것은 국민연금과 보건의료 시스템이 비교적으로 공고해 기본적인 사회 안전망을 지지해 주는 버팀목이 되기 때문이다. 그런데 강력하고 중앙화된 보건의료 및 국민연금 시스템이 갖춰져 있지 않은 대한민국은 공공 부조 정책마저 취약했던 것이다. 공공부조 프로그램에 대한 최소한의 관심은 국가적인 경제 위기가 닥쳤을 때 국민의 기본적인 생계조차 보장하지 못하는 결과를 초래해 눈에 잘 띄지는 않지만 중대한 위험으로 판명되었다. 생산적 복지는 IMF 위기를 거치는 동안 공공부조 프로그램을 아주 조금 확대하는 대신 노숙인 대책같이 시급한 복지 문제를 임시적인 복지 문제로서 먼저 다뤘다. 김대중 정부의 생산적 복지는 노숙인 대책을 이용해 국민의 관심을 딴 데로 돌렸다. 노숙인 대책은 대부분의 빈곤층을 돌봄으로써 국민으로부터의 지지를 이끌어 내는 책임감 있고 시혜적인 복지국가로 이행하는 전조처럼 보였지만 김대중 정부는 장기적이고 제도화된 복지 계획을 보장하는 대신 일시적이고 긴급한 사회 정책만을 추구하는 데만 급급했다. 이 주제에 대해서는 2장에서 상세하게 설명할 것이다.

같은 국가들은 생산과 이익의 극대화라는 자본주의적 논리를 옹호했다. 한국전쟁이 끝난 뒤 성립된 개발 국가는 계획 시장 경제를 추구하는 산업자본의 헤게모니적 생산을 위해 활용된 통치 도구로, 압축적 산업화와 전후戰後의 빈곤에서 빠져나오기 위한 근대화를 정당화했다. 탈개발 국가에서 등장한 생산적 복지는 저렴한 노동력을 활용한 포드주의적 생산으로부터 얻을 수 있는 이익이 한계에 도달하자 금융자본을 생산하기 위해 도입된 통치 기술이었다. 대기업이 붕괴하고 '벤처' 기업과 금융자본이 떠오르자 대한민국은 노동인구를 더 효율적으로 통치해 산업자본주의(포드주의)로부터 탈산업주의적 금융자본주의(포스트 포드주의)로 발전한 새로운 자본주의 시장과 새로운 자본주의 구조에 성공적으로 적응하게 만들 수단을 찾아 나서게 되었다.(Harvey, 2005. Sunder Rajan, 2006)[16]

복지국가는 국민이 더 나은 삶의 질(국민의 복리)을 누릴 수 있도록 촉진하는 국가로서 전제군주나 군사국가보다는 더 민주적이고 더 너그러운 모습을 보임으로써 국민을 통제하는 자유주의적 사회 통치의

---

16) 카우식 순더 라잔(Kaushik Sunder Rajan, 2006)은 1990년대 말 이후 이뤄진 게놈 연구와 제약 산업을 통해 금융 자본주의를 설명한다. 순더 라잔의 연구는 대한민국의 '벤처 캐피털'의 등장에 초점을 맞추는 이 책의 주제와 일맥상통한다. 그는 (게놈 연구 같은) 생명공학의 발전이, 자본의 개입, 그 중에서도 특히 투기적 자본 때문에 과잉 결정되었다는 사실을 보여 준다. 그는 상업자본과 산업자본을 구분한 마르크스를 언급하면서 상업자본은 투기적인 상업적 가치를 순환시킴으로써 이익을 추구하는 반면 산업자본은 상품의 생산과 교환을 통해 잉여가치를 창출한다고 설명한다. 순더 라잔은 미국에서는 상업자본, 무역 자본, 금융자본이 산업자본을 지배한다고 주장한다. 생명공학 산업은 의약품을 더 많이 판매해 이윤을 창출하는 것이 아니라 더 많은 투자와 증가한 주식가치를 통해 이윤을 낳는다.(Kaushik Sunder Rajan, 2006. 8∼11)

전형이다. 그러나 자본주의 하에서 생산과 부를 최적화하는 데 국민을 동원하려는 목적에 입각해 볼 때 복지국가는 개발 국가와 같은 수준으로 노동인구를 통제하는 기술이다. 따라서 대한민국 최초로 성립된 복지국가의 출범은 자본주의 안에서 (신)자유주의적 측면들의 상호작용을 드러내는 사례라 볼 수 있다. 고전적 복지국가가 존재하지 않았다는 사실과는 무관하게 대한민국의 신자유주의적 복지국가는 시장경제에 열려 있는 자유주의적 정부에게 복지가 필요한 이유를 보여 준다. 이런 맥락에서 노숙과 청년 실업은 복지사회의 중요한 문제로 떠올랐다. 그 목적은 노숙인과 청년 실업자를 새로운 자본주의적 생산에 적합한 노동력으로 만들려는 것이었다.

노숙과 청년 실업

진 코머로프와 존 코머로프(Jean Comaroff · John Comaroff, 2000)는 남아프리카의 후기 자본주의 발전 과정에서 '(노숙인과 실업자와 같은) 경제적 약자들과 더불어' 청년들이 마약 거래 같은 암시장의 실재적 판매망이거나 불안정한 기업가로 등장했음을 지적한다.(308) 대한민국 맥락에서도 노숙자와 청년 실업자들은 IMF 위기 기간에 언론에서 가장 주목받는 대상들이었다. 그러나 이들이 동시에 복지 혜택의 주요 대상으로 떠오른 것은 단순한 우연의 일치가 아니었다.

두 집단은 대한민국 사회정책의 역사상 최초로 정책 대상으로 인식된 집단이었고, 따라서 최초로 성립된 복지국가가 모든 국민을 돌보고 있다는 신호로서 추앙되었다. IMF 위기가 발생한 초반에 중앙정부와 서울시는 노숙인에게 즉각적인 관심을 보냈기 때문에 노숙인은 생산적 복지국가의 최초 구호 대상 집단이었다. 청년 실업자에 대한 인식 역시 구제되어야 할 중요한 사회 집단으로 점차 변해 갔다. 문화 기술 연구를 표방하는 이 책은 여러 장을 통해 사회 전체가 이와 같은 특별한 집단들에 관심을 보였다는 사실을 전달한다.

그러나 "청년 실업자와 노숙인은 IMF 위기 이전에도 존재했는데, 그들이 하필이면 IMF 위기 시기에 구제되어야 할 대상으로 선정된 이유는 무엇인가?"하는 비판적 질문은 여전히 남는다. 단지 청년 실업자와 노숙인의 수가 증가했기 때문인가? 나아가 생산적 복지가 모든 시민, 그중에서도 특히 보호받지 못한 채 주변화된 집단 전체를 보호하겠다는 목적을 지니고 있었다면 노숙인과 청년 실업자 중에서도 오직 특정한 이들만이 공공의 지원을 받을 적절한 수혜자로 인식되었다는 사실은 어떻게 설명할 것인가?

노숙인 정책에는 신자유주의적 복지국가의 한계가 내포되어 있다. 노숙인 정책이 전혀 마련되어 있지 않은 상태에서 최초로 등장한 노숙인 정책에는 노숙에 대한 대책과 실업에 대한 대책이 뒤섞여 있었다. 대한민국에서 최초로 등장한 노숙인 정책은 공공 근로 사업과 노숙자 쉼터 지원을 통해 이런 혜택을 받을 자격이 있는 노숙인 주체를 구별해 냈다. 정부 지원을 받을 자격이 있는 노숙인 집단은 일시적으로 거리에서의 생활을 선택했지만 취업할 가능성이 있고, 이성애를 기반으로 하는 가족으로 복귀해 '재활' 할 능력이 있는 것으로 여겨지는 남성이었다. 경제 회복이라는 국가적 비상 구호는 이 집단을 'IMF 노숙자'로 명명하고 지원을 받을 자격이 있는 집단으로 격상시키는 일을 정당화했다. 반면 이미 장기간 거리에서 생활해 온 남성이나 모든 여성 노숙인은 비생산적인 존재(남성과 여성 모두) 또는 비윤리적 존재(여성만 해당)로 폄하되었다.

청년 실업 역시 시혜적 복지보다 신자유주의적 노동 복지의 방식으로 접근되었다. 청년 정책이 형성되는 과정에서 청년 실업자는 정보 통신 기술을 갖춘 청년 주체로 변모하게 되었다. 결국 유연 노동과 창의성이라는 명목 하에 또 다른 잉여 노동의 범주가 생겨난 것이다. '신지식인'과 '백수'를 구분해 내는 과정에서[17] 노동은 정보 통신 기술에 적응할 능력을 갖추고 창조적인 생각을 상품화할 수 있는 경우에만 '생산적'이라는 가정이 성립하게 되었다. 상품화할 수 없는 창의적 노동은 아직 배가 덜 고픈, 게으름의 표식이었다.

청년에 대한 (재)가치화는 복지국가라는 영역 안에 벤처 캐피털(잠재력 있는 벤처 기업에 자금을 대고 경영과 기술 자원 등을 지원해 이윤을 추

---

17) '백수白手'는 '흰손'을 의미한다. 생계를 위해 열심히 일하지 않기 때문에 손에 더러운 것이 묻지 않아 하얗다는 뜻으로 놀고먹는 사람을 지칭할 때 사용하는 말이다. 타이완에서는 '흑수黑手'라는 표현을 쓴다. 블루칼라 노동자나 낮은 노동 계층에 속하는 사람들을 지칭하는 말이다. 색과 상관없이 '손'이라는 표현은 '노동'을 의미한다는 것에 주목할 만하다. 대한민국의 백수는 일본의 프리타freeta 또는 프리터freeter와 유사하다. 이들은 창조적인 생활 방식으로 유지하면서 일정한 직업을 갖지 않고 살아간다는 특성을 공유한다. 대한민국의 백수와 일본의 프리타는 반문화적 존재라는 자부심과 경제적으로 무능력한 존재라는 부끄러움 사이를 오락가락한다.(Muraki, 2008. 조나단 홀Jonathan Hall과의 개인적인 대화) Arai, 2005도 참고하라.

구하는 금융자본)과 벤처 사업을 위치시키고 그와 연계된 정보화와 인터넷 기술을 촉진했던 대한민국 국가의 역할이라는 맥락에서 이해되어야 한다. 5장에서 자세히 설명하겠지만 청년 실업자들을 복지 혜택을 받기에 적절한 시민으로 변모시키는 대규모 공공 근로 사업인 정보화 사업(공공 문서를 디지털화하는)과 특허를 받을 수 있는 혁신적인 기술과 생각을 촉진하고 이를 벤처 사업과 벤처 기업에 연계시키려는 '신지식인' 운동은 국가 사업의 모습을 보여 주는 좋은 사례다.

대한민국의 사례는 1960년대 말부터 1980년대의 일본의 모습과 어느 정도 유사한 면이 있다. 테사 모리스-스즈키Tessa Morris-Suzuki가 연구한(1988) 바에 따르면 당시 일본에서는 국가가 '정보사회'라는 명목 하에 기술 혁신 사업을 주도했는데 이런 사업은 주로 휘청거리는 경제, 출산률 저하, 노동인구 감소 때문에 시작된 사업으로, 정보 통신에 기반한 탈산업주의적 자본주의를 준비하려는 미래지향적 사업이었다. 일본과 대한민국에서 국가가 수행한 역할은 비슷했지만, 아시아 외환 위기를 겪는 동안과 이후에 대한민국에 전면적으로 등장한 실업 위기와 유연한 노동시장, 자기 충족적 개인이라는 이데올로기적 주체화와 결부된 벤처 캐피털 같은 현상이 일본에는 나타나지 않았다.

이런 측면에서 일본에서 국가가 수행한 역할은 일시적인 것이었다고 평가할 수 있다. 가령 1980년대에 등장한 일본의 '지식 경제'는 대기업의 행정을 안정화시키기 위한 정책의 일환으로 전산화가 이뤄진 사무실에서의 노동을 의미하지만 새천년을 맞은 대한민국의 '지식 경제'는 '창의적' 아이디어를 상품화시킬 줄 아는 자기 계발 주체를 앞세워, 대기업을 해체하고 고소득을 위해 높은 위험을 감수해야 하는 벤처 사업을 지원했다.

노숙인 대책의 목적이 빈곤 노동 계층의 잉여 인구를 규제하고 노동력을 판매하려는 고용 의지를 북돋는 것이었다면, 청년 실업 대책의 목적은 전 지구적 자본주의 속에서 경쟁할 수 있는 새로운 상품을 창조하고 스스로의 일자리를 비롯해 새로운 노동시장을 창출할 수 있는 청년이라는 잉여 인구를 동원하려는 것이었다. '혜택 받을 자격이 있는' 노숙인과 청년 실업자는 대부분 김대중 정부가 마련한 공공 근로 사업을 통해 국가의 지원을 받았다. 공공 근로 사업은 1930년대 미국을 덮친 대공황에 대응하기 위해 도입되었던 뉴딜 정책을 본보기 삼아 수립된 정책이었다.(정성진, 2006) 그러나 '자격이 있는' 노숙인은 이전의 취로 사업과 다름없는 건설 또는 고속도로 청소나 자연환경 정화 같은 저임금 공공 근로 사업에 배정된 반면, 새롭게 부상하는 중간계급에 속하는 '자격이 있는' 청년 실업자는 공공 문서를 디지털화하는 정보화 사업이나 (모니터링 팀이 수행한 것과 같이) 주로 임시 연구 사업으로 구성된 고학력 실업자를 대상으로 하는 고임금 공공 근로 사업에 배정되었다.

따라서 새롭게 성립된 복지국가는 복지 혜택을 받을 자격이 있는 시민에 '노동하는 빈곤층' (서민)뿐 아니라 '중간계급' (중산층 또는 중간계급)까지 포괄하는 방향으로 확대되었다. 중간계급이 국가의 관심과 복지 혜택을 받을 '자격이 있는' 집단으로 범주화된 것은 대한민국 건국 이래 최초의 일이었다. 정부는 극빈층을 지원할 정도의 여력밖에 없다는 관념에 익숙해져 있었다. 그래서 하급직 공무원들은 중간 계급을 포함시키는 정책을 부조리하다고 여겼다. 하급직 공무원들의 이런 철학은, 경제발전을 제외한 모든 쟁점은 예산 낭비로 여겼던 개발 국가의 원칙에 부합하는 철학이었다. 김대중 정부가 좀 더 좌파적인 이상(가령 사회민주의적인 복지)을 구현할 것이라고 기대했던 시민사회 단체 활동가들이나 사회운동을 한 전력이 있었던 전문가들은 중간 계급을 시민사회 운동의 주요 대상으로 삼았으면서도 복지 혜택을 받을 자격이 있는 집단에 '중간계급'을 포함시키는 정책에는 모호한 입장을 보였다.

그러나 IMF 위기 극복을 빌미로 형성된 김대중 정부의 생산적 복지 주체는 정부 공직원들 뿐 아니라 시민사회 활동가를 비롯한 민간 전문가 집단과 실업자 본인들의 참여로 가능할 수 있었다. 이 세 부류의 사회공학 실행자들이 함께 구성한 이상적 복지 주체란 취업이 가능하고 세금을 낼 수 있는 시민, 곧 공공 부조에 의존하지 않고 자신과 가족, 그리고 공동체를 책임질 수 있는 자가 충족적 시민이었다. 이와 같은 방식으로 복지 대상을 형성한 것은, 통치 가능한 주체화를 통해 개인과 사회를 동시에 관리하는 전형적 (신)자유주의 권력 작동 방식의 예다. 다시 말하면, 통치 가능 주체화 과정은 개인 스스로를 돌보게 하는 동시에, 이상화된 주체에 부합하는 정책을 만들어 인구 전체를 관리하는 두 가지 효과를 동시에 작동시키는 (신)자유주의 통치 방식인 것이다.

앞에서 아시아 외환 위기를 겪은 대한민국에 새롭게 등장한 IMF

노숙자, 가족해체, 신지식인, 벤처 캐피털 같은 특정한 용어들이. 신자유주의적 복지 정책 복지 대상을 담론화해 나가는 과정에서 다양한 사회 행위자들, 그중에서도 특히 사회공학 실행자들과 위기 지식 매개자들에 의해 적극적으로 활용된 방식을 추적하겠다고 말했다. 이런 담론은 신자유주의적 사회 통치가 자기 계발 주체를 형성함으로써 운영되었던 방식을 보여 주는 이 책의 중심을 이룬다. 2장에서 5장까지는 이와 같은 담론 각각의 배경에 대해 다루는 동시에 사회공학 실행자들과 그들이 복지사회를 신자유주의화하는 일에 기여했다는 사실을 부각시킨다. 노숙인과 청년 실업과 관련된 이런 담론의 중요성을 배치하는 담론 전략을 장 별로 소개할 것이다.

2장에서는 IMF 위기를 거치는 동안 포착된 공간적 표식을 다룬다. 서울역 광장과 과거 〈방림방적〉 공장이었던 〈자유의집〉이 노숙인들의 대표적인 주거 공간으로 소개된다. 두 공간의 역사를 통해 개발 국가에서 신자유주의적 복지국가로 이행하는 역사를 추적하며, 실업에 대한 관심으로 충만한 노숙인 대책이 구성되는 과정을 간략하게 보여 줄 것이다.

3장은 대중매체, 대중문화, 지식인 같은 비정부기구 행위자들이 노숙인에 대한 특정한 이미지 생산에 기여한 방식에 대해 다룬다. 독자들에게 영화 등의 대중매체에 깔려 있었던 '가족해체' 담론의 표상들을 소개하며, 가족해체 담론이 시급한 위기로 떠오른 배경을 맥락화한다. '가족해체'라는 담론이 어떻게 IMF 위기를 관리하는 기술로 활용되었는지, 〈농협〉 사건과 여성 노동을 재사유화 하는 과정을 보여 주려 한다.

4장은 여성 노숙인과 함께 생활했거나 여성 복지 담당자들 중 여성 노숙인과 교류가 있었던 이들의 경험을 통해 여성 노숙인이 대중사회와 정책 결정 과정에서 비가시화된 방식을 추적한다. 필요 담론을 추적하며 여성 노숙인들과 그들 주변에서 돌봄과 행정을 담당하는 이들이 여성 노숙인의 정체와 필요를 해석하는 바가 어떻게 공명, 상충되었는지를 생생하게 보여 줄 것이다.

청년 실업자의 상황을 검토하는 5장에서는 청년 실업자가 국가의 통치 대상인 동시에 복지 혜택을 받을 자격이 있는 청년 시민을 촉진하는 과정에 적극적으로 참여해 국가의 대리인 노릇을 수행했다는 사실을 보여 줄 것이다. 어떻게 청년들이 IMF 주체로 등장했는지를 보여 주기 위해, 어느 택시 기사 아들들의 대조적 진로 선택 사례, 그리고 '신지식인'과 '벤처 캐피탈'이란 담론과 물적 기반 사이에 갈등한 〈청년여성실업대책 모니터링 팀〉 구성원들의 사례를 소개한다. 또한 청년을 위한 복지 혜택이 노동을 통제할 목적을 지닌 (신)자유주의적 체제가 활용한 방식이라는 점도 보일 것이다. 노숙인이 까다로운 소득 조사, 취업 가능성과 재활 능력에 대한 평가를 통해 자신이 복지 혜택을 받을 '자격이 있는' 대상임을 입증해야 했다면 청년 실업자는 유연한 노동과 창조적 노동을 하도록 장려되었고 그런 자질이 있는지를 평가받음으로써 자신이 복지 혜택을 받을 '자격이 있는' 대상임을 입증해야 했다. 동시에 서울시 공무원들이 노숙인에 대한 이해는 고정관념에서 벗어나지 않은 반면, 청년 실업자에 대한 이해는 신자유주의 정책 이행 과정에서 매우 혼동되었다.

닫는 글에서는 일련의 중요한 쟁점들에 대해 소개하려 한다. 신자유주의화에 대한 저항이 이뤄졌는가? 과거 학생운동에 투신했던 사람들이 어떻게 신자유주의적 복지사회 창출에 참여할 수 있었을까? 만일 모든 사람에게 신자유주의화에 대한 책임이 있다면 신자유주의에 대한 비판의 의미는 무엇인가? 대한민국 지식인의 역사를 바탕으로 이런 질문에 대답해 보려 했다.

2장

서울역 광장과 〈자유의집〉

도시 공간에서는 자유주의를 둘러싼 헤게모니 투쟁이 벌어지고 있다. 누구의 자유주의인가? 누구의 헤게모니인가? '복리'를 추구하는 사회 개혁론적 자유주의인가 아니면 '국제 경쟁'을 추구하는 신자유주의적 주문呪文인가? 분명 국가와 이주민족, 이주민족과 도시에 대한 끝없이 이행하는 표현에 대해 새로 작업하기 위해 새로운 연대, 새로운 투쟁, 새로운 형태의 주체 형성, 새로운 형태의 인식, 새로운 담론, 새롭고 지속되는 위기감이 존재한다.

캐서린 미첼Katharyne Mitchell,

『신자유주의적 노선을 가로질러: 태평양 연안 이주와 대도시

Crossing the Neoliberal Line: Pacific Rim Migration and the Metropolis』

2장에서는 서울의 물리적 공간 가운데 상징성이 높은 두 공간의 모습 변화에 대해 검토함으로써 아시아 외환 위기를 거치는 동안 시행된 대한민국의 노숙인 대책에 대해 알아보려 한다. 한 곳은 서울역 광장이고, 다른 한곳은 예전 〈방림방적〉 공장이었던 〈자유의집〉이다. 서울역 광장과 〈자유의집〉은 노숙의 풍경과 노숙인 대책의 발전 과정을 집약적으로 보여 주는 공간일 뿐 아니라 자유주의와 신자유주의의 역사성을 담고 있는 장소다.

통치 기술의 집합체를 연구한 문화기술지 학자들의 작업에서도 드러났듯이 도시 공간은 통치 기술의 쟁점과 상징성을 드러내는 요지다.(Anagnost, 2004. Li, 2007. Mitchell, 2004. Ong · Collier, 2005.

Strathern, 2000) 나는 이와 함께, 문화기술적 방법에 입각해 서울역 광장과 〈자유의집〉이 공간적으로 구성되는 과정에서 겪은 변화를 관찰함으로써 신자유주의적 복지과 신자유주의적 노동 담론을 IMF 위기를 겪는 동안 시행되었던 노숙인 대책과 실업 대책의 개념과 연계해 추적하려 한다. 우선 IMF 위기를 거치는 동안 노숙인들이 대중의 눈에 가장 많이 띄었던 서울역 광장에 대해 살펴본 뒤 서울시의 노숙인 대책과 노숙자 쉼터 체계의 발전 과정에 대해 검토할 것이다. 마지막으로 IMF 위기를 거치면서 신자유주의적 원칙에 따라 노숙인들을 '자격이 있는 사람'과 '자격이 없는 사람'으로 분류하기 위해 만들어진 노숙자 쉼터 가운데 가장 큰 규모로 운영되었던 〈자유의집〉에 대해 살펴볼 것이다.

서울역 광장의 변신

2004년 리노베이션을 통해 국제공항에 버금가는 초현대적 공간(99쪽 사진 1, 사진 2)으로 탈바꿈한 서울역 광장은 서울에서 가장 크고 가장 오래된 환승 센터 가운데 한 곳이다.(강세준 · 김경호, 2004) 일제강점기였던 1925년 지어진 서울역 광장은 한반도에서 만주를 잇는 다양한 철도 노선이 모여드는 허브였다.(Eckert et al. 1990. 269~273) 여러 차례의 보수 공사를 거쳤음에도 낡은 서울역사 건물(사진 3)은 유럽 르네상스 시대의 건축물을 연상시키는 일제강점기의 전형적인 건축

양식을 그대로 간직하고 있다.(Cumings, 1997. 148~154) 이 건축양식은 일제강점기의 잔재를 뿌리 뽑으려는 민족주의 운동의 노력 때문에 이제는 대한민국에서 찾아보기 힘든 건축양식이다.[1] 버스와 지하철 환승이 더 대중적인 양식으로 바뀌었음에도 서울역은 서울에서 가장 혼잡한 장소 가운데 한 곳에 버티고 서서 수많은 버스 노선과 두 개의 주요 지하철 노선이 지나는 환승역으로서 기능하고 있었다. 지금도 출퇴근 인구와 여행객으로 북적거리는 서울역 광장은 일반적으로 시간을 때우려는 사람들이 찾는 장소로, 누군가를 만나려는 사람들의 약속 장소로 이용되고 있다.

IMF 위기가 닥치기 전 환승역인 서울역에는 지나치는 여행객을 상대로 한 소규모 노점상들이 가득했다. 버스 정류장이나 대합실 근처에 포장마차들이 자리 잡고 소주나 국수, 튀김, 어묵, 김밥 같은 값싼 음식을 팔았다. 한편 버스 정류장 근처에 자리 잡은 작은 매점에서는 버스 토큰, 껌, 사탕, 비알코올 음료를 팔았다.(101쪽 사진4) 과일장수와 떡장수는 두 개의 지하철 노선 보행자 통로 입구나 계단에 손수레나 광주리를 펼쳐 놓거나 광장을 돌아다니면서 장사를 했다.

1990년대 초까지 서울역 광장에서는 독재 정권에 저항하는 정치적 행동을 촉구하는 대중 시위가 심심치 않게 벌어졌다. 1960년의 4.19

---

1) 서울역은 1925년 독일 건축가 C. K. 라란다이C. K. Larandei가 설계했다.(Seoul, Jung-gu Culture and Tourism, "Seoul Station Building," http://tour.junggu.seoul.kr/english/ culture/ culture_view.php?idx=15) 르네상스를 연상시키는 건축 양식이 대한제국에 대한 일본의 식민화를 상징한다는 사실은 일부 동아시아 국가에서 일본의 식민주의가 서구 유럽 식민화를 매개한 방식을 잘 보여 주는 사례다.

사진 1 새 단장한 서울역.

사진 2 새 단장한 서울 역사 내부.

혁명[2])과 광주항쟁 직전 계엄령 선포에 저항하며 이뤄졌던 1980년 4월 서울역 시위와 회군[3])을 비롯한 다양한 집회가 이곳에서 벌어졌다. 서울역 광장은 IMF 위기의 충격이 피부에 와 닿기 시작한 1998년에서 2001년 사이 크게 변모했다. 이 시기의 서울역 광장은 수많은 노숙인들이 터를 잡은 공간으로 널리 알려지게 되었다. 서울역 광장에 모여든 노숙인들은 'IMF 노숙자'로 불렸는데 그 용어에는 IMF 구제금융에 대한 국민의 분노가 투영되어 있었다.

1998년 7월 서울을 찾았을 때 서울역 광장 이곳저곳과 서울역 지하 터널 바닥에 노숙인들이 누워 있는 모습을 볼 수 있었다. 1998년 8월 서울시는 노숙인 2천 명이 서울역 광장에 머물고 있다고 추산했는데 그해 겨울 그 수는 4천 명으로 불어났다. 지하 터널을 거처 삼아 머무는 노숙인들이 너무 많아 행인들이 지나다니기 어려울 지경이었다. 신문지를 덮어 추위를 피하는 대부분의 노숙인 주위에는 간간이 빈 소주병이 놓여 있었다. 서울역 광장은 (포장마차에서 버린 쓰레기나 한밤중 취객의 토사물 따위로) 특별히 깨끗했던 적이 없었던 곳이지만 IMF 위기를 거치는 동안 서울시 공무원들은 서울역 광장이 그 어느 때보다

---

2) 1960년의 4월 혁명은 이승만 독재 정권을 전복하기 위해 학생과 시민이 일으킨 정치적 봉기였다. 4월 혁명은 한국전쟁 이후 대표적인 민주적 항거와 국가 폭력으로 기억된다.(183명 사망, 6,259명 부상) (Cumings, 1997)

3) 서울역 회군은 군사 독재자 박정희가 피격된 뒤 전두환 장군이 계엄령을 선포하자 1980년 5월 15일 4만여 명의 학생과 시민이 모여 계엄령 철회를 요구하다가 군대의 위협을 받고 다음날 아침 모두 철수한 사건이다.(이남희, 2007) 광주 학살은 광주 시민을 공산주의자로 몰아간 전두환의 명령으로 광주 시민을 학살한 국가 범죄다. 광주 학살은 한국전쟁 이후 줄곧 한국 군을 통제해 온 미 아시아 태평양 사령부의 묵인 하에 이뤄진 것으로 짐작된다.(신기욱·황경문, 2003)

사진 3 새 단장한 서울역 오른쪽에 남아 있는 옛 서울역.

사진 4 서울역 바깥에서 장사하는 노점상.

사진 5 서울역 광장에 모여 있는 노숙인.

더 지저분해졌다고 토로했다. 이른 아침이나 정오 무렵에는 서울역 광장 인근 이곳 저곳에서는 종교 단체에서 제공하는 무료 급식을 받기 위해 늘어선 노숙인의 긴 행렬을 볼 수 있었다.(사진 5) 준정부 기구에 해당하는 복지 단체와 적어도 두 곳의 비정부기구도 서울역 광장을 떠도는 노숙인들을 지원하기 위해 나섰다.

준정부 기구에 해당하는 복지 단체는 원래 〈대한성공회〉와 연계된 시민 단체로 출발했다. 대한민국에서 성공회는 장로교, 침례교, 감리교에 비하면 비교적 소규모 종파였지만 그 영향력은 막강했다. 성공회대학교는 당시 대한민국에서 시민사회 운동에 대한 전문적인 교육을 하는 유일한 대학이었다. 성공회대학교 NGO학과는 (1980년대) 노동운동과 학생운동(1990년대), 시민사회 운동에 투신했던 경력을 지닌

학자를 교수진으로 두고 있다. 성공회대학교 총장이자 김대중 대통령과 친분이 두터웠던 이재정 신부는 〈서울시 노숙자대책협의회〉의 첫 의장이었고, 노숙인을 위한 기관 운영을 자원하는 모범을 보였다. IMF 위기를 거치는 동안 서울시 정부는 이 기관을 서울시의 자원으로 활용했다. 이 기관은 국가가 국가 기구와 서비스를 위탁하거나 민영화한 하나의 사례가 되었다. 〈서울시 노숙자대책협의회〉는 신자유주의 체제가 푸코주의 학자들이 말하는 '원격 통치'와 '타인을 통한 권력 행위'라고 언급한 기술, 곧 비국가 기관으로의 위탁을 어떻게 활용하는지 잘 보여 준다.(Gordon, 1991; Lemke, 2001. Rose, 1996b) 〈노숙인다시서기지원센터〉는 1998년 가울 대한민국 최초의 노숙인 지원 센터로 문을 열었다. 기관 이름에 '다시 서기'라는 단어를 추가한 것은 '빈민 구호' 복지 체제에서 자활을 중점으로 하는 신자유주의적 복지 정책으로 전환되었음을 상징한다.[4] 이 기관은 2005년 〈다시서기상담센터〉로, 2014년 〈다시서기종합지원센터〉로 이름을 바꾸었다.

〈노숙인다시서기지원센터〉는 등록한 노숙인에게 노숙인 카드를 발급해 무료 진료를 받을 수 있게 했다. 많은 노숙인들이 의도적으로, 또는 우연히 주민등록증을 분실한 상태였기 때문이다. 이런 상황에서 노숙인 카드는 노숙인들을 통제하고 감시하는 수단으로 기능했다고 빈민 운동가들은 비판했다. 경찰은 시민 안전과 안보를 내세워 노숙

---

4) 일반적으로 '빈민 구제'는 경제적으로 박탈당한 사람들을 돕는 데 있어 구조화된 복지 정책에 의존하기보다 자선에 깊이 의존해 이뤄지는 제한적인 국가 복지 시스템을 의미한다.

인 카드를 신분증 대신 요구했다. 많은 노숙인들이 노숙인 카드 등록을 거부했는데 경찰이 카드 소지자의 신상명세를 파악하는 데 노숙인 카드를 이용하기도 했기 때문이다. 노숙인들은 자신들의 신상이 드러나는 것을 극히 꺼렸다.

여러 가지 이유가 있겠지만, 로라 넬슨(2006)이 언급했듯, 신용카드와 개인 채무 증폭이 IMF 위기 가운데 등장한 가장 중요한 사회현상이었다는 사실과 무관하지 않을 것이다. 신용카드는 IMF 위기를 거치며 비로소 대중화되었는데, 이는 극심한 경기 침체와 소비 촉진을 위해 정부 차원에서 장려한 것이기도 하다. 금융권은 신용카드 발급을 남발했고 사람들은 당장의 생존을 위해 갚을 길 없는 채무를 늘려갔다. 이렇듯, 개인 채무로 신용불량자가 될 위기에 처한 이들이 거리로 내몰린 사람들 속에 섞여 있다는 보도가 종종 등장했다. 그밖에 여러 가지 이유에서 신분을 숨기기 위해 노숙을 택한 사람들이 있었고, 대중매체에서 노숙인을 재현하는 방식 역시 그러했다.

텔레비전 드라마 〈발리에서 생긴 일〉(SBS, 2004)에는 선량하게 묘사된 노동 빈민 여주인공의 저금을 들고 도망간 남성 협잡꾼이 몸을 숨기기 위해 지하철 통로에서 생활하는 노숙인들 사이에 섞이는 장면이 등장한다. 김인식 감독의 영화 〈로드무비〉(2002)에서는 성적 지향 때문에 가족을 떠나야 했던 게이 남성이 서울역 광장에서 생활하는 익명의 노숙인들 사이에 끼어 신분을 숨기는 모습이 등장한다. 임시 노숙인 센터에서 근무한 사회복지사들은 노숙인들이 노숙인 카드를 소지하게 되면 과거가 발각될 위험이나 수모를 당할 것으로 여긴다고 말했다. 노숙자 쉼터에서 일하는 직원이 노숙인에게 노숙인 카드 소지를 종용하면 노숙인과의 관계가 깨진다고 했다.

노숙인들에겐 어떤 이유에서건 자신의 신분을 드러내야 하는 것은 실질적인 '위협'이었다. 그러나 시민의 생명과 자산을 보호한다는 명분과 사회적 안전을 지킨다는 명목으로 국가기구를 활용해 국민과 시장을 감시하는 것이 바로 (신)자유주의 통치의 핵심이듯(Gordon, 1991. 35~41. Foucault, 2003. O' Malley, 1996. 1999), 국가기구, 혹은 국가기구의 대리인으로서 비정부기구는 노숙인을 관리하려는 시도를 멈추지 않았다. 노숙인들 역시 길거리 생활에서 생존을 위한 최소한의 복지를 얻기 위해서는 자신의 신분을 드러내는 모멸감을 감수해야 한다는 것을 알고 있었다. 예를 들어 건강보험이 없는 사람이 의료 서비스를 받으려면 높은 비용을 부담해야 했기 때문에 상당한 숫자의 노숙인들이 무료 진료와 무료 치료를 받기 위해 노숙인 카드를 발급받는 길을 자발적으로 택했다.

〈인도주의실천의사협의회〉는 서울역 광장을 찾는 노숙인들을 대상으로 건강 진단을 실시했다.(박용현, 1999) 연예인 고故 심철호 씨가 운영하는 민간 복지 기관 〈사랑의전화〉의 긴급 상담 전화를 설치한 버스를 서울역 광장에 배치해 민영 노숙자 쉼터로 운영했다. 가정 폭력에 시달리는 여성을 위해서 〈여성의전화〉가 있고 자연재해 피해를 입은 사람들을 위해 〈희망의전화〉가 있듯이, 〈사랑의전화〉란 이름도 민간이 주도하는 긴급 구호 요청의 성격을 띠고 생겨났다. 〈사랑의전화〉 직원들은 가족 사항, 고향; 일한 경력, 거리에서 지낸 기간을 묻는 설문지를 작성할 의사가 있는 노숙인들을 지원했다. 노숙인들이 작성한 응답 내용은 정부와는 별도로 운영하는 노숙인 데이터베이스에 등록되었다. 〈사랑의전화〉는 정보를 제공한 노숙인에게 의복, 세면도구, 오랫동안 두고 먹을 수 있는 통조림 들을 제공했다.

서울역 광장이 행인들로 붐비는 낮 동안에는 많은 노숙인들이 서울역 광장을 떠나 있거나 역사 경비원들에게 쫓겨나 있었다. 1998년 11월 서울시는 낮이든 밤이든 서울역 광장에 머무르는 노숙인들이 눈에 띄지 않기를 바라면서 공공장소에서 노숙하는 행위를 불법으로 규정하고(107쪽 사진 6) 그 대신 〈자유의집〉이라고 부르는 노숙자 쉼터를 이용하도록 권장했다. 그러나 (〈노숙인다시서기지원센터〉와 〈사랑의전화〉가 제공하는) 구호 서비스를 받기 위해 서울역 광장에 머무르는 걸 선택하고 노숙자 쉼터 체계에 편입되기를 거부하는 노숙인의 수는 여전히 많았다.

정치인들과 고위 공무원들은 노숙인을 찾아가 사진을 찍으면서 자신들이 사람에 대한 연민을 지닌 지도자라는 사실을 부각시켰다. 서울역 광장 외의 여러 공원과 지하철역에도 노숙인들이 있었지만 정치인들과 정부 공무원들은 주로 서울역 광장에 머무는 노숙인을 방문하려 했다. 덕분에 서울역 광장을 떠도는 노숙인들은 IMF 위기의 비극적인 '얼굴'이 되었다. 가령 당시 서울시장이었던 고건은 1998년 9월 21일에(권혁철, 1998), 보건복지부 장관이었던 김모임은 1998년 6월 2일에(안창현, 1998), 그 다음 보건복지부 장관을 지낸 차흥봉은 1999년 7월 21일에 각각 서울역 광장을 방문했다.(손태인, 1999)

사진 6
지하철역 벽에 붙은 노숙 금지 경고문 사진.

서울역 광장을 떠도는 노숙인들은 정치인의 방문을 반기지 않았다. '노숙인과의 만남'이라는 이름으로 이루어진 고건 시장의 서울역 방문 행사에서는 기자들이 고건 시장과 함께 있는 노숙인들을 향해 사진을 찍어 대자 "노숙하는 것이 무슨 자랑이라고 사진을 찍느냐", "아는 사람들이 보면 어쩌느냐"며 직접 불만을 터뜨리기도 했다.(『한겨레신문』, 1998년 9월 22일자) (신문, 텔레비전 스페셜, 텔레비전 드라마, 소설을 비롯한) 대중매체는 IMF 노숙자를 주제로 삼아 서울역 광장의 극적인 상황을 담아내곤 했다.[5]

노숙인은 IMF 위기를 거치는 동안 일어난 대량 해고의 결과를 상징하는 초상이 되었고 이와 같은 노숙인의 이미지는 실업과 노숙의 경계에 서 있는 사람들을 지원하기 위한 기금을 마련하는 데 기여했다.[6] 내가 다시 한국을 찾은 2001년은 대중매체와 정부가 IMF 위기가 끝났다는 사실을 적극적으로 알리던 시기였다. 서울역 광장은 기차역을 찾는 고객들을 위한 거대하고 깨끗한 주차장으로 변모해 있었다. 주차장 안이나 인근 버스 정류장에서는 포장마차를 찾아볼 수 없었다. 손수레와 광주리를 이용해 노점상을 하는 과일장수 몇 명만이 남아 있을 뿐이었다.

노점상에 대한 정책의 변화는 잉여 노동인구와 복지 혜택을 받지 못하는 주변화된 인구에 대한 처우가 얼마나 비일관적이었는지를 보여 주는 좋은 사례다. IMF 위기가 닥치기 전 서울시는 외국인 여행객을 끌어들이기 위해 깨끗한 서울시 이미지를 창출하기로 마음먹고 서울시의 공공장소 대부분에 포진한 포장마차와 노점상을 철거하려고 했다.(김수현 외, 2001) 그러나 IMF 위기를 거치는 사이 노점상들은 서울시의 정책에 거세게 저항하며 시위를 벌였다. 그들은 서울시 정부가 IMF 위기와 같이 끔찍한 시기에 이윤이 거의 나지 않는 노점을 운영하면서 근근이 먹고사는 가난한 노동 계층에 속한 사람들의 목을 조르고 있다고 비난했다. 대량 실업이 야기한 사회적 불안정에 대한 관심이 증가하는 상황이었으므로 서울시는 노점상 철거 정책을 철회

---

5) 그 사례로는 김인식 감독의 영화 〈로드무비〉, 노희경 작가가 시나리오를 쓰고 윤흥식 프로듀서가 연출한 텔레비전 드라마 〈슬픈 유혹〉(1999), 조창인의 베스트셀러 소설 『가시고기』(2001), 심리학자 이나미의 소설 『우리가 사랑한 남자』(1999)를 들 수 있다.

6) 안용천(1998)은 미국에 거주하는 한인 공동체로부터의 기부도 있었다고 보도했다.

할 수밖에 없었다. 원래는 베트남 전쟁 참전자와 유족들 같은 국가유 공자들에게만 노점 운영 허가가 제한적으로 이루어졌으나 불안정하 게 날뛰는 경제적 조건 속에서 이와 같은 규제는 변경되었다. IMF 위 기를 거치는 동안 대학생과 실업자들이 주거 지역에 포장마차를 차려 놓고 운영하는 모습을 흔히 볼 수 있었다.

IMF 위기가 공식적으로 종료된 2001년부터 노점상에 대한 규제가 다시 이뤄지기 시작했다. 노점상에 대한 정책 변화는 대한민국과 일 본이 공동 개최한 2002년 월드컵과도 연관이 있는 것으로 보인다. 삼 면을 거대한 유리로 에워싼 멋진 건물이 서울역 광장에 들어섰고 훤 히 들여다보이는 건물 안쪽에 자리 잡은 기념품 가게에서는 곧 개최 될 월드컵을 홍보했다. 기념품 상점에서는 멀티미디어를 활용해 2002 년 월드컵 로고와 마스코트, 관련된 상품을 홍보했다. 거대한 서울역 광장의 구석구석까지 2002년 월드컵 주제가가 울려 퍼지는 가운데 유 리창에 부착된 텔레비전 모니터에서는 상업광고와 대한민국 정부가 특별 제작한 홍보 영화가 흘러나왔다.

광장이란 공간의 의미

광장은 또한 분단된 한반도의 사회주의와 자본주의적 자유주의 사 이에 놓인 지식인들의 정치적 갈등을 상징하기도 한다. 광장의 상징 적 가치는 논란을 불러일으킨 최인훈의 소설 『광장』(1960)에서 극대화된다. 소설에서 공공 공간을 은유하는 광장은 사적 공간을 은유하는 동굴이라는 공간과 대조를 이룬다. 남자 주인공인 이명준은 민주화를 요구하는 공공 공간(광장)과 자신의 평화를 추구하는 사적 공간(동굴) 사이에서 우물쭈물하며 고뇌한다. 이명준은 대한민국의 부조리한 자유주의와 북한의 파시스트적 공산주의 사이에서 이념적으로 중립적인 존재가 되고자 애쓰다가 중립국으로 망명하는 길에 자살을 택하고 만다. 소설은 일제강점기 말에서 시작해 한국전쟁에서 끝난다. 소설이 4월 혁명에 대해 언급한 것은 아니지만 문학비평가들은 4월 혁명 도중 서울의 여러 광장과 거리에서 벌어진 대중 시위에서 영감을 받은 소설가가 지식인에게 스스로의 민주주의를 추구하라고 촉구하려는 의도로 『광장』을 썼다고 생각한다.(Hughes, 2002)

　당대의 역사적 맥락과 지식인, 반체제 단체가 일으킨 반란에 활용된 혁명 공간으로서의 광장의 상징성을 고려해 볼 때 서울시는 IMF 위기를 거치는 사이 노숙인들이 서울역 광장에서 봉기할 가능성에 대해 고려하지 않을 수 없었을 것이다. 그러나 엄혹한 군사정권에 맞선 저항의 목소리를 크게 외치면서 좌파 운동과 자유주의 운동에 나섰던 활동가들은 국가와 민주주의라는 명목 하에 이뤄진 사회의 (신)자유주의화에 맞서지 못했다. 자유주의나 공산주의 이데올로기 사이에서 정답을 얻지 못하고 고뇌했던 『광장』의 이명준과 비슷하게, IMF 위기를 겪던 시기의 지식인은 신자유주의적 국가 경제정책을 비판하는 입장과 민간을 앞세워 신자유주의 사회 통치 기술에 참여하는 입장 사이에서 혼란을 겪으며 갈등했다.

서울시가 세운 노숙인 대책

노숙에 대한 신자유주의적 복지 정책은 '정상적인' 시민으로부터 장기 노숙인을 분리해 새로운 복지 대상의 표식으로 삼았다. IMF 위기가 발생했을 때 국가와 서울시 정부는 실업자를 세 부류로 구분했다. 첫 번째 부류는 대기업(재벌) 직원으로 고용보험에 가입되어 있다가 해고당한 실직자로, 전례 없는 국가의 복지 혜택을 받게 된 부류다. 이들은 상당한 기간 동안 기존 급여의 70퍼센트 내지 80퍼센트 되는 실업수당을 받았고 재취업을 위한 직업교육을 무료로 받을 자격이 있었다. 두 번째 부류는 고용보험에 가입되어 있지 않은 상태에서 해고당한 부류다. 이들은 실업자로 등록해 공공 근로 사업에 참여하거나 저임금 노동시장에서 필요로 하는 기술을 가르치는 직업교육을 받을 자격이 있었다. .

세 번째 부류는 IMF 노숙자로, IMF 위기가 대량 해고를 유발한 시기에 노숙인이 된 것으로 추정되는 사람들이다. 여기서 언급할 중요성이 있는 바는, 정부가 세 번째 부류인 IMF 노숙자들을 중심으로 실업 대책을 수립한 반면 이미 장기 노숙을 하던 이들은 취업과 주거와 같은 복지 혜택을 받을 수 없는 부류로 분류했다는 것이다. 사상 처음으로 다양한 노숙 문제에 초첨을 맞춘 것은 공공 부조와 복지 혜택 자격을 보다 포괄적으로 만들어 가는 최초 복지국가의 증거로 보이지만, 정부에게 노숙이란 문제는 실업정책의 연장선상으로 국한되어 이해되고 정책화되었다.

대한민국에서 노숙은 새로운 현상이 아니었지만 대한민국의 대중 매체와 정책 결정자들은 1998년에서 2001년 사이 아시아 외환 위기가 발생한 뒤에야 노숙 문제에 크게 주목하기 시작했다. 주목할 만한 사실은 노숙이 IMF 위기로 인해 나타난 새로운 현상이자 일시적인 현상으로 인식되었다는 점이다. 한 가지 분명한 것은 그 당시 눈에 띄는 '노숙자'가 급증했다는 사실이었다.[7] 그러나 노숙은 일시적인 현상도 아니고 대한민국에 새로운 현상도 아니다. IMF 위기가 벌어지기 오래 전부터, 곧 한국전쟁 기간과 그 이후부터 대한민국에는 매우 혹독한 주거 환경과 생활환경에서 살아가는 다양한 집단이 존재했다.

거리에서 생활하는 사람들은, 길거리나 기차역, 지하철 계단에서 '구걸'하는 이들, 쓰레기를 모아서 팔아 생계를 잇는 '넝마주이', 불치병 또는 사회적으로 기피되는 폐결핵, 한센병,[8] 에이즈 같은 질병을 앓는 '행려병자', 정처 없이 떠도는 '부랑인'[9]들이 있다.

게다가 한국전쟁으로 인해 고아가 된 사람이나 (혼외 또는 성폭력으로 태어난 이들과 함께) 성차별로 인해 사회적 낙인이 찍힌 빈민, 한국전쟁 이후 대한민국에 주둔한 미군과의 관계로 인해 태어난 혼혈인 등도 사회경제적·문화적 차별을 받았는데 대부분은 잘 알려져 있지 않다. 마지막 두 집단에 속하는 사람 대부분은 가정 없는 생활을 피하기 위해 어린 시절 해외로 입양되는 경우가 많았기 때문이다.[10] 이런 집단에 속하는 사람들에 대한 지원은 대부분 종교 기관과 연관되는 자선 단체에 의해 이뤄졌다. 또한 정부는 미혼모와 그 자녀, 성 매매로 경찰에 체포된 여성, 고아, 가족에게 버림받은 노인, 심한 정신 질환을 앓는 환자, 더 최근에는 가정 폭력으로 가출한 여성이 이용할 수 있는 임시 쉼터를 후원했다.

다시 말해 노숙은 빈민 혹은 사회적 낙인이 찍힌 사람들의 취약한 주거 문제, 생계 문제와 관련해 대한민국에 오래전부터 있어 온 문제였다. 성性, 인종, 특정 질병에 대한 사회적인 금기 외에도 치솟는 부동산 가격을 감당할 수 없어 노숙의 길로 접어든 일용 노동자와 노동 빈곤층도 있었다. 김용창(2006)과 신광영(2003)은 대한민국의 부동산 개발과 그것이 노동하는 빈곤층의 궁핍화에 미친 영향에 대해 논의했다. 남기철(2000)과 정원오(1999)는 하루 단위로 비용을 지불하는 값싼 잠자리에서 생활하는 일용 노동자에 대해 보고한다. 돈이 있으면 한 평에도 채 못 미치는 좁은 방(쪽방) 하나만 갖춘 값싼 주거시설에서 생활하고 돈이 없으면 거리로 나서는 남성 일용 노동자에 대한 보고

7) 더 최근에는 거리에서 생활하는 사람을 의미하는 용어로 '노숙인'이라는 말을 쓴다. IMF 위기를 거치는 동안 현장 연구를 수행했는데 당시 거리에서 살아가는 사람을 의미하는 공식 용어이자 관용구는 '노숙자'였다.

8) 한센병(나병)을 앓는 환자들은 소록도나 정착촌이라고 알려진 시골 마을에 격리되었다. 그들의 자녀들 대부분은 "아직 감염되지 않은 아동"(미감아)라는 경멸적인 딱지를 단 채 사회적·경제적으로 힘겨운 환경에서 생활한다.(다음을 참고하라. http://www.hani.co.kr/section-005000000/2005/02/005000000200502041820172.html 및 http://www.hani. co.kr/section-005000000/2005/01/005000000200501311835276.html) 1975년 이후 한센병 환자들을 위한 민간 복지 기관이 부랑인으로 알려진 장기 노숙인 보호를 위한 기관으로 등록되었다.

9) 부랑인이 보내진 은평의 마을에 대해서는 http://www.eunpyong.or.kr/intr/intr_02.html을 참고하라. 부랑인 옹호 단체인((사)한국노숙인복지시설협회)(http://www.kawih.or.kr)는 1976년 설립되었다. 부산 〈형제 복지원〉을 주축으로 성립된 부랑인 옹호 단체로 1976년 설립된 〈(사)한국부랑인복지시설협회〉는 2012년 〈(사)한국노숙인복지시설협회〉로 개명되었다.

10) 사회경제적·성 차별적 문화로 인해 입양이 증가한 배경에 대해 엘레나 킴Eleana Kim(2010), 김호수(2016)를 참조하라

서도 많다.(김수현, 2001a)

그들의 환경은 1970년대와 1980년대의 급속한 경제성장과, 그 뒷전으로 밀린 사회 발전의 격차에서 기인한 구조적 취약성과 직접 연결된다. 그러나 노숙에 대한 이해가 지역적·선택적으로 이뤄져 체계적인 궁핍화에 대한 대응은 제대로 이뤄지지 못했다. IMF 위기가 시작되면서 처음으로 노숙인에 대한 실질적인 관심이 나타났지만 초점은 노숙인 문제에 대한 정부의 책임을 최소화하려는 데 맞춰졌다. 노숙인들이 가하는 '위협'에 대한 정책 결정자(전문가와 정부 고위직원)의 담론은 IMF 위기 당시 서울시가 수립한 노숙인 대책의 형성 과정을 이해하는 데 유용하다.

우선 노숙 담론은 복지국가 이데올로기의 패러다임이 개발 체제에서 추구했던 빈민 구제에서 노동 복지 체제로 변화하고 있다는 사실을 드러내는 렌즈가 되었다. 노숙인 대신 '정상적인' 시민에게 특권을 부여하고 장기 노숙인 대신 취업이 가능할 것으로 여겨지는 비교적 건강한 노숙인에게 특권을 부여한 서울시 공무원들의 담론은 서울시의 실업 대책이 신자유주의적 복지라는 사실을 드러낸다. 이런 담론은 노숙하는 시민에게도 동등한 권리를 부여해야 한다는 일부 자유주의적 전문가들의 견해를 담은 담론과 경쟁했다. 그럼에도 서울시 공무원과 전문가들은 노숙인은 재활을 통해 규범에 부합하는 정상적인 사회경제적 개인과 가족 구성원이 되어야 하고 그중에서도 특히 남성 노숙인은 재활을 통해 가장으로서의 역할을 되찾아야 한다는 입장을 견지했다.

1998년 6월 노숙 문제를 다루기 위해 〈서울시 실업대책협의회〉가

설립되었다. 당시 서울시 직원들은 확신에 찬 어조로 노숙자 쉼터 체계를 구축하는 등의 즉각적인 대응책을 제시했다. 〈서울시 실업대책위원회〉는 1997년에서 1998년 사이 총리를 역임했던 고건이 서울시장에 당선되고 곧바로 설립되었다. 고건 서울시장은 여당의 지지를 받았고 김대중 정부와도 긴밀한 관계를 유지했다. 고건이 서울시장 선거에서 내건 공약에는 서울 같은 대도시에서 실업과 노숙 같은 궁지에 몰린 시민에게 특별한 관심을 기울이겠다는 약속도 들어 있었다. 서울시장에 당선된 고건은 〈서울시 실업대책위원회〉와 〈서울시 노숙자대책협의회〉를 구성하고 시민사회 단체 활동가와 전문가를 위원으로 위촉해 선거운동 당시 내걸었던 공약을 이행했다.

고건 서울시장이 시민사회 단체 활동가와 전문가를 서울시 정책에 대한 단순한 조언자가 아닌 공동 결정자로서 비상 기구 위원으로 위촉한 일은 전혀 예측하지 못한 일이었다. 더 중요한 것은 고건 서울시장의 그런 조치가 민간 단체와의 협력 관계를 통해 국가를 통치한 대통령의 통치 과정과 조응했다는 점이다. 노숙인 대책에 가장 중요한 역할을 한 서울시의 두 비상 기구는 〈서울시 노숙자대책협의회〉와 〈서울시 실업대책위원회〉였는데, 두 기구의 기능은 정책 결정권에 있어서 차이가 있었다. 예를 들면, 〈서울시 노숙자대책협의회〉는 정책 결정 기구로서 기능이 없었고, 서울시로부터 노숙자 쉼터 운영을 위탁받은 종교 그룹의 지도자들이 공동위원장으로 구성되어 있었다.

이와는 다르게 민간인 출신의 부시장이 위원장을 맡은 〈서울시 실업대책위원회〉는 서울시 직원들의 불만과 상관없이 민간 전문인들을 공동 정책 결정자로 받아들였다. 비정부기구, 대학, 정부 연구소, 서울시 고위 공무원으로 구성된 20여 명의 위원이 활동한 〈서울시 실업대책위원회〉의 주요 임무는 대량 실업 문제를 해결할 대책을 수립하는 것이었는데, 대체로 일자리를 창출하고 공공 근로 사업을 통해 실업자를 고용해 단기적이나마 임금을 지급하는 방식에 초점이 맞춰졌다. 그 결과 서울시의 노숙자 쉼터를 운영할 책임은 〈서울시 노숙자대책협의회〉에 있었음에도 공공 근로 사업을 통해 지급되는 노숙자 쉼터 직원에 대한 임금과 노동하는 노숙인들에게 지급되는 임금은 〈서울시 노숙자대책협의회〉가 아니라 사실상 〈서울시 실업대책위원회〉를 통해 집행되었다.[11]

IMF 위기가 유발한 실업으로 노숙인이 생겼다고 믿었기 때문에 노숙인 문제는 가시적이면서 시급히 처리해야 할 문제로 부각되었고 〈서울시 실업대책위원회〉와 〈서울시 노숙자대책협의회〉는 이 문제에 큰 관심을 보였다. 이 문제를 해결하기 위해 서울시 안에 새로운 태스크포스 팀이 구성되었다. 서울시에서 실업 문제를 책임지는 최상위 부서는 보건복지국이었지만 실질적으로 노숙인 대책을 시행한 기관은 보건복지국 산하 〈노숙자대책반〉이었다. 서울시에서 노숙인 대책과 관련된 실업 문제에 대응한 다른 사례로는 공공 근로 사업과 직업훈련 프로그램을 들 수 있는데, 이 정책은 산업경제국에서 관리했다. 실업

---

11) 그러나 2000년 무렵부터 〈서울시 실업대책위원회〉는 의사 결정 단체에서 자문 단체로 차츰 변해 갔다.

문제와 관련된 실무적인 일은 산업경제국 산하의 산업정책과와 실업대책반이 처리했고 고용안정과는 직업교육 프로그램을 관리했다.

서울 시장은 민간인 출신의 세 부시장 가운데 한 사람을 〈서울시 실업대책위원회〉의 위원장으로 임명하고, 세 명의 부시장 모두에게 〈실업대책위원회〉에 간여하라고 지시했다. 부시장들은 〈서울시 실업대책위원회〉의 월례 회의에서 시 직원들의 상관으로서보다 시민들의 권한을 보장하는 임무를 담당했다. 특히 〈서울시 실업대책위원회〉가 출범한 뒤 1년여 동안은 민간 위원들의 의견을 제대로 따르지 않는다는 이유로 위원장이 서울시 공무원들을 질책하는 일이 다반사로 일어났다. 부시장들 역시 행정가 출신이 아닌 민간인 출신이었으므로 〈서울시 실업대책위원회〉의 민간 위원들의 입장에 공감했을 것으로 생각되지만, 부시장들이 〈서울시 실업대책위원회〉의 민간 위원들을 존중했다는 사실은 또한 행정에 참여하는 민간인 지도자들의 신뢰를 증진하고 자유주의적 사회 통치에 대한 민간인 지도자들의 호응을 유도하기 위한 것으로도 해석될 수 있다.

노숙인들이 처한 위험인가, 노숙인들로 인한 위험인가?

1998년 9월 〈서울시 실업대책위원회〉 회의에서 당시 서울시 보건복지국 고위 직원은 노숙인 문제에 대처한 서울시의 성과를 발표했다. 그는 확신에 찬 어조로 노숙인 문제를 다음과 같이 설명했다.

노숙은 큰 문제입니다. 겨울에는 노숙자가 동사할 수도 있습니다. 서울역 광장 같은 공공 장소에서 노숙하는 IMF 노숙자의 수가 증가하고 있기 때문에 이에 대처하는 서울시로서는 골머리를 앓지 않을 수 없습니다. 노숙자의 수는 1천 5백여 명에 달합니다. 노숙자가 늘어날수록 서울역 광장의 경관은 더 나빠질 것이고 노숙자에 대한 시민들의 혐오감도 더 커질 것입니다. IMF 위기로 인해 모든 것을 빼앗기고 빈곤층으로 전락했다는 사실에 분노한 IMF 노숙자들이 시민에게 폭력을 행사하거나 정부를 상태로 폭동을 일으킬 가능성도 있습니다. 따라서 일반인들이 노숙자들과 마주치는 일은 위험합니다. 서울시는 노숙자들에게 정부가 (임시로) 제공하는 노숙자 쉼터에 입소하라고 설득하고 있지만 노숙자들이 말을 잘 듣지 않습니다. 이러다 추워지면 동사의 위험이 있습니다. 따라서 서울시에서는 거리를 배회하거나 거리에서 잠을 자는 일을 불법으로 규정해 노숙자들이 거리에 머무르지 못하도록 막을 생각입니다. 거리를 떠도는 사람들이 노숙자 쉼터에 수용되고 나면 시민들이 거리에서 노숙자와 마주치는 일이 사라질 것입니다. 서울시는 이미 서울역 광장을 떠도는 노숙자 대부분을 〈자유의집〉에 수용한 상태입니다.[12]

서울역 광장을 떠도는 노숙인을 위한 직접 서비스는 대부분 대학의 사회복지학과를 통해 임시로 모집한 직원들이 소수의 중하위직 공무

---

12) 거대한 건물에 들어선 〈자유의집〉은 모든 노숙인에게 열려 있었다. 〈자유의집〉 설립 배경과 체계에 대해서는 이 장의 마지막 부분에서 자세히 설명할 것이다.

원들의 감독 하에 제공하고 있었다. 이들은 노숙인들에게 노숙자 쉼터를 소개하고 그들을 노숙자 쉼터로 안내하는 일을 담당했는데 때로는 노숙자 쉼터 입소를 강요하기도 했다. 발표한 고위직원은 서울역 광장을 떠도는 노숙인에 관련된 업무를 직접 처리하지 않았지만, 마치 자신이 직접 서울역 광장에서 노숙인들을 상대로 일하는 것이 얼마나 어려운지 경험해 보았다는 투로 노숙인들의 상황에 대해 생생하고 역동적으로 보고했다. 그 직원은 발표에서 계절적 문제를 언급하면서 〈서울시 실업대책위원회〉 위원들에게 호소했다. 가령 서울역 광장을 떠도는 노숙인의 수가 증가하는 가운데 겨울이 오면 그들이 얼어 죽을 수도 있다는 언급에 대부분의 위원들은 고개를 끄덕이거나 우려를 표명하거나 한숨을 쉬면서 동점심을 표현했다.

〈서울시 실업대책위원회〉의 일부 위원은 서울시가 대량으로 발생한 노숙 문제에 대해 효율적으로 대처했다고 칭찬했고, 일부 위원은 서울시가 노숙인들의 인권을 침해한 것 아니냐고 우려하는 의견을 제시했다. 한 위원은 이렇게 말했다. "거리를 떠도는 사람들을 강제로 몰아냈다는 말처럼 들리는군요. 그들은 범죄자가 아니라 IMF 위기의 희생자입니다. 경제적 어려움을 겪는 다른 시민들과 마찬가지로 말입니다." 그 위원은 "일반인이 노숙자들과 마주치는 것은 위험하다."는 복지 담당 고위 직원의 말에 불편함을 표했다.

발표 내용에서 보면 노숙 대책이 필요한 이유는 세 가지로 정리된다. 겨울이 오면 노숙인들이 얼어 죽을 가능성, 일반인들이 느끼게 될 혐오감, 노숙인들이 폭력적인 행동을 할 가능성(폭동의 위험성). 세 가지 이유 모두 위협이나 위험에 관한 것이지만 그 대상은 모두 다르다. '겨울에 얼어 죽을 위험' 은 노숙인들의 생명을 위협하는 위험으로, 발표에서 제시된 이유 가운데 노숙인들이 처한 유일한 위험이다. '혐오감 유발' 과 '폭력적인 행동을 할 가능성' 이라는 다른 두 가지 이유는 노숙인이 유발하는 위험을 말하는 것으로, 여기에서 일반인 보호의 필요성이 대두된다. 일반인 보호가 노숙인 대책 수립 필요성의 근거로 제기되었다는 사실은 존중받거나 보호받을 '자격이 있는' 시민과 '자격이 없는' 시민 사이의 경계가 두 가지 방식으로 이뤄진다는 사실을 시사한다.

첫 번째 경계는 노숙인들을 일반인으로부터 구분하고, 두 번째 경계는 노숙인들 안에서의 정상성과 자격을 구별한다. 이 담론을 통해 '자격이 있는' 시민과 '자격이 없는' 시민이라는 이분법적 범주화가 변형되어 적용된다. 규범에 부합하는 일반인 시민과 비교했을 때는 '자격이 있는' 시민에 못 미친다고 여겨지는 노숙인이라도 ('정처 없이 떠도는 노숙인' 곧 방랑자나 장기 노숙인을 말하는) 부랑인과는 구분되는 (단기 노숙인을 말하는) IMF 노숙자로 판단될 경우에는 '자격이 있는' 시민으로 취급될 수 있다.

점점 늘어 가는 장기 노숙인 연구를 살펴보면 대부분의 장기 노숙인이 집을 잃었거나 (특히 여성과 어린이의 경우) 가정 폭력이나 신체적 · 정신적 장애로 인해 거리로 나서게 되었다는 점을 알 수 있다. 따라서 우리는 장기 노숙인들이 자신의 개인적인 잘못 때문에 거리로 나서게 된 것이 아니라고 가정할 수 있다.[13] 그러므로 노숙인을 범주화하고 단기 노숙인에게 특권을 부여하는 일은 노숙인 문제가 주거 문제, 정신건강에 관련된 보건 의료 시스템의 문제, 성폭력 문제 같이 IMF 위기 이전부터 존재하던 사회문제가 아닌 아시아 외환 위기에 의해 유발된 문제로 축소되는 과정을 보여 준다고 할 수 있다.[14] 다시 말해 정부가 노숙인 대책을 수립했을 당시 이미 노숙인이었던 일반 노숙인은 복지 혜택을 받을 '자격이 없는' 대상으로 여겨졌다. 오로지 최근까지 '정상적인' 생활을 했고 곧 다시 그런 생활로 돌아갈 수 있다고 여겨지는 IMF 노숙자만이 복지 혜택을 받을 '자격이 있는' 대상으로 보였다.

IMF 위기를 거치는 동안 노숙인을 복지 혜택을 받을 '자격이 있는' 대상으로 구성해 나가는 특별한 과정은 새롭게 등장한 '생산적 복지'라는 신자유주의적인 사고, 곧 재활 능력, 취업 가능성, 규범에 부합하는 정상적인 가족 구성원이 될 가능성을 포괄하는 사고에 복지 시스템을 끼워 맞추려는 노력과 밀접하게 연관된다. 대부분의 위원과

---

13) 심한 신체적 · 정신적 장애를 입은 장기 노숙인을 위한 자선 시설이 있다.(최경희, 2001. 조성진, 2004. 선우철, 2002) 돈이 있으면 한 평에도 채 못 미치는 좁은 방(쪽방) 하나만 갖춘 저렴한 주거시설에서 생활하고 돈이 없으면 거리로 나서는 남성 일용노동자에 대한 보고서(김선휘, 2001. 김수현, 2002)와 가정 폭력에 시달리다가 집을 나왔지만 장기간 머물 곳을 찾지 못한 여성과 아동에 관한 보고서(김광례, 2001. 김수현, 2001. 〈서울 청년 여성 실업 대책 모니터링 팀〉, 1999a)를 참고하라.

14) 노숙인에 대한 장기간의 질적 연구는 드물었지만 (가령 원종숙, 2001) 노숙인을 주제로 한 석사 논문을 중심으로 설문 조사를 바탕으로 한 단기 연구는 늘어나는 추세다. 노숙과 주거 문제에 대해서는 김용도, 1995와 박창영, 2002를, 노숙인의 정신건강 문제에 대해서는 최윤선, 2002와 신원우, 2003를, 노숙 문제에 대한 제도권 종교의 역할에 대해서는 최준영, 2000과 문종임, 2002를, 가출 청소년에 대해서는 강미원, 2000를 참고하라.

서울시 공무원이 노숙을 일자리 상실의 결과이자 IMF 위기가 시작된 이후에 벌어진 일이라는 인식을 당연하게 받아들였다는 사실은 주목할 만하다. 노숙 문제가 일종의 인권 문제라는 사실을 부각시킨 위원도 노숙인이 IMF 위기 이전부터 존재하던 사람들이라는 사실을 인정하기보다는 노숙인을 IMF 위기의 희생자로 구성하는 일에 동참했다. 이 같은 축소는 노숙인 문제를 실업 문제의 일환으로 만드는 데 기여했지만 노숙인을 지원할수 있는 재정을 확보하기 위해 이와 같은 수사를 의도적으로 활용했을 것이다. IMF 위기를 거치는 동안 정부의 재정 지원이 가장 많이 이뤄진 분야가 실업 관련 프로그램이었다는 점을 감안하면 노숙인을 IMF 위기의 희생자로 간주하는 게 얼마나 효과적인 전략이었는지 알 수 있다.

더불어 노숙인들이 '폭력적인 행동을 할 가능성'은 일반인들뿐 아니라 국가에 대한 위협으로 인식되었다. 정치적 안정성과 사회적 안정성 모두가 신자유주의적 경제 체제에 없어서는 안 될 요소이기 때문에 이런 연계는 매우 중요했다. 국제적으로 한국의 이미지가 노동조합 시위로 점철된 것이 한국의 경제성장을 방해하는 요소로 우려하는 경향이 있기 때문이다.(구해근, 2001) 앞 장에서 기록한 대로 대한민국 정부는 번영까지는 아니더라도 경제적 안정을 앞세워 정부, 대기업, 노동계로 구성된 〈노사정위원회〉를 통해 사실상 노동계를 진정시켰다. 노숙인과 그 밖의 시민 보호라는 책임을 지고 있었던 서울시 또한 정부에 대한 시민 동요 가능성을 차단하는 일에 전념했다. 서울시는 특히 서울역 광장으로 점점 더 많이 모여드는 노숙인에게 주목했다.

크게 변모한 서울역 광장의 모습과 서울시 공무원의 담론 변화를 통해 우리는 당시 대한민국 사회에 존재하는 두 종류의 시민을 발견할 수 있다. 하나는 박탈당한 시민과 그들을 지원하기 위해 구축된 서비스이고, 다른 하나는 시민으로서의 모든 권리를 지닌 채 여전히 서울역 광장을 통해 여행을 다닐 수 있는 수단을 보유한 여행객이다. 당시 노숙인들이 공공 장소에서 쫓겨났고 나중에는 서울역 광장에 접근조차 하지 못하게 되었다는 사실은 노숙인 대책이 노숙인의 증가로 인해 '해를 입을' 가능성이 있는 시민과 국가를 보호하는 것에 고심하며 이뤄진 것을 잘 보여 준다.

자격이 있는 노숙인의 범주화

서울시 〈노숙자대책반〉 소속 직원은 이렇게 말했다. "IMF 노숙자는 IMF 위기 이후 나타난 대량 해고로 실직해 노숙자가 된 사람입니다. IMF 노숙자는 '정처 없이 떠도는 부랑인'과는 다른 정상적인 사람입니다. IMF 노숙자는 **재활 의지**와 **근로 의욕**을 지니고 있습니다. 반면 부랑인은 장기간 거리에서 생활해 온 사람입니다. 부랑인은 일하려 하지 않을 뿐 아니라 정규적인 삶으로 복귀할 가능성도 없는 사람들입니다."(강조는 추가) 노숙인의 종류에 대한 이런 생각과 가정은 대중매체를 통해 광범위하게 공유되어 있었다. IMF 위기를 거치는 동안 실업자 일반을 대상으로 발행되었던 소식지 「오아시스」에 실린 다음 글을 살펴보자.

1998년 한 해는 IMF라는 총제적인 경제 난국으로 인해 국민 모두가 가쁜 숨을 몰아쉬며 가는 허리를 졸라매는 어려운 상황 속에서도 삶의 지혜를 배우며 슬기롭게 대처해 가고 있다. 하지만 끝이 보이지 않는 경제 난국 속에서 많은 기업들이 도산을 하고 가장이 실직을 당하고 가정이 해체되면서 우리들 주변에는 전에 보지 못했던 많은 숫자의 노숙인들을 발견할 수 있었다. 이러한 노숙인들은 IMF로 인해 발생된 노숙인들과 부랑형 노숙인으로 나누어 볼 수 있다. 먼저 부랑형 노숙인을 보면 질병, 폭음, 가족해체, 주거비 상승 등으로 인해 노숙에 이르게 되며 이들은 대개 40대 후반에서 50대 이상이 대부분이고 노동력이 상실된 상태여서 이들은 복지 시설과 노숙을 지속적으로 반복한다. 이에 반해 IMF로 나타난 실직형 노숙인은 연령이 현저히 젊고 노동 능력과 의욕이 있으며 IMF로 가정이 해체되면서 노숙을 시작했다는 점에서 부랑형 노숙인과는 다른 원인과 성격을 찾을 수 있다.[15]

다음은 IMF 노숙자와 부랑인의 이미지 구축을 압축적으로 보여 주는 언론매체의 담론이다.

실직한 노숙자 가운데는 건설 현장의 함바집이나 도심의 식당 복도에서

---

15) "노숙인에 대한 관점", 「오아시스」, 1998년 12월 11일.

생활해 온 이들이 있다. 취업을 해 거리에서의 생활을 끝내기까지 보통 한 달에서 두 달가량이 걸린다. 실직 직후 노숙인이 되는 경우가 보통이 지만 그런 노숙자와 **직장생활이나 가정생활에 적응할 수 없어서** 거 리로 나선 부랑인을 혼동해서는 안된다. 반면 IMF 노숙자는 직장을 구 해 가족을 먹여 살릴 소득이 생기고 가족과 함께 지낼 집이 생기기만 한 다면 곧바로 정착할 수 있는 사람들이다. (박근애, 『미디어오늘』, 1998, 강조 는 추가)

하지만 노숙인들을 만나 상담을 제공하는 사회복지사들은 이와 같 이 명확한 구분에 의문을 제기하고 IMF 노숙자를 중간계급 배경을 지니고 쉽게 '재활할 수 있는' 사람으로 형상화하는 일에 문제를 제기 했다. 1998년(191쪽의 사진 7에 등장하는 서울역 광장 파출소에 근무하는) 경찰관도 나와 대화를 나누면서 이와 같은 노숙인 구분을 의문시했 다. 그는 IMF 위기 이전에도 이미 서울역 광장에는 많은 수의 노숙인 이 있었다고 주장했다. 흥미로운 것은 그 경찰관이 노숙인을 지칭하 는 단어를 단 한마디도 입에 올리지 않았다는 점이다. 그 대신 그 경 찰관은 '저 사람들'이라고 뭉뚱그려 표현했다. 그 경찰관은 IMF 위기 를 거치는 동안 서울역 광장에서 생활한 노숙인이 더 많아진 것은 사 실이라고 인정하면서도 IMF 위기 이전부터 서울역 광장에서 생활하 던 노숙인이나 새롭게 서울역 광장으로 흘러 들어온 노숙인이나 모두 같은 부류의 노숙인으로, 마음 가는 대로 떠도는 사람으로 여기고 있 었다. 그 경찰관의 말은 분명 새롭게 생겨난 노숙인 범주인 IMF 노숙자라는 개념에 반대되는 것이었다.

그럼에도 정부는 IMF 구제금융 이후 발생한 대량 실업과 동시에 노숙 문제가 발생했다는 공식 주장을 굽히지 않았고 그 가정을 바탕으로 노숙인 대책을 수립했다. 정부는 공공 근로 사업과 노숙자 쉼터를 통해 곧 재활할 수 있을 것으로 여겨지는 IMF 노숙자를 지원하겠다고 발표했다. 표면적으로 정부 공무원들은 IMF 위기가 발생하기 이전에는 노숙인이 없었다고 부인했다. IMF 노숙자 기준에 부합하지 않았던 노숙인들이 실제로 존재했다는 사실은 노숙 문제 관련 정부 직원들이 마지못해 인정하는 경우였다. IMF 노숙자로 분류된 단기 노숙인을 지원하기 위한 공공 근로 사업과 노숙자 쉼터 체계가 우선 개발되었고 그와 동시에 장기 노숙인은 공공의 관심에서 멀어져 갔다.

국가가 책임을 회피하는 방법

IMF 위기가 끝난 뒤 노숙인 대책에도 많은 변화가 일어났다. 하지만 많은 공무원들은 공공 근로 사업을 노동시장으로 재진입할 발판으로 삼은 노숙인들이 곧 재활에 성공해 거리에서 사라질 것이라고 예견했다. 그러나 IMF 위기가 끝나고 나자 노숙인 문제가 일시적인 비상사태로 취급할 수 있는 문제가 아니라는 사실이 분명해졌다. 쉼터에 거처하지 않는 노숙인을 제외한다고 해도 노숙인의 수는 크게 줄어들지 않았다.(표 1) IMF 위기가 발생한 이후 몇 년이 지나도록 빈민

연도	총 노숙인	쉼터 입소 노숙인	거리를 떠도는 노숙인
2000	5,046	4,601	445
2001	4,838	4,321	517
2002	4,439	3,769	670
2003	4,540	3,612	928
2004	4,466	3,497	969
2005	4,722	3,763	959
2006	4,856	3,563	1,293
2007	4,544	3,363	1,181
2008	4,448	3,163	1,285

표1. 보건복지가족부 노숙인 통계 출처: 보건복지가족부(http://stat.mw.go.kr)

이나 사회적으로 낙인 찍힌 사람들의 형편이 별반 나아지지 않았고 열악한 주거 환경과 궁핍한 생계가 장기간 이어진 탓이었다. 실업률 은 IMF 위기가 발생하기 이전 수준으로 떨어졌지만 그것은 공공 근 로 사업으로 인해 일자리가 창출되고 비정규직이 정규직을 대체했기 때문이다. 이런 맥락에서 노동하는 빈곤층을 불안정한 주거 내지 노 숙으로 내모는 조건, 곧 일을 해도 주거비와 생계비를 감당할 수 없는 상황은 크게 개선되지 않았다.

분명 거리에서 생활하는 사람의 수는 1998년 이후 쉼터에 머무는 사람의 수가 줄어든 것에 비해 불균형적으로 증가했다. 노숙인이 줄 어들지 않았다는 사실을 인정한 중앙정부는 노숙인을 영구적인 복지 의 대상으로 인식하고 2003년, 잠자리와 음식, 기본적인 보살핌을 제 공하는 사회복지사업법 하위 시행 규칙을 만들어 노숙인 시설 설치와 운영에 대한 체계를 확립했다. 외환 위기 때부터 노숙인 정책에 깊은 우려를 표했던 전문가들은 이러한 정부의 움직임을 커다란 진전으로 간주했다.(황운성, 2007) 그러나 2005년에 이 규칙이 시행되자 보건복지부는 노숙자 쉼터와 노숙인에게 지원되는 급부에 대한 예산 확보는 지방정부의 책임이며 중앙정부의 재정 지원은 없다고 발표했다. 보건복지부는 중앙정부와 지방정부가 재정 부담을 분담하는 것이 공평하다고 언급하면서 중앙정부는 정처 없이 떠도는 노숙인(부랑인)를 대상으로 활동하는 자선 단체에 대한 지원을 계속하고 지방정부는 노숙자 쉼터 및 관련 급부에 대한 책임을 져야 한다고 주장했다.

또한 보건복지부는 지방정부의 자율성을 존중한다는 명분을 내세웠다. 지방정부의 '자율성'이라는 개념은 IMF 위기가 닥쳤을 때 IMF와 〈세계은행〉이 정한 지침에 따라 중앙정부의 책임을 줄이기 위한 방편으로 도입되었다. IMF와 〈세계은행〉이 정한 지침에 따라 이뤄진 그 밖의 조치로는 행정기관 구조 조정과 공공 부문의 민영화가 있는데 이러한 조치들은 IMF의 개입으로부터 완전히 벗어나는 시점까지 지속적으로 추진되었다. 그러나 주요 문제는 대부분의 지방정부가 독자적인 예산을 집행할 만한 능력이 없다는 점이었다. 그중에서도 특히 서비스 급부에 투입할 예산은 더욱 없었다.

그 결과 지방정부는 노숙인에 대한 서비스 급부를 최소한으로 유지할 수밖에 없었다. 영구적인 복지의 대상으로 인식되었음에도 노숙인에 대한 근본적인 처우는 이뤄지지 못했다. 대부분의 지방정부가 노숙인을 서울로 보내 그곳에서 도움을 받게 하려는 소개 프로그램을 시행할 정도의 예산밖에는 확보하지 못했다. 수도인 서울의 지방정부는 더 부유하기만 한 것이 아니라 노숙자 쉼터 및 기타 서비스를 제공하기에 더 유리한 위치를 갖고 있었기 때문이다. 이에 2010년부터 '노숙인 보호에 관한 조례'를 대구, 제주도, 태백, 부산, 대전 동구 등이 만들었으나 중앙정부가 지원하는 모법이 없는 상태에서 새로운 지원 체계를 만들지 못하고 있었다. 2011년 '노숙인 등의 복지 및 자립 지원에 관한 법률'이 공포되었고 이 모법에 근거하여 경기, 광주, 서울시가 차례로 '노숙인 등의 복지 및 자립 지원에 관한 조례'를 제정하였다. 이를 지켜보는 시민운동 단체들은 이런 조례가 부실하게 생겨나거나 실행될 것을 우려하고 있는데, 그 예로 노숙인의 '인권'을 언급하는 조례는 인천, 서울, 광주 세 곳에 불과했다.(「참세상」, 뉴스 편집부, 2013)

노숙인 대책이 흘러가는 방향에 실망한 서울시 공무원들은 중앙정부에게는 점점 더 서울로 집중되는 노숙인 문제를 다루기 위한 자금을 제공할 의지가 전혀 없다고 불만을 토로했다. 2008년 즈음엔 서울시 공무원은 노숙인과 부랑인을 구분하는 보건복지부의 태도를 비판했다.[16] 노숙인과 부랑인을 구분하는 경계가 불분명하다는 점을 인정한 서울시 공무원의 태도는 노숙인에 대한 정부의 사고에 상전벽해 수준의 변화가 생겼다는 사실을 의미한다. 노숙인을 두 범주로 구분하는 일은 (노숙인을 직접 대면하고 서비스를 제공하는 현장의 사회복지사

---

16) 김상중이 진행하는 〈그것이 알고 싶다〉 678회(SBS, 2008년 7월 26일)에서 서울시 재활팀장 김용기가 한 발언(길 위에 버려진 젊은 희망 ─ 청년 노숙자가 늘고 있다)을 참고하라.

들이 저항했음에도 불구하고) IMF 위기가 닥친 뒤 발전된 노숙인 대책의 핵심 요소였기 때문이다.

서울시 공무원들의 입장 변화에 따라 노숙인과 부랑인을 구분하는 일이 임의적이고 적용 불가능한 기준이라는 사실이 이해되었지만 노숙인에게 적용된 신자유주의적 노동 복지 기준은 바뀌지 않았다. 공식적으로 노숙인으로 인정받은 노숙인이든 부랑인으로 분류된 노숙인이든 노숙인과 관련된 대책은 '일할 의사'와 '재활'을 특히 강조한다. 일할 의사와 규범에 부합하는 정상적인 생활로 돌아갈 의사를 아직 지니고 있는 것으로 이해된 노숙인이 해당 정책의 대상이 되었다. 그들은 신자유주의적 노동 복지 정책을 확대하는 데 필수불가결한 부분으로 자리 잡은 일종의 산업예비군인 셈이다. 반대로 일할 능력이 없거나 자활할 의사가 없는 것으로 간주되는 노숙인은 노숙자 쉼터에도 입소할 수 없었다. 주목할 만한 점은, 2000대 후반에 들어가면서 노동시장 진입에 어려움을 겪고 신용불량으로 고통 받는 청년 가운데 노숙인의 삶을 살게 되는 경우가 늘어났다는 사실이다.[17] 정부 공무원들은 이 문제를 전적으로 부인했지만 청년 노숙인에게 연민을 느낀 연구자들과 언론인들은 일을 하려고 애쓰지만 일할 기회를 얻지 못한

---

17) 〈그것이 알고 싶다〉 678회(SBS, 2008년 7월 26일)를 참고하라. SBS의 다큐멘터리 프로그램 〈그 것이 알고 싶다〉는 사회보장 기록을 삭제함으로써 신용카드 회사나 사채업자의 추적을 따돌리 려고 애쓰는 과정에서 거리와 쉼터를 오가는 청년 노숙인의 사례를 소개한다. 또한 넬슨 (Nelson, 2006)은 IMF 위기를 거치는 동안 대한민국에 신용카드 시스템이 도입되었고 그 뒤 안정적인 소득이 없는 사람들이 점점 더 악화되어만 가는 신용카드 부채로 고통 받았다는 사실 에 대해 기록한다.

탓이라고 설명하면서 청년 노숙인의 입장을 옹호하는 경향을 보였다. 다시 말해 그들은 일할 의사가 있고 규범에 부합하는 정상적인 사회생활로 돌아가고자 하는 의사가 있으므로 복지 혜택을 받을 '자격이 있는 빈민' 범주에 부합하는 존재지만 국가와 사회는 그들에게 각자의 의사를 실현할 수 있는 충분한 조건을 제공하지 못했다. 오히려 그들은 게으르고 나태한 청년으로 낙인 찍혀 필요한 서비스 급부를 받을 자격이 있는 복지의 대상으로 인식되지 않았다. 이와 같이 일관성이 없는 노숙인 대책은 노숙인을 부적절하게 대우한 대한민국의 바탕에 깔려 있는 더 큰 문제, 곧 노숙인을 자격이 있는 빈민과 자격이 없는 빈민으로 구분하는 행태의 문제를 상징적으로 드러낸다.

노숙자 쉼터 체계

다시 IMF 위기 직후로 돌아가 보자면, 그 당시 구축된 서울의 노숙자 쉼터 체계는 두 가지 범주로 나뉘어진다. 하나는 〈희망의집〉이고 하나는 〈자유의집〉이다. 현장 직원들에게는 자격이 없는 사람과 자격이 있는 사람을 구분하는 업무가 주어졌다. 〈자유의집〉은 노숙자 쉼터에 입소하는 모든 노숙인이 우선적으로 거쳐 가는 곳이었다. 〈자유의집〉에 입소한 노숙인은 분류 과정을 거쳐 IMF 노숙자로 판명되면 〈희망의집〉에 들어갈 수 있다. 기준에 부합하지 못한 많은 노숙인들은 〈자유의집〉과 거리를 오갔다. 〈희망의집〉은 소규모 노숙자 쉼터로 열 명에서 서른 명가량을 수용할 수 있었다. 오직 IMF 노숙자만이 〈희망의 집〉에 머무를 수 있었다. 〈희망의집〉에 남게 되면 얻을 수 있는 혜택에는 수당 지급, 공공 근로 사업 참여, 무료 급식, 무료 잠자리 등이 있었다. 〈희망의집〉에 머무는 IMF 노숙자는 저임금 일자리를 중심으로 하는 공공 근로 사업에 참여해 일했다. 그들은 주로 건설, 고속도로 청소, 숲 가꾸기, (더럽고, 어렵고, 위험한) 3D 직종의 일에 종사했다. 〈희망의집〉에 머무른 IMF 노숙자 중 60퍼센트가 공공 근로 사업에 참여했다.(김수현, 2002. 24)

〈자유의집〉과 옛 〈방림방적〉 공장의 변화

정부와 서울시가 노숙 문제를 시급한 복지 문제로 인식하게 된 뒤부터는 IMF 노숙자만이 복지 혜택을 받을 자격이 있는 적법한 대상이 되었다. 장기 노숙인과 다르게 취업할 가능성이 있고 '재활할' 가능성을 지닌 사람이 바로 복지 혜택을 받을 적절한 대상이었다. 일부 노숙인만을 정당한 대상으로 인정하는 현상은 최근 도입된 신자유주의적 복지 이데올로기 안에서 '적합한' 시민을 선별해 내는 재배치의 징후다. 노숙인을 둘로 나누는 서울시의 정책은 공간적인 측면으로도 확장되었다. 서울시는 노숙자 쉼터를 운영해 노숙인 양분화를 강화했는데 그중에서도 가장 압권은 옛 〈방림방적〉 공장을 규모가 가장 큰 노숙자 쉼터인 〈자유의집〉으로 변모시킨 일이었다. 〈자유의집〉은 노숙인이 의무에서 완전히 '해방' 되는 대신 일할 기회를 '얻을 수 없는' 유일한 쉼터였다.

〈자유의집〉은 서울시 구로공단 지역에 위치한 거대한 건물에 들어섰다. 서울시가 〈자유의집〉으로 선택한 건물은 과거 〈방림방적〉 공장이었다. 〈방림방적〉 공장은 박정희 체제가 개발을 추진하던 시기의 초창기에 들어선 섬유 공장 가운데 가장 규모가 큰 곳 중 하나로 섬유 같은 경공업을 통해 쌓아 올린 1970년대의 경제적 성취를 상징했다.[18] 대한민국의 1970년대는 박정희 체제와 공장주의 여성 노동자 착취에 항거하는 노동운동으로 기억할 수 있는 시기다. 잘 알려져 있다시피 박정희 체제는 자본주의적 개발 국가가 출범한 뒤 처음으로 등장한 군사정권이었다.(전순옥, 2003. 김승경, 1997)[19] 〈방림방적〉 공장은 1970년대와 1980년 대 초 가장 기억에 남는 노동운동이 벌어졌던 장소 가운데 하나다. 인간적인 노동조건을 요구하는 여성 노동자들의 목소리가 특히 〈영등포 산업선교회〉를 통해 노동 운동가와 사회 활동가들에게 전달되어 많은 지지를 받았다. 그러나 공장 사장과 박정희 체제 사이에 형성되어 있던 끈끈한 유대감 속에서 투쟁에 나선 여성 노동자들은

---

18) 〈방림방적〉 서갑호 사장과 박정희의 관계에 대해서는 다음 기사를 참조하라. http://www.ilyosisa.co.kr/news/articleView.html?idxno=35510 한글로 번역된 구해근의 『한국 노동계급의 형성』도 여성 노동자의 역사를 다룬다.

19) 이 일은 1970년 11월 13일 섬유 노동자 전태일이 평화시장에서 이뤄지는 노동 착취를 끝낼 것을 요구하며 분신한 사건의 맥락에서 이해해야 한다.(전순옥, 2003) 정부가 게시한 공고문(사진 6)에는 〈자유의집〉이 〈방림방적〉 공장 노동자들을 위해 설립된 과거 상업고등학교 시설에 들어서 있다고 되어 있을 뿐 〈방림방적〉 공장에 대한 언급은 없다.

모두 해고당했다. 1980년대로 접어들면서 자동차 제조업 같은 중공업이 대한민국의 번영을 전 세계에 알리기 시작했고(김은미, 1997. Cumings, 1997) 경공업은 하락기로 접어들어 급기야 〈방림방적〉 공장이 문을 닫기에 이른다. 〈방림방적〉 건물은 그 뒤 몇 년 동안 비어 있는 상태로 버려져 있다가 1998년에 다시 문을 열고 수천 명의 노숙인들이 머무는 공간으로 변신했다. 한때 대한민국 기업의 상징이었던 〈방림방적〉 공장은 이제 IMF 위기에 희생된 다양한 사람들을 일터로 돌려보낼 목적을 품고 그들을 수용하는 쉼터가 되었다. 1970년대 경제적 번영을 구가했던 바로 그 공간이 대한민국 사회에서 극빈층으로 전락한 시민의 주거지가 되었다. 1970년대 노동 착취로 악명 높았던 바로 그 장소가 직장을 잃고 노숙하게 된 사람들의 '쉼터'가 된 것이다.

섬유공장이었던 〈방림방적〉 공장의 역사는 대한민국 국가권력의 역사를 보여 주는 거울이다. 노동자를 억압하던 곳에서 노동자에게 시혜를 베푸는 곳으로 변모했지만, 〈방림방적〉 건물이 언제나 자본가의 이익 극대화에 앞장서 온 사실에는 변함이 없었다. 〈방림방적〉 공장의 용도 변경은 급속한 경제성장기에서 신자유주의로 이행해 복지 혜택을 받을 '자격이 있는' 노동자만을 대상으로 선정하기에 이른 대한민국 자본주의의 역사를 반영 하기 때문이다. 1960년대부터 1980년대 말까지의 경제 성장기 동안 동원된 자본주의의 주요 기술은 대기업과 손잡은 엄혹한 국가를 통해 강압을 휘둘러 (섬유 공장 노동자 같은) 저임금 노동자를 착취하고 쓸모가 없어지는 즉시 폐기하는 일이었다. 1997년 이후 증폭된 신자유주의의 시대에 동원된 자본주의적 기술은 근로 복지국가의 형식을 통해 선별된 잉여 노동인구만을 지원하는 방향으로 발전했다. 선별된 이들이란 IMF 노숙자처럼 단기 노숙인이어야 하고 취업 가능성이 있는 사람이어야 했다.

이것이 바로 생명권력의 상품화 사례로, 혁신적인 마르크스주의학자들에 의해 깔끔하게 규명된 바 있는 신자유주의적 통치성의 핵심 문제다. 그들은 노동력의 상품화라는 마르크스주의적 개념과 자유주의적 통치 기술로서의 푸코주의적 생명권력 개념을 연계시킨다. (Kawashima, 2005. 2009. Lazzarato, 1996. 2004. Read, 2002. Sunder Rajan, 2006. Virno, 2004) 자유주의 국가는 국민에게 죽음의 위협을 바탕으로 한 권력(억압적 권력)을 휘두르는 대신 국민의 생명을 양성하기 위해 노력하는 모양새로 권력을 휘두른다(바로 이것이 생명권력이다). 그리고 바로 이런 생명권력이, 자본주의 발전의 버팀목이 되어 준 자유민주주의 정권의 핵심이다.[20]

파올로 벌노(Paolo Virno, 2004)에 따르면, 복리 양성을 통해 권력을 행사하는 푸코의 생명권력 개념은 육체노동의 역량보다 도리어 노동생산 가능성 자체를 부각시키는 후기산업주의 노동력 개념과 다름없다.[21] 이는 신자유주의 국가가 잉여 인구를 비롯한 다양한 국민의 안

---

20) 또한 제이슨 리드(Jason Read, 2002)는 마르크스의 '원시적 축적' 이론을 진행 중인 과정으로 재해석함으로써 우연성(제임스 리드의 용어로는 '자본주의적 축적의 우연적 기초')에 대해 기록한다. 생명권력과 생명자본 사이의 관계에 대해서는 Sunder Rajan, 2006을 참고하라.

21) 또 한 명의 이탈리아 마르크스주의자 마우리치오 라자라토(Maurizio Lazzarato, 1996. 2004)는 '비물질적 노동'이라는 개념을 사용해 포스트 포드주의 시대의 맥락에서는 사회적 관계가 노동 가치의 일부를 이루면서 그 중요성을 더해 간다는 사실을 강조한다.

전과 복리를 증진하는 권력기구로 작동하는 것을 다시 한 번 확인해 준다. 국가와 자본이 잉여 인구에 관심이 있는 이유는 자본주의의 형성 때부터 이미 다양한 인구들(정규직 노동자, 비정규직 노동자, 실업자, 노숙인) 사이에 경쟁을 촉진하기 위해서였는데, 정규직이 줄어들고 노동시장이 더욱 불안정해진 후기 자본주의 정치경제 체제에서는 국가의 잉여 인구 관리 방식이 생명권력적 복리 증진의 형태를 더 확연히 띄게 된다. 이 책에서 시도한 문화기술적 방법에 입각한 관찰 또한 국가의 관심사가 노동 가능성을 지닌 인구 그룹에 집중되고 그들에 대한 복리를 증진시키는 쪽으로 정책 변화가 이뤄지는 것을 뒷받침한다.

1999년 〈자유의집〉을 방문했을 때 나는 당시 〈자유의집〉 소장을 인터뷰했다. 그는 노숙자 쉼터와 〈노숙인다시서기지원센터〉를 운영하는 준정부 기관의 직원이었다. 〈노숙인다시서기지원센터〉는 〈자유의집〉을 운영하며, 〈희망의집〉에 입소할 노숙인을 배정하는 업무를 정부로부터 위탁받은 중간관리자적 시민 단체였다. 인터뷰를 기다리며 앉아 있었던 〈자유의집〉 사무실에는 노숙자 쉼터에 입소한 노숙인의 친척들이 몇 명 있었다. 여러 명의 사회복지학과 학생들이 방문한 친척들을 찾거나 칠판에 무언가를 기록하는 등 사무실을 들락날락 했다. 상담을 하거나 방문한 가족과 만날 수 있게 하려고 노숙인을 호출하는 〈자유의집〉 사회복지사의 목소리가 확성기 너머에서 울려 퍼졌다.

그 호출 가운데에는 〈희망의집〉에서 온 사회복지사들이 IMF 노숙자로 '낙첨되어' 〈희망의집〉으로 가게 된 노숙인을 찾는 경우도 있었다. 〈자유의집〉 사회복지사와 면담을 거친 사람 중 설사 장기 노숙인이었다 할지라도 일을 해서 돈을 벌어 집이나 가정으로 돌아가기를 원하는 것처럼 가장하는 경우에 가능했다. 따라서 그 경계가 모호했을 뿐 아니라 서울시의 지시에 따르기 위해 다소 유도적일 수밖에 없었다. '노동 의욕'과 '재활 의지'로 압축한, 당시의 기준에 따르면 '취업이 불가능할 것으로 여겨지는' 사람, 또는 '재활'이 불가능할 것으로 여겨지는 사람은 정상적 삶과 규정을 이행할 수 없는 사람을 의미했다.

〈자유의집〉은 예전에 큰 섬유 공장이었으므로 매우 넓었지만 산업 시설이었고, 오랫동안 비어 있었던 탓에 벽이나 바닥이 낡고 더러워서 텅 빈 공허함에 추위마저 느껴졌다. 쉴 새 없는 방송이 오래된 공장 건물 안에 울려 퍼지자 서울역 대합실처럼 바쁘게 오가는 사람들로 북적거리는 낡은 철도 역사 로비가 떠올랐다. 〈자유의집〉의 높은 천장과 텅 빈 공간 때문에 방송은 메아리를 남겼다. 메아리치며 울려 퍼지는 방송 소리는 노숙인들에게 가끔 추위와 비를 피해 들어가던 서울역 대합실을 떠올리게 했을 수도 있을 것 같았다. 하지만 〈자유의집〉은 서울역을 떠오르게 하는 물리적 공간이면서도 노숙인들에 대한 제도와 복지가 정당화된 공간이었다는 데 차이가 있다.

〈자유의집〉 소장은 입소자들 사이에 벌어진 폭력 사태를 처리하느라 약속 시간보다 늦게 나타났다. 소장은 자기를 1980년대 초부터 학생운동에 헌신했던 사람이라고 소개했다. IMF 노숙자 문제로 대화가 옮아 가자 소장은 복지의 대상을 구성하는 과정의 문제에 대해 명확하고 통찰력 있는 시각을 제시했다. 소장은 정부가 사회복지사들에게

장기 노숙인과 IMF 노숙자를 구분하는 일을 위탁했다는 사실을 확인
해 주면서 그런 구분선이 명확하지 않을 뿐더러 모든 노숙인들의 재
활이 정부가 약속하는 것처럼 그렇게 빨리 이뤄질 수 없으리라는 점
을 지적했다.

이곳은 아수라장입니다. 원래 우리는 노숙인 3백 명을 〈자유의집〉에 입
소시킬 생각이었어요. 그런데 개소하고 나니 1천 2백 명이나 되는 노숙
인이 모여들었습니다. 이 사람들을 다 통제할 인력이 부족했습니다. 그
런데 더 큰 문제는 노숙인 대책이 잘못된 방향으로 흐르고 있다는 점입
니다. (…) 서울시 (공무원들은) 일반 시민들의 눈에서 노숙인이 보이지
않도록 완벽하게 처리했기 때문에 노숙인 문제에 성공적으로 대처하고
있다고 생각하는 것 같습니다. 하지만 서울시에서 겨울을 날 잠자리와
임시 일자리를 제공하면 IMF 노숙자들이 곧 사회로 복귀할 수 있으리
라는 생각은 너무 안이한 판단입니다. 노숙 문제는 이제 시작일 뿐이니
까요.
노숙의 근본적인 문제를 분석하고 노숙인들을 적절한 방식으로 분류하
기 위해서는 통계 분석이나 간단한 인터뷰 정도의 얕은 방식을 벗어나
심도 깊은 상담과 질적 조사를 통해 제대로 연구를 해야 합니다. 그렇지
만 노숙 문제 전문가는 적고 〈다시서기지원센터〉 예산을 요청하면 연구
비 지원이 제일 만만하게 거절당합니다. 이는 서울시가 노숙인을 복지
대상으로 고려하지 않기 때문일 것입니다.

소장은 노숙 문제를 새롭게 등장한 복지의 대상으로서 연구하는 데 있어서 당시가 본인과 사회복지를 전공하는 대학원생들에게 매우 의미 있는 시간이라고 말했다. 그러면서도 소장은 노숙 문제에 대처하는 방식에 대한 문제점을 지적했다. 그가 생각하기에 가장 큰 문제는 〈노숙인다시서기지원센터〉를 통해 IMF 노숙자를 가려 낸 뒤 그들에게만 서비스를 제공하라는 정부의 방침이었다. 소장은 거리나 서울역 같은 공공장소에서 오랫동안 생활해 온 노숙인도 많다고 지적했다. 따라서 서울시의 공공장소에 나타나는 모든 노숙인을 〈노숙인다시서기지원센터〉로 들여보내 시민들의 눈에 띄지 않게 하려는 목적과 오직 IMF 노숙자에게만 서비스를 제공하려는 방침은 아귀가 안 맞을 수 밖에 없었다. 소장은 IMF 노숙자와 장기 노숙인을 구분하는 일이 간단하지 않을 뿐더러 문제만 더 키울 뿐이라고 지적했다.

공공 근로 단가나 노숙인들에 대한 단기적 혜택이 가시적으로는 노숙인 수를 줄였을지 몰라도, 쉼터의 인구를 폭발하게 만들었고 결국은 노숙인 관리의 문제에 부딪히기 때문에 이런 혜택은 줄여야 합니다. 지금 생활보호 대상자들에게는 실직 노숙자들이 받는 혜택보다 훨씬 못한 정도의 것이 가고 있습니다. 그래서 〈자유의집〉은 원래 공공 근로 사업 참여 혜택이 없게 되어 있는데 그것을 주지 않으면 노숙인들이 들어오려 하지 않아서 문제입니다.

〈노숙인다시서기지원센터〉 개소 1주년을 맞이해 열린 심포지엄에서 소장은 노숙 문제에 있어 〈노숙인다시서기지원센터〉가 정부정책과 입장이 다름을 분명히 했다.(서종권, 1999) 소장은 IMF 노숙자를 대상으로 설계된 노숙 정책이 외환 위기 당시 갑작스런 실직 때문에 노숙을 하게 된 경우가 아닌 노숙인의 욕구를 충족시키지 못한다는 점을 지적했다. 그는 충격적인 통계도 제시했다. 노숙인의 20퍼센트만이 IMF 노숙자로 분류될 수 있다고 주장해 IMF 위기와 더불어 노숙인이 발생했다는 정부의 가정에 정면으로 맞섰다.

그동안 우리 사회는 노숙 문제에 관심을 가지지 않았습니다. 사회 안전망이 부족하고 복지 시스템이 열악했기 때문입니다. 따라서 노숙인 대책의 방향을 재검토하고 장기적인 계획에 대해 고민해야 합니다.

그의 이야기는 노숙 문제를 일시적인 것이라고 강조하면서 노숙 문제의 역사적 측면이나 구조적 측면을 무시하려 했던 정부에 일침을 가하는 것이었다. 또한 〈노숙인다시서기지원센터〉가 통계를 사용해 정부와 다른 입장을 발표한 것은, 주로 통계 자료를 통해 행정의 객관성을 대변하던 서울시의 권위를 무색하게 했다. 〈노숙인다시서기지원센터〉는 대한민국 역사상 최초로 체계적인 노숙인 대책이 도입되었지만 복지 시민권을 규제해 노동 복지제도로 편입시키거나 탈복지 시민으로 만들고자 하는 과정에서 권리를 박탈당한 장기 노숙인에게는 아무런 혜택이 돌아가지 않는 노숙인 대책일 뿐이라는 사실을 세간에 알렸다.

서울역 광장과 〈자유의집〉의 공간적 배치와 그곳에 머무는 사람들의 변화에는, 정상적인 사람과 노숙인을 구분하고, 노숙인 중에서도 정처 없이 떠도는 사람들로부터 IMF 노숙자를 구분함으로써 복지 혜택을 받을 '자격이 있는 시민'을 구성하는 사회정치적 과정이 고스란히 담겨 있다. 나아가 〈자유의집〉으로 변모된 공장 건물의 역사는 자본주의 국가적 통치기술의 변화를 반영했는데, 이는 노동을 육성하는 모양새를 띤, 생명권력을 행사하는 신자유주의적 통치성으로의 이행이다. 곧 저렴한 노동력(특히 1970년대 젊은 여성 공장 노동자) 착취에서 잉여 인구(IMF 위기를 거치는 동안 발생한 취업 가능성이 있는 중년 남성 노숙인)에 대한 보조금 지원으로 이행한 것이다. 김대중 정부의 생산적 복지국가는 이전에 부차화되었던 노숙 문제에 관심을 보임으로써 '모든 국민에게 최저 생계 기준을 보장한다'는 최초의 복지국가 이미지를 성공적으로 구축했다. 그러나 고용 '보장'은 국가가 직접 나서 모든 노숙인에게 생계를 제공하는 방식이 아니라, 국가가 노동시장 매개자로 나서 취업 가능성이 입증된 노숙인에게만 고용을 제공, 알선하는 방식으로 선회했다. 이 책은 김대중 정부가 수립한 자기 통제적인 복지 시민을 동원하려는 목표가 대한민국에 성립된 신자유주의적 복지의 산물이라고 규정한다.

신자유주의적 산업 예비군으로서의 노숙인

〈자유의집〉은 2004년 1월 폐쇄되었는데 이는 대한민국의 신자유주의화 과정을 더 자세히 설명해 주는 사건이다. 신문들은 〈자유의집〉폐쇄의 이유를 치안 불안과 부동산 가치 하락을 주장하는 인근 주민들이 불만을 제기한 결과 또는 〈방림방적〉 개발을 진행한 개발 업자가 서울시가 해당 건물을 불법적으로 사용하는 것에 반대해 제기한 소송에서 서울시가 패소한 결과라고 보도했다. 어느 쪽이 진짜 이유이든 도시의 고급 주택화라는 맥락에서 등장하는 전형적인 담론이고 미국이나 캐나다의 사례와 전혀 다르지 않다.(Quastel, 2009)

이런 보도에도 불구하고 노숙인 전문가들은 〈자유의집〉 폐쇄가 계획되어 있었던 것 또는 새로 지어져 2004년 2월 개장한 〈비전트레이닝센터〉로의 필연적인 이행이라고 이해하기도 했다.(황운성, 2007)[22] 〈비전트레이닝센터〉는 사설 노숙자 쉼터로 정신 질환을 앓고 있는 노숙인을 수용하고 그들의 재활을 돕는 프로그램을 전문적으로 운영한다. 그런 쉼터를 창조하는 과정에서 서울시는 전체 노숙인의 30퍼센트가 정신 질환에 시달리고 있다는 사실을 인정하고 일반적인 복지 시스템으로는 그 문제에 대처하기 어렵다는 사실을 인정했다. 특별하게 불안한 이들을 제3부문에 맡겨 책임지도록 하는 일은 신자유주의적 · 노동 복지적 전략의 관점에서 보면 논리적 결과다. 따라서 이와 같은 노

---

22) 〈비전트레이닝센터〉 웹사이트(http://www.vtc.or.kr)를 참고하라.

숙인에게 장기적인 보살핌을 제공하는 계획 수립은 〈노숙인다시서기지원센터〉와 〈자유의집〉을 운영했던 종교 단체에 맡겨졌다. 그러나 조금 더 자세히 들여다보면 서울시가 대규모 노숙자 쉼터의 문을 닫고 그것을 특수 사설기관으로 전환시킨 사건은 신자유주의적 통치기술에 걸맞다고 하겠다. 곧 서비스 급부를 시행할 자금을 비영리 부문에 전혀 제공하지 않으면서 비영리 부문을 통해 민간화되고 특화된 서비스 급부를 활성화하려는 속셈인 것이다.

대한민국에서 가장 부유한 지방자치단체인 서울시가 노숙자 쉼터 체계의 기본적인 층위인 〈자유의집〉, 모든 노숙인에게 열려 있고, 2005년 새로운 규칙을 적용하기 전까지는 최소한의 감시만 있던 〈자유의집〉에 대한 지원을 중단한 것은 상징적인 일이다. 서울시가 노숙인 대책의 시행 과정이 서울시의 재정 부담을 경감하는 데 별다른 도움이 되지 못한다는 사실을 깨닫고 노숙인에게 제공되는 서비스 급부에 들어가는 비용을 줄이기 위한 방향으로 전략을 수립하기 시작한 것은 2003년 새로운 규칙이 발표된 직후일 가능성이 높다. 따라서 노숙자 쉼터를 개설하고 폐쇄하는 과정에서 신자유주의적 자본주의 도시 체제가 빈민을 규제하는 양식으로 확고하게 나아갔다는 사실을 알 수 있다. 산업예비군으로서 재활 능력이 있는 노숙인에게만 선별적으로 급부를 제공하는 한편 민주적 사회 통치에서 시민의 책임을 상기시킴으로써 제3부문에게 관리 운영에 들어가는 비용을 전가시킨 것이다.

2장이 함의하는 바는 이렇게 요약될 수 있겠다. 대한민국 사회발전과 경제발전 사이에 존재하는 커다란 격차는 식민주의와 이데올로기

냉전의 결과로 전 지구적 자원 배분이 불균등해진 상황에서 대한민국이 이에 적응하기 위해 개발 국가를 창조한 결과다. 둘째, 신자유주의적 경제 위기와 그것이 야기하고 있는 전 지구적 금융 위기 및 구조조정 과정은 대한민국에 성립된 첫 번째 복지국가가 신자유주의적 통치기술을 확산하는 방식에 영향을 미쳤다. 노숙은 대한민국의 신자유주의화 과정을 들여다보는 데 유용한 렌즈다. 민간인 대통령이 취임한 초기에 복지 혜택을 받을 자격이 있는 노숙인이라는 바로 그 개념이 최초로 창조되었기 때문이다. 마치 그 이전에는 노숙인이 존재하지 않았다는 전제였다. 더 중요한 것은 새롭게 조명된 노숙이라는 문제가 신자유주의적 정치경제의 관심사와 정확하게 들어맞는다는 점이다. 노숙에 대한 인도주의적 접근이 증가하고 있었음에도 노숙의 사회적 맥락에 대한 이해는 사실상 여전히 노동하는 빈곤층을 위한 일반적인 주거 계획에 연계되지 않았다. 궁극적으로는 그들을 더 빈곤의 나락으로 내모는 사회적 낙인인 계급, 성차별, 인종, 질병에 결부되어 있었다.

복지 혜택을 받을 '자격이 있는 빈민'과 '자격이 없는 빈민'을 구분한 지점은 당시 대한민국 노숙 정책의 특징인데, 표면적으로 볼 때 대한민국의 '자격이 있는' 노숙인, 곧 남성 가장인 단기 노숙인은, 미국 같은 곳의 여성 노숙인 중심 사례와 정반대되는 것으로 보이지만, 면밀하게 검토해 보면 신자유주의화된 복지 정책이 성별에 따른 이분화된 노동 분업을 강화한다는 사실을 알 수 있다. 이는 다음 장에서도 살펴볼 것이다. 또한 노숙인 서비스의 한시적 급부와 공간적 구분을 통한 노숙인 정책은, 관리 및 재정에 대한 책임을 지자체와 제3부문으로 넘기면서 동시에 노숙인에 대한 통제 기술과 권한을 국가가 유지하고 있음을 입증한다.

〈농협〉의 구조 조정이
의도한 것과 가족해체 담론

Creation of
a Neoliberal

Welfare
Society

우리가 채택한 방법은 가족을 출발점과 현실의 표현이 아니라 유동적인 결과, 곧 사회정치적 수준에서 유지되는 관계의 시스템을 연구하는 방법을 통해서만 그 명료성을 이해할 수 있는 불확실한 형태로 상정함으로써 〔가족의 중요성에 대해 문제제기 하지 않은 채 사회적 통치를 분석하는〕 위험을 피하고자 노력한다. 상호 교차하는 공간에 위치한 변경선을 규명하기 위해 우리는 (경제 시스템과 정치 시스템 같은) 두 가지 영역 사이에 존재하는 모든 정치적 매개를 포착해야 한다.

자크 동즐로Jacques Donzelot, 『가족의 치안*Policing of Families*』

3장에서는 아시아 외환 위기라는 특별한 시기가 여성 노숙인을 국가 부조를 받을 자격이 있는 대상으로 인정하는 데 주저한 대한민국 복지 행정의 소극성과 어떤 관련이 있는지, 그리고 그 시기가 '가족해체'에 대한 대중 담론의 등장과 어떤 관련이 있는지 탐구한다. 그 과정에서 위기 담론 그 자체가 사회적 불안을 극대화함으로써 어떻게 사회경제적 공학의 핵심 구실로 작용하게 되었는지, 그리고 재활할 가능성이 있는, 고용 가능한 남성 가장으로 규정된 '자격이 있는' 노숙인 시민을 선별하는 정책이 두서없는 여론몰이와 어떻게 보조를 맞추었는지를 살펴보려 한다. 이런 논의를 통해 언론인, 시민사회 지도자, 정부 공무원 같은 다양한 사회적 행위자들이 사실상 IMF 위기에 대한 지식 전달자가 되어 취업 가능성과 규범에 부합하는 정상적인 가족이라는 신자유주의적 가치를 높이는 데 의도하지 않게 협력했다고 주장한다. 노숙인 통치에 참여한 이와 같은 사회공학 실행자들은 성별에 따른 노동 분업과 가족의 가치 같은 보수적인 논리에 의존했다. 그들은 경제와 노동의 신자유주의적 구조 조정으로 기인한 사회적 혼란을 통제할 중심에 성별에 따른 노동 분업과 가족의 가치가 자리 잡고 있다고 보았다.[1]

　이런 분석을 바탕으로 우리는 사회적 통치, 그중에서도 특히 가족에 대한 통치가 신자유주의 확대를 이해하는 효과적인 창窓이라는 결론에 도달할 것이다. 국내에 확산된 신자유주의는 국제 금융기관 또는 국가 행정에 의해 촉진된 경제정책으로만 볼 수 없으며, 이는 국내 여러 사회적 행위자들에게 광범위한 설득력을 얻은 사회경제적 시대감각이라고 할 수 있다. 3장은 다양한 사회공학 실행자들이 서로 공모했다고 주장하지 않는다. 다만 서로 갈등하는 것처럼 보이는 사회적 행위자들이라도 국가적 위기라는 조건 하에서는 강력한 연대를 구축할 수도 있다는 사실을 보여 준다. 예를 들면 사회 활동가들은 기업 구조 조정과 금융 구조 조정이 대량 해고를 낳고 고용 상황을 위태롭게 만든다는 이유로 김대중 정부의 신자유주의 노선을 비판했다. 그러나 IMF 위기를 거치는 동안 활동가들 스스로가 펼친 사회 구제 활동은 정부 정책에 조응했다. 사회 활동가들 역시 재활 가능성이 있고

---

1) 라냐 랩(Rayna Rapp, 1992)은 보통 같은 것으로 여겨지는 '가족families'과 '가구households'를 구분해 쓸 것을 촉구한다. 가구는 '경험적으로 측정할 수 있는 단위'이자 '사람들의 실제 생활이 이뤄지는 공간'인 반면 가족은 핵가족이나 혈연집단의 구성을 의미하는 분석적 용어다.(51~63) 이 책에서 다루는 가족에 대한 논의는 랩의 정의를 바탕으로 한다.

정상 가족 규범에 부합하는 이들에게 복지 혜택을 줄 필요성에 대해 강조했다. 그 결과 과거의 복지 체제에서는 '궁핍한 사람'으로 분류되어 보호받았던 대상에 여성, 그중에서도 특히 가족의 지원을 받지 못하는 모성보호가 압도적이었던 반면 김대중 정권이 도입한 복지 체제에서는 다양한 시민 세력의 광범위한 지지 속에 정상적인 가정을 꾸릴 수 있거나 그런 가정으로 복귀할 가능성이 있는 남성 가장을 앞세웠다.

가족해체 담론의 배경

IMF 시기에, 정부 및 광범위한 사회경제적 공감대를 형성하며, 남성 가장에게 연민과 도덕적 우위를 실어 주게 된 과정에는 '가족해체' 담론의 영향력이 크게 자리 잡고 있다. 이런 가족해체 담론이 노숙인 정책과 복지국가 형성에 어떻게 반영되었는지를 설명하기 전에, 이런 담론이 사회경제 전반적 차원에서 가부장적 성향과 정상 가족에 대한 편협한 이해를 양성하고 있음을 보여 주는 것이 필요할 것이다. 그 사회적 영향력을 보여 주는 예로, 아내 살해를 정당화하는 영화와 황혼 이혼 소송들, 그리고 홍석천의 커밍아웃을 들어 보겠다. 이어서 〈농협〉 사내 부부 퇴직에 대한 논란을 소개한다.

IMF 위기의 한복판에서 개봉한 영화 〈해피엔드〉(1999)는 국가적인 불황에도 불구하고 2백만 명 이상의 관객을 동원하며 흥행에 성공했다. 〈해피엔드〉는 불명예스러운 혼외정사가 불러온 살인 사건, 즉 남편이 다른 남자와 불륜을 저지른 부인을 살해하는 이야기를 소재로 한 영화다.[2] 영화 속 남편 민기는 은행원으로 일하다가 IMF 위기로 명예퇴직을 당하고 집안일을 하며 구직 중인 평범한 남자다. 그는 가족의 행복만을 꿈꾸는, 다소 소심한 사람으로 보인다. 반면 민기의 아내 보라는 어린이 영어 학원을 운영하는 여성으로 당당하고 능력있는 인물로 그려진다. 〈해피엔드〉는 대부분의 사설 교육기관이 도산한 IMF 위기를 배경으로 하고 있지만 보라는 학원을 성공리에 운영하면서 자신의 아파트를 지켜낸다. 영화는 보라가 분유에 수면제를 타서 아기에게 먹인 뒤 내연남을 만나 그의 집요한 요구를 들어 주는 장면에서 클라이맥스에 이른다. 보라의 늦은 귀가를 의심하던 민기는 아기의 분유병 안에 수면제가 남아 있는 것을 발견하고 보라를 살해하게 된다. 영화는 민기의 살해 동기가 보라의 불륜에 있는 게 아니라 어머니로서 보라가 보인 무책임한 행동에 있다고 말함으로써 아내를 죽인 남편의 행동을 정당화하고 있는 것 같다. 실제 영화 속에서도 형사는 민기를 전혀 의심하지 않고, 민기는 살인 혐의에서 벗어난다.

무력한 남편이 아내를 살해하면서 아내 살해를 정당화하기 위해 '부도덕한 어머니'라는 담론을 내세우는 것은 한국 대중매체에서 새로운 것이 아니다. 1960년대 중반에 출간된 남정현의 소설 「부주전상

---

2) 정지우, 〈해피엔드〉(1999). 한국 영화 전문가인 김경현은 〈해피엔드〉를 또 다른 한국 영화 〈하녀〉(1960)와 비교했다. 김경현, *The Remasculinization of Korean Cinema* (2004).

서父主前上書」는 하나의 예다.[3] 소설에서 아들은 아버지에게 편지를 보내 아내가 자신의 아들을 낙태했기 때문에 아내를 죽일 수밖에 없었다고 설명한다. 또한 주권 상실의 은유이자 사회적 위기의 은유로 무력한 남편을 활용하는 것은 20세기 전반에 걸쳐 한국의 문화 텍스트에 단골로 등장하는 은유이기도 한다.

1990년대 만개한 여성주의는 이처럼 문화예술 텍스트에서 빈번하게 등장하는 여성 혐오적 은유들에 저항하고 개입해 왔다. 이에 맞물려 〈결혼 이야기〉(1992), 〈미스터 맘마〉(1992), 〈가슴 달린 남자〉(1993) 등, 로맨틱 코미디물의 전성시대 영화 속 여주인공들은 기존의 한국 영화에서 보기 힘들었던 당당하고 독립적인 (그러나 해롭지 않은) 커리어우먼의 모습을 보여 주었다. 〈해피엔드〉의 보라 또한 어느 정도는 1990년대 초반 여성 캐릭터의 유산이라고 할 수 있다. 윤리와 관습에 얽매이지 않고 성적인 즐거움을 향유하면서 자신의 일에서도 마음껏 능력을 펼쳐 보이고 있기 때문이다. 영화의 시선 역시 순박하고 소심한 민기와 야망에 찬 보라를 대비시켜 보여 주고는 있지만, 딱히 보라를 악한 인물로 묘사하지는 않는다. 그러나 보라에게 예정된 결말은 남편 민기에게 살해되는 것이었다.

'국가적 비상사태' 앞에서 집단 행동주의가 부활하면서 여성의 독립을 부르짖는 여성주의 담론이 비판에 직면했던 상황을 떠올린다면, 보라의 죽음이 갖는 의미를 확장시켜 볼 수 있을 것이다. IMF 위기는 여성운동이 후퇴한 시기이자 여성의 활동 범위를 사적 영역으로만 한정시키는 여성의 재사유화도 함께 진행되었던 시기다. 위기 이전 십여 년 동안 자유화된 사회 환경을 누리다가 닥친 일이었다. 여성을 사적 영역으로 되돌려 보내는 데 가장 강력한 힘을 발휘한 것이 바로 '가족해체' 담론이었다.[4] 무책임한 어머니, 또는 무책임한 아내가 '가족해체'의 주범으로 몰매를 맞았다. 보라 역시 그렇게 휘두른 방망이의 결과로 죽음을 맞이한 것이라고 본다면 과도한 해석일까?

'가족해체' 담론은 밥벌이하는 가부장 남성(남편)과 집에서 내조하는 여성(부인)의 이성애적 핵가족 형태만을 정상 가정으로 염두에 둔 위기 담론이다.[5] 이와 같이 근본적으로 보수적인 가족 이데올로기는 혼외 성관계, 성노동, 이혼율 증가, 동성 결합을 비정상적인 사회악으로 묘사한다.[6] 또한 신문 사설들은 '노인' 부부의 이혼(황혼 이혼)을 가족해체의 표식으로 묘사했다.[7]

'황혼 이혼'은 IMF 당시 일반적인 일이 아니었지만 언론에서 많은 논의와 논란을 불러일으킨 사회적 현상으로 등장했고 이후로 계속 증

---

3) 남정현, 1964: 141~168을 참고하라. 이 연계에 대해 관심을 가지게 해 준 테어도어 휴Theodore Hughes에게 감사드린다.

4) 1999년 〈한국사회문화연구소〉는 "대한민국 중산층의 위기와 가족해체─원인과 해결 방안"이라는 공공 토론회를 개최했고 서울시도 2000년 7월 여성 주간에 가족해체에 관한 심포지움을 개최했다.

5) 김승경과 존 핀치John Finch는 성별에 따른 가족 내 노동 분업이라는 보수적 가정에 문제를 제기하는 중간계급과 노동계급 가구를 보여 준다.(2002)

6) 임범(1998), "이혼 1990년의 2배", 김우석, 이훈범, 정제원(1998), "가정이 무너지고 있다", 이태희(1999), "아저씨가 아니에요, 돈이에요: 15살의 원조 교제 충격"을 참고하라.

7) 황혼 이혼에 대해 부정적으로 기술한 사설은 다음을 참고하라. 『동아일보』, 1999년 10월 5일, 『동아일보』, 1999년 5월 7일. 이혼이 존경받을 만한 일로 여겨지지 않고 특히 노년의 이혼에 대해서는 더욱 그런 사회에서 '황혼'과 '이혼'을 한 단어로 섞어 놓은 것 자체가 모순이다.

가하는 추세다. 1997년 70대 여성 노인이 자신을 학대한 80대 배우자를 상대로 이혼 소송을 제기하고 위자료를 청구해 주목을 받았다. 소송 사유는 신체적 학대, 언어 학대, 경제권 박탈 등이 포함되었다. 남편은 부유했는데도 부인과 재산을 공유하지 않고 혼자 자산을 관리해 왔고, 나이가 들어 기력이 쇠해지기 시작하자 부인이 다른 남자와 교제를 한다며 의심하고 점점 더 심하게 학대하기 시작했다.

1998년 지방법원은 〈한국여성의전화〉와 〈한국성폭력상담소〉 같은 여성 단체의 지원을 받은 그 여성 노인의 손을 들어 주었다. 그러나 그 판결은 1999년 고등법원에서 뒤집어졌다. 고등법원은 그 여성 노인이 오랜 기간 남편으로부터 부당한 대우를 받아 왔다는 사실을 인정했지만 부인은 남편을 돌볼 책임이 있으므로 병든 남편의 곁을 떠날 수 없다고 판결했다. 또한 고등법원의 기각 판결문에는 가정의 평화를 지키기 위해 부부가 함께 늙어 가는 것이 더 보기 좋으니 함께 해로하시라는 언급이 있다. 이 여성 노인은 대법원에서도 패소했다. "해로하시라"는 이혼 소송 패소 판결문 언급은 다른 여성 노인이 소송한 황혼 이혼 사례에도 반복되는 언설이다.[8] 고등법원의 기각 결정은 혼인법이 (남편에게 봉사할) 기혼 여성의 의무를 (가정 폭력으로부터 보호받을) 권리에 앞세우는 방식을 드러낸다. 이는 가부장적 정상 가족 규범을 지키기 위해 여성 개인에게 자신의 안전이 위협을 받더라도 가족의 피상적 안정성에 대한 책임을 부과하는 것이다.[9]

홍석천의 커밍아웃 과정에서도 이성애적 규범에 부합하는 정상 가족의 안전을 상상하고 수호하려는 방식이 드러난다. 당시 홍석천은

MBC에서 방영하는 대표적 어린이 프로그램 〈뽀뽀뽀〉에 고정 출연하고 있었다. 홍석천은 게이나 '동성애자' 라는 것을 명시적으로 드러내지는 않았지만 다른 텔레비전 프로그램에서 종종 여성스러운 행동과 스타일을 가진 남성의 배역을 소화해 내곤 했다. 그러다가 2000년 여름, 어느 스포츠 신문이 홍석천은 게이이며 게이 바에 자주 드나든다는 기사를 보도했다.

자신의 은밀한 사생활이 폭로되자 홍석천은 공식 기자회견을 갖고 자신이 게이임을 인정했다. 홍석천은 게이를 금기시하는 사회 분위기와 가족에 대한 걱정 때문에 게이라는 자신의 정체성을 드러내지 못하고 고뇌했다는 사실을 밝혔다. 그럼에도 홍석천은 게이라는 사실이 부끄럽지 않으며 부끄러워 할 일도 아니라는 점을 당당히 밝혔다. 홍석천은 자신의 성 정체성을 공개한 대한민국 최초의 게이 배우가 되었다. 그러나 홍석천이 '커밍아웃' 을 한 뒤 방송국은 어린이에게 좋지 못한 영향을 미칠 수 있다는 이유로 그를 해고했다. 레즈비언 및 게이 단체, 일부 여성주의 그룹,[10] 인권 단체를 비롯한 활동가 네트워크가 홍석천을 지지하고 나서면서 방송국의 결정에 항의했지만 대변인은

---

8) 당시의 사건을 다룬 기사로 다음을 참고하라. http://www.donga.com/docs/magazine/woman_donga/9902/wd990200140.html, http://www.ohmynews.com/NWS_Web/View/at_pg.aspx?CNTN_CD=A0000215949

9) 2000년 결국 여성(이시형)이 승소했다. 그러나 1998년에 있었던 비슷한 사건에서는 여성 단체의 지원을 받은 여성(김창자)이 소송을 진행했지만 고등법원에서 패소했다. 이재은, 2004를 참고하라.

10) 진보적 여성 단체가 동성애자를 공식적으로 지지하고 나선 일은 처음이었다.

회사가 단독으로 내린 결정이 아니며 부모들의 거센 항의와 홍석천이 텔레비전에 모습을 드러내는 것이 '음란하다'며 홍석천의 방송을 금지하라는 〈방송윤리위원회〉의 권고가 있었다고 설명했다 .

주요 신문 사설은 〈방송윤리위원회〉의 발표와 궤를 같이하면서 대한민국 사회에 게이가 출현함으로 가족의 안전이 위협받게 되었다고 개탄했다. 그들은 대한민국에 게이가 존재한다는 사실을 서구 사회가 '신세대'에 미친 부정적인 영향으로 인식하고 게이의 존재를 가족해체의 중대한 증거라고 언급했다. 특히 기독교의 반발이 거셌다. 언론 역시 홍석천의 커밍아웃에 대해 이례적으로 연속 보도를 내면서 '거룩하고 성스러운 가정 제도를 파괴하는 범죄 행위'라는 식으로 기독교계의 입장을 가감 없이 전달했다.[11]

홍석천은 비록 소규모 케이블 방송을 통해 방송 활동을 이어 갈 수 있었지만 방송 이사회의 저항이 거셌기 때문에 주요 방송사의 어린이 프로그램에 다시 출연할 수는 없었다. 방송사 이사회는 국가적 위기가 진행되는 시기에 대중을 동요시키고 싶지 않다고 언급하고 지금은 적절한 시기가 아니라는 말도 덧붙였다.

왜 하필 이런 일들이 벌어졌을까? 게이라는 사실이 밝혀진 출연자는 어린이 프로그램을 비롯한 공중파에서 사실상 해고를 당하고, 평생 남편에게 학대당한 여성 노인은 남은 여생도 남편과 살아야 한다는 판결을 받았다. 그리고 아내를 살해한 〈해피엔드〉의 민기는 아무런 처벌도 받지 않고 보라의 죽음은 잊혀진다. 이 모든 게 '하필이면' IMF 위기가 진행되는 와중에 벌어진 일이라는 게 그저 우연의 일치

일까? 이와 같은 가족해체라는 담론은 IMF 위기와 김대중 정권이라는 역사적으로 특수한 시기에 어떻게 여성의 해고가 당연한 것으로 여겨졌는지 그리고 성별과 계급 구분에 따라 노숙인에 대한 인식이 어떻게 달라졌는지 이해하는 데 매우 중요하다.[12]

〈농협〉의 여성 은행원 해고

1999년 말, 〈농협〉이 구조 조정을 명목으로 명예퇴직 신청을 사실상 '강요'하는 과정에서 762쌍의 사내 부부 가운데 752쌍이 명예퇴직을 신청했고, 그 가운데 여성(아내) 퇴직자가 688명에 이르렀다. 〈농협〉이 퇴직 권고(사실상 '해고') 기준을 정리한 문서를 보면 '상대적 생활 안정자'라는 항목이 나오는데, 여기서 사내 부부를 1차 정리 해고 대상자로 지정했다는 것이 드러났다. 〈농협〉은 성차별적인 구조 조정이라는 비판에 직면해 여직원들이 '자발적으로' 내린 선택이었고

---

11) 김해철 목사, "[특별 기고] 소위 '커밍아웃'과 성서적 교훈", 『국민일보』, 2000년 10월 6일.
12) 민주화 이후의 시대에 여성주의자들이 보인 사회적 반응에 대해 기술하는 것은 이 책의 연구 범위를 벗어나는 것이다. 지나치게 단순화할 위험이 있지만 이 책은 민주화 이후의 시대에도 여성주의 운동은 고분고분하지 않았다고 주장한다. 그러나 IMF 위기를 거치는 동안 여성주의 운동은 IMF 위기에 대응하고 청와대와 정부를 통해 제도화하려는 노력을 우선적으로 기울였고 그 결과 IMF 위기와 관련된 구조 조정 과정이나 노숙인 대책에서 나타난 성차별에 대해서는 효과적으로 공격하지 못했다. 시민사회의 성장과 더불어 이뤄진 여성주의의 제도화 성공과 여성운동의 주류화에 대해서는 김승경, 2004와 문승숙, 2002를 참고하라. 이 논문들은 IMF 위기를 거치는 동안 청와대로부터 유례 없는 지원을 받았던 여성 비정부기구가 빠진 딜레마를 간략하게 보여 준다.

어떠한 강압도 없었다고 변명했지만, 이후 부당 해고 소송을 제기한 여직원들의 증언에 의해 명예퇴직 권고가 애초에 여직원을 노린 것이었다는 게 속속들이 드러났다.

〈농협〉은 사내 부부 가운데 여성이 퇴직하지 않을 경우 남편에게 순환 휴직 명령이 떨어질 것이라 위협하면서 동시에 여성 직원에게는 순환 휴직을 신청할 기회조차 주지 않아 사실상 명예퇴직 이외의 다른 선택지는 막아 놓았다. 또 겉으로는 남편에게 사표 제출을 권유하는 듯 하다가 일대일 면담이나 전화 등을 통한 비공식적 자리에서는 아내의 사직을 유도했으며, 심지어 여직원의 시부모를 동원해 압력을 행사하기도 했다. 회사에서는 상사로부터 "여자가 그만두어야 하지 않겠느냐"는 소리를 듣고, 집에서는 시부모에게 "가장의 자리를 빼앗을 거냐"는 압박을 받다가 결국 사직서를 쓰게 된 여성들이 대다수였다. 물론 승진과 호봉제가 남성에게 유리하기 때문에 둘 중 한 명이 일을 그만두어야 한다면 여자가 그만두는 것이 경제적으로 더 현명한 선택이라는 현실론도 있었고, 〈농협〉 역시 이를 잘 알고 있었다. 752쌍의 사내 부부 퇴직 신청자 가운데 남편보다 높은 임금을 받았던 몇 안 되는 여직원의 경우 아내 대신 남편이 제 발로 회사를 떠나는 경우도 있었지만 가부장적인 사회의 부정적인 반응에 직면해야 했다. 어쨌든 대다수의 사내 부부 중 여직원이 직장을 그만두었다.[13]

다큐멘터리 영화 〈평화란 없다〉와 〈당신의 결혼을 알리지 말라!〉 팸플릿[14]을 보면 〈농협〉은 IMF 위기 속에서 무너져 간 대한민국의 다른 대형 은행과는 다르게 도산은커녕 1998년 한 해 372억 원의 흑자를 기록했다. 사내 부부를 대상으로 삼기 이전에 농협은 8백 명 이상을 1998년초에 명예퇴직이란 형식으로 정리 해고 했고,(함석진, 1998) 1999년 명예퇴직을 신청한 여성 퇴직자 가운데 66퍼센트가 이후 단기 계약직으로 재고용된 사실로 미루어 볼 때(《당신의 결혼을 알리지 말라!》 팸플릿 2쪽), 다른 대기업과 마찬가지로 〈농협〉 또한 불안정하고 값싼 노동력을 통해 비용 절감이라는 이익을 누리면서 이를 '국가의 고통 분담'이라는 구호로 정당화하려 했다는 것이 분명해 보인다. 〈농협〉의 변호를 맡은 법무법인 〈김앤장〉은 〈농협〉의 구조 조정이 성차별적 부당해고라는 근거가 없으며 당시 정부 정책인 구조 조정에 참여했을 뿐이란 논리를 폈지만, 〈농협〉을 상대로 소송을 건 정리 해고된 사내 부부 여성 노동자들은 〈농협〉이 남녀고용평등법 및 근로기준법을 위반했다[15]고 호소했다.(《당신의 결혼을 알리지 말라!》 팸플릿 2쪽)

〈농협〉 사내 부부 해고 사건 당시, (문화기술 연구를 수행한 장소로 여

---

13) 여성 노동자 두 명(김향아와 김미숙)은 1999년 노동법을 위반한 〈농협〉을 상대로 소송을 제기했지만 법원은 회사 측에 유리한 판결을 내렸다. 2002년, 두 여성 노동자는 대법원에 상고했지만 뜻을 이루지 못했다.

14) 1999년 제작된 윤은정 감독의 다큐멘터리 영화 〈평화란 없다〉는 〈여성민우회 고용 평등 추진 본부〉의 지원을 받았다.

15) 남녀고용평등법 제8조 (정년-퇴직 및 해고) 1. 사업주는 근로자의 정년 및 해고에 관하여 여성인 것을 이유로 남성과 차별하여서는 아니 된다. 2. 사업주는 근로여성의 혼인-임신 또는 출산을 퇴직 사유로 예정하는 근로계약을 체결하여서는 아니 된다.
근로기준법 제 31조 (경영상 이유에 의한 해고 제한) 1. 사용자는 경영상 이유에 의하여 근로자를 해고하고자 하는 경우에는 긴박한 경영상의 필요가 있어야 한다. 이 경우 경영 악화를 방지하기 위한 사업의 양도-인수-합병은 긴박한 경영상의 필요가 있는 것으로 본다. 2. 제 1항의 경우에 사용자는 해고를 피하기 위한 노력을 다하여야 하며 합리적이고 공정한 해고의 기준을 정하고 이에 따라 그 대상자를 선정하여야 한다. 이 경우 남녀의 성을 이유로 차별하여서는 아니된다.

는 글에서 소개한) 〈청년여성실업대책 모니터링 팀〉의 많은 구성원이 여성 노동자들을 지원하기 위한 집회에 참석했다. 모니터링 팀 구성원은 대학을 졸업한 뒤 직장을 구하지 못한 사람들이었다. 당시 여성 실업률에 대한 공식 통계는 5퍼센트 정도로, 집에서 집안일을 하면서 가정 외부에 일자리를 찾고 있는 여성을 실업자로 산정하기 않았기 때문에 공식 통계에 잡힌 여성 실업자 수가 남성 실업자 수와 비슷했다는 사실을 상기하는 것이 도움이 될 것이다.(장필화, 1998. 조순경, 1998. 1999) 실제 일하고 싶은데 직장을 구하지 못하는 모든 여성을 포함한 여성 실업률은 20퍼센트에 달한다.(조순경, 1999) 또한 직종에 따른 남녀 증감 비율은 1997년 대비 1998년 사무직종에서 남성이 53퍼센트 증가한 반면 여성은 18.4퍼센트 감소했다.

여성 노동자들을 지지하는 집회는 "당신의 결혼을 알리지 마라"[16] 라는 노래로 시작되었다.

나는 나는 일하고 싶어 (정말?)
농협이 너무 무서워 (나두)
여자라고 날 자르면 어떡해 (안돼)
나는 나는 일하고 싶어 (정말!)

나는 나는 일하고 싶어 (정말?)

---

16) 이 노래는 집회를 하는 동안 나눠 준 팸플릿에도 나와 있다.

결혼이 무슨 상관이야 (맞어!)
기혼이든 미혼이든 할 거야 (그래!)
나는 나는 일하고 싶어 (정말!)

나는 나는 일하고 싶어 (정말?)
취업이 너무 어려워 (맞어!)
남은 건 비정규직이니 어떡해 (안돼)
나는 나는 일하고 싶어 (정말!)

나는 나는 일하고 싶어 (정말?)
김앤장이 너무 우스워 (맞어!)
니네들은 잘 벌어서 괜찮지? (웃겨)
나는 나는 일하고 싶어 (정말!)

　모니터링 팀 구성원들은 1999년 11월 3일 이른 오후 이화여자대학교 교정에서 열린 소규모 집회에 참석했다. 맑았지만 춥고 바람이 부는 날이었다. 집회에 내걸린 현수막에는 이런 글귀가 새겨져 있었다. "농협 사내 커플 여성 우선 해고는 명백한 성차별이다." 집회가 끝난 뒤 〈농협〉 본점까지 평화로운 거리 행진이 이어졌다.
　이 집회의 주최 측은 서울에서 여성학 과정을 밟고 있는 대학원생들과 대학의 여성주의 모임인 〈여학생위원회〉 소속 대학생들이었다. 〈여성민우회 고용평등추진본부〉는 집회를 후원했다. 여성학을 전공한 모니터링 팀 구성원 '으싸'와 '놀자'는 일련의 시위에서 중요한 역할을 수행했다. '으싸'는 〈여성민우회〉에서 활발하게 활동했고, 소속 대학의 〈여성위원회〉 간부를 역임한 '놀자'는 여성 실업자 자립 네트워크인 〈프리워〉에서 열심히 활동했다. 집회에 참석한 두 사람은 〈농협〉 통장을 자르는 퍼포먼스를 하면서 "나의 결혼을 알리지 마라" 같은 구호를 외치거나 노래를 선창했다.

또 다른 평화 시위에서 두 사람은 계좌를 해지하고 예금을 모두 찾기 위해 〈농협〉을 찾았다. 경찰이 에워싼 은행 정문은 굳게 닫혀 있었지만 일부 참가자들은 봉쇄선을 뚫고 은행 후문으로 진입하는 데 성공했다. '놀자'는 그날의 일을 자랑스레 말해 주었다. 어렵게 〈농협〉에 진입한 '놀자'는 출입금 창구 여성 은행원에게 계좌를 해지하겠다고 말했다. '놀자'의 계좌에는 고작 천 원도 안 되는 돈이 들어 있었기 때문에 은행원은 '놀자'의 요구가 은행에 대한 항의 표현이라는 사실을 곧바로 알아차렸다. 그러나 은행원은 상관이 자신과 다른 은행원들, 특히 여직원들을 지켜보고 있다는 사실도 알고 있었다. 그래서 은행원은 '놀자'와 눈을 마주치지 않으려 애쓰면서 '놀자'에게 통장을 돈과 함께 되돌려주었다. 대신 작은 목소리로 "고마워요"라고 슬쩍 말을 건넸다. '놀자'와 다른 집회 참가자들에게는 매우 의미 있는 순간이었다. 그 은행원의 한마디가 의미하는 바 때문이었다. 비록 개인과 가족의 복리를 위해 불공정한 상황을 견디면서 공개적인 발언을 꺼렸지만 분명 〈농협〉 여직원들은 마음 속으로 시끄러운 집회와 시위를 지지하고 있었던 것이다.

나는 그 사건이 지닌 상징적인 의미를 알아차렸다. 그 사건은 젊고 급진적인 비혼 여성주의자들이 기혼 화이트칼라 여성 노동자와 연대를 시도하는 사건이었다. 모니터링 팀은 '유연한 노동'이라는 이름으로 노동자, 그중에서도 특히 여성 노동자를 노동하는 빈곤층으로 전락시키려는 변화와 도전이 일고 있다는 사실을 인식하고 있었다. 그리고 그로부터 실업 상태의 비혼 여성으로서 기혼인 여성 노동자들과 연대할 수 있는 계기를 찾았다고 생각했다. 이들 비혼 여성은 흔히들 급진적 여성주의자로 분류되어 어머니이자 아내인 대부분의 여성들로부터 고립된 싸움을 벌여 왔다. 이러한 고립은 여성은 언젠가 아내, 혹은 어머니가 되어야 한다는 사회의 규범적 기대 탓에 발생한 것이다. 기업뿐만 아니라 여성 단체들도 노동하는 중간계급 기혼 여성이 기업 내에서 겪는 어려움에만 초점을 맞춤으로써, 그간 노동시장에서 비혼 여성이 겪는 어려움을 별것 아닌 것으로 치부해 왔다. 그러던 것이 〈농협〉 사태를 통해 기혼이든 비혼이든, 여성의 노동이 가부장적 자본주의의 필요에 따라 끊임없이 불안정하게 재배치될 수밖에 없는 '잉여 노동력'이라는 게 드러난 셈이다.

여직원의 '자발적인' 사직을 강요하고 불안정한 단기 계약직 직원으로 재고용한 〈농협〉의 행동에는 신자유주의적 논리가 내포되어 있었다. 일부 노동자가 대다수 노동자의 이익을 위해 일터를 떠나야 한다는 생각이 사회 전체를 설득할 힘을 지니게 됨에 따라 회사를 떠나거나 해고당한 사람들은 정상적인 가정 또는 결혼 제도 속에 자원을 지니고 있는 것으로 여겨지는 사람들이었다.[17] 〈농협〉 사태에 항의해 집회를 연 젊은 여성주의자들의 항변이나 여성 노동자들의 우선 해고 현상은 대중이나 노조의 지지를 받지는 않은 듯싶다. 비슷한 시기에 〈통일연구원〉하위 직원 구조 조정 과정에서 여성 직원 전원이 정리 해고된 사실이나 울산 〈현대자동차〉식당 운영 여성 직원들이 전원 정리 해고된 사실들은 거의 주목받지 못했기 때문이다.(《평화란 없다》) 또한 여성을 개인적 단위와 독립 노동자로 파악하는 사고는 자유주의적 권리로 법에 명시되어 있지만 동시에 여성의 평등한 권리 속에는 자발적으로 가정이라는 영역으로 후퇴하는 것을 여성의 미덕으로 부각시킨, 외환 위기 당시 신자유주의적 담론의 보수적 성 정치 담론이 우세하게 작용한 것을 보여 준다.

〈농협〉을 상대로 소송한 결과 역시 이를 잘 반영한다. 2002년, 대법원은 이들의 해고 무효 확인 청구 소송을 상고심에서 원고 패소를 판결한 원심을 확정했다. 재판부의 판결문은 "〈농협〉이 〈축협〉등과의 통합을 앞두고 인력 감축이 절실한 상황에서 〈구조 조정 비상대책위원회〉를 구성, 나름대로의 기준을 세우고 노조의 동의를 얻어 명예 퇴직제와 순환 명령 휴직제를 병행 시행한 사실과 〈농협〉이 원고들에게 명예퇴직을 강요했다고 보이지 않는 점 등에 비춰 원심 판결은 정당했다"고 밝혔다. 일대일 면담이나 전화 등을 통한 비공식적 자리에서는 아내의 사직을 유도한 것, 심지어 여직원의 시부모를 동원해 압력

---

17) 국가는 중소기업을 창업하는 (중년의 어머니 같은) 여성 가장(여성 가장 창업)에 대한 지원 사업을 후원했다. 그러나 여성 가장이 국가의 자금 지원을 받으려면 가까운 남성 친척이 보증을 서야 했다. 비슷한 사례에 대해서는 Poster and Salime, 2002를 참고하라.

을 행사하기도 한 것들은 '강요했다고 보이지 않는 것'으로 결론이 났다. 〈농협〉사내 부부 여성 노동자 소송 패소는 2001년 7월 모 보험사 사내 부부 여성 노동자 네 명이 해고 무효 확인 청구 소송에서 승소한 결과와 상이하다. 대법원은 이 차이를 "오늘 판결난 사건은 인력 감축 방안으로 명퇴 제도를 대폭 확장하고 순환 휴직제를 도입하는 등 나름대로 합리적인 방안들을 마련한 데 반해 지난번 사건에서는 이러한 방안을 전혀 도입하지 않은 채 부부 사원이라는 이유만으로 명퇴를 강권한 것이어서 결론이 나르게 나왔다"고 설명했다.(고웅석, 2002)

'가족해체' 담론에서 여성을 사적 영역의 책임자로 몰아넣어 버린 것과, 사내 부부라면 여성이 먼저 해고되는 게 반복되는 상황, 그리고 곧바로 뒤에 나올, 여성 노숙인이 존재해서는 안되는 이유를 여성들 자신의 도덕성 내지 정신건강의 문제로 치부한 언설들은 따로 발생했어도 연관성 있는 현상이다. 여성의 재사유화, 그것이 외환 위기 동안 한국의 신자유주의가 엮어 낸 성 정치의 주소이며, 민주화 이후 이루어 놓은 한국의 성평등 역사를 한 발 물러서게 한 주도적 이데올로기였다.

4장

보이지 않는 사람들:
여성 노숙인에 대한 정책 부재

사회복지 시스템을 작동시키는 다양한 대리인들은 물질적 원조 이상을 제공한다. 이들은 성 역할과 성별화된 필요들에 대해 암묵적일지라도 설득력 있는 해석 방식을 제공한다. 따라서, 복지국가 소속의 다양한 하위 기구들은 필요 해석을 경합하는 정치판의 선수들인 셈이다.

낸시 프레이저Nancy Fraser, 「필요를 둘러싼 투쟁:
사회주의적 여성주의의 후기 자본주의 정치문화 비판 이론 개론
Struggle Over Needs: Outline of a Socialist-Feminist Critical Theory
of Late-Capitalist Political Culture」

2장에서 '노동 의욕'과 '재활 의지'를 기준으로 복지 혜택을 받을 자격이 있는 대상을 선별하는 과정에서 'IMF 노숙자'와 '부랑인'이라는 새로운 구별이 만들어졌다는 것을 밝힌 바 있다. 노숙인은 사실상 실업자와 동일시되거나 실업자 범주에 포함될 수 있으므로 장기 노숙인과는 다르다는 주장이 등장했다는 점도 언급했다. 3장에서는 신자유주의적 사회 통치에서 성별에 따라 복지 혜택을 받을 자격이 있는 대상을 구분하고 노동의 주체를 구분해 내는 과정과, '가족해체' 담론이 어떤 방식으로 작용했는지를 살펴보았다. 특히 가족의 연대를 '해친' 주범으로 '무책임한' 어머니를 지목함으로써 여성 노동자의 해고를 정당화할 수 있는 배경이 됐다는 것을 알 수 있었다.

4장에서는 이러한 각각의 사회 통치 전략이 어떻게 여성 노숙인을 '보이지 않는 존재'로 만들었는지 살펴볼 것이다. IMF 위기 지식 전달자들은 복지 혜택을 받을 자격이 있는 대상을 규정하기 위해 가족 해체라는 관념을 적극적으로 활용했다. 4장에서는 특히 여성 노숙인을 직접 만났던 노숙자 쉼터 관리자와 서울시 공무원이 여성 노숙인의 욕구를 어떻게 이해했는지 직접 들어 본다. 여성 노숙인의 욕구에 대한 그들의 미시적 차원의 발언은 가족해체라는 거대 담론의 연속체 안에서 여성 노숙인을 보이지 않게 하거나 또는 복지 혜택을 받을 자격이 없는 시민으로 만드는 젠더화된 가정을 분명히 드러내 보이고 있다는 것이 밝혀질 것이다. 여기에서 특별히 낸시 프레이저의 '필요-발언needs-talk' 개념을 가져와 그들의 발언을 분석하는데, 프레이저의 이 개념은 미시적인 맥락에서 복지 대상의 '필요'에 대한 다양한 입장 차를 이해하는 데 유용하다. 서울시 공무원과 노숙자 쉼터 관리자들의 발언은 여러 가지 면에서 서로 상충하지만 그럼에도 그들이 여성 노숙인을 복지 혜택을 받을 '자격이 없는' 존재로 만드는 데 함께 기여했다.

노숙 정치와 가족 정치

노숙인 대책이 출발하던 바로 그 시점부터 서울시 공무원들이 '여성 노숙인은 없다'는 가정을 세우고 있었다는 사실은 주목할 만하다. 그 가정은 노숙인 수를 집계하는 과정에서 성별을 조사하지 않은 것에서도 잘 드러난다. 언론매체 기자들이 노숙인 문제를 처리하는 서울시 공무원을 만나 여성 노숙인에 대해 물으면 시 직원들은 기자들이 확인한 사실이 잘못되었다고 맹렬히 비난하면서 정보 제공을 거부했다.[1] 나중에 〈서울시 실업대책위원회〉를 통해 낸 보도자료에서도 서울시 공무원들은 여성 노숙인 수가 무시해도 될 정도로 미미하다고 주장했다. 서울시 공무원들은 여성 노숙인이 전체 노숙인 4천 명 가운데 120명에 불과하다고 보도했다.

1장에서 정처 없이 떠도는 노숙인과 IMF 노숙자를 구분하는 기준을 제시했던 시 노숙 대책 담당 직원은 여성 노숙인에 대해 이렇게 언급했다.

> 여성 노숙자란 존재하지 않습니다. (…) 저는 IMF 노숙자들과 친구가 되었습니다. 때로 술잔도 함께 기울입니다. 그러니 그들의 괴로움을 잘 알고 있습니다. 그들은 직장, 집, 아내, 아이들, 가족, 친구를 잃었습니다. 모든 것을 잃은 것입니다. 장담컨대, 여성 노숙자는 못 찾을 겁니다. (…) 정처 없이 떠도는 부랑 여성이 남성 노숙자 사이에 끼어 있을 수도 있겠지만 그들은 IMF 노숙자가 아닙니다. 정신적으로 문제가 있는 여성일 뿐입니다."

노숙인에 대한 언급을 통해 그는 IMF 노숙자를 과거 안정적인 주

---

[1] 어느 기자는 모니터링 팀에게 서울시 공무원들의 질타 때문에 여성 노숙인에 대한 취재를 중단하기로 했다고 토로했다.

거지를 소유한 남성 노동자로서 '정상적인' 삶을 살았던 존재로 묘사했다. 곧 IMF 노숙자는 IMF 위기가 도래하기 전에는 (여성과) 결혼해 규범에 부합하는 정상적인 가족을 꾸리고 있었고 안정적인 직업을 가지고 있었던 존재라는 거다. IMF 노숙자에 대한 이와 같은 이미지는 IMF 노숙자를 몰락하는 중간계급의 문제로 묘사하는 대중매체의 입장과 궤를 같이한다. 일례로『한국경제』는 '흔들리는 사회: 중산층' 이란 제목으로 다음과 같이 보도했다.

〔중산층의 몰락〕날개 잃은 중산층. 중산층이 추락한다. 감봉, 정리 해고 자산 디플레, 고물가가 한국의 중산층을 파산의 벼랑 끝으로 내몰고 있다. 다이아몬드형 계층 구조는 피라미드형, 심지어는 가운데가 쏙 들어간 표주박형으로 바뀌고 있다. 1997년 11월까지 중산층은 희망에 가득 찼다. 신혼살림을 단칸방에서 시작하더라도 "십여 년 동안 부지런히 저축하면 내 집을 마련할 수 있다"는 기대가 있었다. 승용차를 구입하면 부자가 된듯한 착각에 빠지기도 했다. 푼푼이 긁어모은 주식은 부지런히 올라 줬다. IMF가 오기 전까지는 그랬다. 〈대한상의〉의 조사에 따르면 올들어 월급쟁이의 월급 감봉액은 평균 32.6퍼센트에 달한다. 저축은 고사하고 이자 갚기에도 벅차다. 내 집 마련은 포기했다. 자동차를 팔아서 대출금이라도 갚아야 할 형편이다. 보증 서 준 친인척이 부도로 나자 빠져 덤터기를 쓰기도 한다. 언제 실직할지 모르는 어두운 그림자는 부담스럽게 쫓아다닌다. 중소기업 임원을 지낸 이구택 씨(48). 1억 5천만 원의 빚을 갚을 길이 없어 법원에 소비자 파산 신청을 냈다. 1994년 주

식투자에 손댄 그는 주가 폭락으로 큰 손해를 봤다. 집을 팔고 명예퇴직금을 쏟아부으며 재기를 노렸지만 IMF는 회복 불능 상태로 그를 몰아갔다. '파산자'로 선고받으면 빚 부담은 없어지는 대신 앞으로 정상 생활이 불가능해진다. 빚에 짓눌려 어쩔 수 없이 택한 마지막 길이다.

올 들어 서울 민사지법에 소비자 파산을 신청한 사람은 이 씨 말고도 56명이나 더 있다. 지난 4월 7일까지 33명이던 신청자는 두 달이 가기도 전에 24명이나 늘었다. 회사의 채무 보증을 선 부도업체 임원, 신용카드로 긁은 외상 대금을 갚지 못한 회사원, 대출 이자를 견디기 어려운 주부 등. 이 중 7명은 이미 '파산자'가 됐다. 파산 신청에 대한 문의는 끊이지 않는다. 빌린 돈이나 외상값을 갚지 못해 금융기관으로부터 '신용불량자'로 낙인 찍힌 사람들은 지난해 11월 이후 하루 2천 명씩 증가하는 추세다. 잠재적인 파산자들이다.

중산층의 몰락을 보여 주는 또다른 현상은 거리에서 생활하는 홈리스 Homeless 족의 등장이다. 서소문 공원에 '둥지'를 튼 고영조 씨(37). 만나는 사람마다 "죽더라도 혼자 죽지 않겠다. 나를 이렇게 만든 사람들과 함께 죽겠다"고 맹세한다. 대기업 차장이었던 그가 노숙인이 된 건 그야말로 기막힌 '현실'. 지난해 12월 정리 해고에 떠밀려 실업자가 됐다. 아내는 대신 돈을 벌겠다며 보험설계사로 나가기 시작했다. 보험 대리점 사장과 눈이 맞은 아내는 집을 비우는 날이 많아졌다. 보다 못 해 일을 그만두라 했지만 아내는 이혼 요구로 답변을 대신했다. 자식들 생각에 갈라서지 못한 고 씨는 차라리 집을 나오고 말았다. 서울역 용산역 시청역 등에는 고 씨와 같은 노숙인들이 많다. 이른바 'IMF형 홈리스 족'이다.

보건복지부에 따르면 지난해 여름 3백여 명에 불과했던 노숙인 수는 지난 2월 말 전국적으로 약 1천 명, 4월 말 2천 명으로 기하급수적으로 불었다. 6월 말이면 3천 명을 웃돈다는 예상도 나온다. "이들의 76퍼센트는 실직이나 경제적인 이유로 노숙인이 됐다"고 1백88명을 면담했던 김미숙 〈한국보건사회연구원〉 책임 연구원은 밝혔다. 일할 의사가 있다는 점에서 알코올중독, 현실도피, 정신질환 등으로 길거리 생활을 하는 외국의 홈리스족과는 구별된다. 실직 후 가족 보기가 미안해서, 혹은 파산으로 길거리로 나선 '비자발적' 홈리스가 대부분이다. 희망을 잃은 한국의 중산층. 개인 파산이 그들을 기다리고 있다. 사회의 근간이 흔들리는 것이다.(정태웅, 1998)

한편 여성 노숙인은 부랑인, 곧 복지 혜택을 받을 자격이 없는 노숙인의 전형적인 사례로 묘사된다. 특히 남성 노숙인은 전형적인 구조적 위기의 '피해자'로 묘사되는 반면, 여성 노숙인은 일차적으로 '가정을 버린 엄마, 혹은 아내'로 묘사해 도덕적인 낙인을 가하고 있다는 것이 흥미롭다.

빈민 여성들은 대체로 피해자이지만 때때로 가해자이기도 하다. 자신은 아무런 노력도 하지 않으면서 남편의 경제적 무능을 탓해 좌절을 안겨주는가 하면 생각보다 훨씬 쉽게 자식과 가정을 팽개치기도 한다. (「그대 이름은 여자 27-빈민 여성」, 『경향신문』, 1999년 10월 20일자)

젊은 여성들에게 전통적인 가정상, 모성애가 부족한 것도 쉽게 집을 떠나는 원인이다. 요즘 여성들은 남편이나 자식 때문에 자신의 인생까지 망치고 싶지 않다는 이기적인 이들이 많다. 남편보다 능력 있어 보이는 남자를 만나면 가정을 버리고, 또 유흥가에서 일하더라도 돈만 벌면 그만이라는 생각에 자신이 낳은 어린아이까지도 팽개치고 만다.(「'엄마 돌아와요' IMF 이후 크게 늘어난 주부 가출」, 『경향신문』, 1998년 5월 4일자)

빈민 여성을 '피해자이자 동시에 가해자'로 묘사하는 신문 기사나 사설은 엄마의 가출로 아이들이 입는 피해를 부각시키면서 결국 빈민 여성을 위한 대책은 '가족해체'를 막는 데 있다고 결론을 내린다. 남성 노숙인의 문제는 국가가 적극적인 고용 대책을 마련해 해결해야 하는 문제지만, 여성 노숙인의 경우 국가의 개입은 여성을 다시 가정으로 되돌려 보내는 데 그 목적이 있다는 식이다.

남성 노숙인 중에도 복지 혜택을 받을 자격이 없는 노숙인으로 분류되는 노숙인이 있었기 때문에 여성 노숙인에 대한 부정이 단순히 성차별에만 기인했다고 볼 수는 없다. 그러나 장기 남성 노숙인은 게으르거나 정상적인 생활을 거부하는 과정에서 정처 없이 떠도는 노숙인이 되었다고 간주된 반면 여성 노숙인은 정신적 질병이나 부도덕함 때문에 정처 없이 떠도는 노숙인이 되었다고 간주되었다는 점은 흥미롭다.

첫째, 복지 혜택의 기준이 남성과 여성이란 갈래보다 노동을 재생산해 내는 이성애적 가정생활에 충실한 이들을 우선으로 했다는 것을 볼 수 있다. 동시에, 부적절함을 가려 내는 방식이 남성 노숙인 안에서는 선별적으로 가려지는 반면, 여성 노숙인의 경우는 존재 자체가 부적절하다 여겨진다. 이는 이성애적 가정에 대한 규범이 성별에 대한 규범과 긴밀히 연결되어 있는 것을 보여 주는 지점으로서, 여성이 집을 나간다는 것은 도덕적으로 용납될 수 없는, 따라서 정신병적인 요인을 들지 않고서는 상상할 수도 없는 상황이 되는 것이다. 서울시 요보호여성 담당 직원과의 대화는 이를 잘 보여 준다. 그 직원이 소속된 팀은 특별한 범주에 포함되는 여성을 위해 마련된 네 가지 유형의 쉼터를 운영할 책임을 지고 있었다. 가정 폭력과 성폭력 피해자를 위한 성폭력 피해자 쉼터, 오갈 데 없는 홀어머니와 어린 자녀들을 위한 모자 보호 시설, 미혼 상태에서 임신한 여성 중에서도 특히 미성년 여성을 위한 미혼모 시설, 갈 곳 없는 여성을 위한 〈일시시립부녀보호소〉였다. 그 직원은 〈일시시립부녀보호소〉에 입소한 여성 중에는 정신 나간 여성 노인과 치매 할머니도 있다고 설명했다. 그들은 가족을 잃어버렸거나 가족으로부터 버림받아 거리로 나섰지만 여성 노숙인이라고 할 수는 없는 사람들이라는 것이다.[2]

그렇다면 여성 노숙인들은 어디에서 보호를 받느냐고 묻자 그는 이렇게 대답했다. "여성 노숙인에 대해서는 전혀 모릅니다. 제 책임 소재가 아니거든요. 하지만 설마 여성 노숙인이 정말 있다고 생각하시

---

2) 종교 단체가 운영하지만 시로부터 지원을 받는 또 다른 장기 쉼터로는 〈꽃동네〉가 있었다. 〈꽃동네〉는 심한 장애를 안고 있어서 '정상적인' 사회에 적응할 수 없는 장애인들을 위한 쉼터였다.(정원오, 1999)

는 것은 아니겠죠? 저는 여성 노숙인이 있다는 사실을 상상조차 할 수가 없거든요. 어떻게 자녀가 있는 여성이 아이를 버리고 집을 나올 수가 있겠어요? 어머니라면 그렇게 무책임할 수 없습니다. 미치지 않고서야 그럴 수 없죠. 그리고 혼자 사는 여성이라면 정 안될 경우 성매매를 해서라도 생활할 수 있습니다. 그러니 여성들은 거리로 나올 필요가 없을 것 같은데요?" 나는 할 말을 잃었다. 그 대신 내가 속한 모니터링 팀은 다양한 노숙인 사이에 끼어 있는 여성, 장애인, 가족, 노인 같은 소수 집단에 관심을 가지고 있다고 말해 주었다. 그러나 그 직원은 자기 입장을 고수하면서 이렇게 말했다. "여성 노숙인이나 장애인 노숙인 같은 사람을 따로 연구하는 것은 의미가 없습니다. 그런 사람들이 거리에서 생활할 리가 없으니까요."[3]

위 언급에서처럼 자녀를 두고 가출한 여성은 비인간적이거나 정신 나간 존재로 간주되었다. 그 여성들이 자녀를 두고 가출할 수밖에 없었던 이유나 집으로 돌아갈 수 없는 이유는 고려할 여지도 없어 보였다. 또 가족 없이 홀로 사는 여성이 거리에서 생활하기를 선택한다는 것 역시 상상하기 어려워 보였다. 이는 여성을 성모마리아가 아니면 막달라 마리아로 범주화하는 이분법적 가부장 언설과 맞닿아 있다. 여성은 가정의 테두리 안에서 정숙하게 살거나 그 테두리를 벗어나면 몸을 팔아 생계를 유지할 수밖에 없는 경우로 전형화시켜 버리는 것이다.

---

[3] 이 장에서 여성 노숙인 두 명의 이야기를 소개할 것이다.

한데, 그 직원이 하필 가정 폭력에 시달리는 여성과 미혼모같이 머물 데가 마땅치 않은 처지가 곤란한 여성을 보호할 책임을 맡은 부서(서울시 사회복지과 요보호여성 팀)에서 일하고 있다는 점은 의아한 일이었다. 그 부서는 잦은 가정 폭력에 시달리다 못해 집을 나온 여성을 전담하는 곳으로, 그런 경로로 가출한 여성 중 갈 곳이 따로 없어 여성 쉼터나 종교 기관이 운영하는 기도원 등을 전전하다가 자리를 잡지 못하면 노숙 생활을 하게 되기도 한다는 것을 알 만한 곳이다. 그런데 그 직원은 노숙인 여성을 전담하고 있지 않다는 근거로 그런 여성이 존재하는 것을 모르는 것은 물론이고, 존재 가능성이 없음까지 정당화하고 있었다.

이는 개인의 의견을 떠나, 당시 여성 복지 체제의 패러다임이 바뀌고 있음을 대변해 준다고 봐야 할 것이다. 과거의 복지 시스템의 경우, 여성은 모성보호 차원에서 매우 미미한 복지 체제임에도 혜택자 가운데 우선순위였다. 특히 가족의 테두리를 벗어나 오갈 데 없는 여성은 보호가 필요한 대상으로 여겨졌다. IMF 시기에 시작된 생산적 복지 체제에서도 모성보호주의는 폐지되지 않았다. 그러나 아이러니하게도 같은 모성 이데올로기를 통해 여성 노숙인은 병적인 존재나 비도덕적인 존재로 인식되었고, 그 과정에서 여성 노숙인은 복지 혜택을 받을 자격이 없는 주체로 자리 잡았다.

대한민국이 IMF 위기를 겪는 동안 등장한 가족해체 담론과 모성 이데올로기가 거꾸로 적용된 아이러니는 가부장적 온정주의적 이데올로기와 모성보호적 이데올로기가 동전의 양면처럼 동시에 작용할 수 있다는 린다 고든Linda Gordon의 논의에 조응한다.「젠더, 국가, 사회 Gender, State and Society」에서 린다 고든은 미국에서 모성보호적 복지 체제가 발전하게 된 특수한 역사적 맥락을 세가지로 규명한다. 첫 번째 맥락은 (특히 자녀를 둔 홀어머니 같은) 빈민에게 어머니로서의 역할을 수행할 수 있도록 도와줘야 한다는 개혁가들의 확신이다. 두 번째 맥락은 여성들 자신이 어머니로서의 역할이 자기의 일, 경험, 혹은 운명으로 받아들이는 차원이다. 그리고 그런 차원에 기반해 공공 사회 급부 자격을 여성에게만 부여하게 되었고 여성을 도움을 받을 자격이 있는 존재로 만들었다. 세 번째 모성보호적 지향은 아버지를 통해 아동에게 금전을 제공하는 가족수당 프로그램이 아니라 여성 부조 프로그램을 통해 여성에게 직접 금전을 지원하고자 하는 여성주의적 관심에 의해 표명되었다. 린다 고든의 분석에 따르면 가부장적 온정주의는 모성을 보호해야 하는 규범적 바탕이 언제든지 여성들을 어머니로서의 책임을 지지 못하는 것에 대해 비판하는 입장과 같이 간다는 것이다.

이와 같이 규범적으로 모성이라는 개념을 이용해 노숙 여성을 복지 혜택을 받을 자격이 부적절한 주체로 만들어 간 사실은 또한 한국의 역사에서 신자유주의적 복지국가로서의 징후를 보여 준다. 이는 복지 혜택의 자격 요건이 '필요'에 의해 선정되기보다 생산적 주체인가를 따져 보는 것으로 바뀐 것을 의미한다. '필요'에 따라 국가의 지원을 받는 성원은 의존적인 주체이고, 노동과 재생산 기능에 충실한 성원은 생산적 주체라는 발상이다.

복지 혜택을 받을 자격이 있는 대상이 궁핍한 사람에서 생산적 존재로 이동했다는 사실은 남성도 국가로부터 보호를 받고 경제적인 지원을 받을 수 있다는 생각을 도입함으로써 대한민국 복지 시스템 역사상 처음으로 복지의 대상은 주로 여성이라는 편견을 깨뜨린 것으로 보인다. 당시에는 국민생활복지법이 전 국가적으로 확대되어 누구나 해당되는 사회보장적 복지국가 시스템이 아니었음을 잠시 상기해야겠다. IMF 이전의 사회복지 제도는 가족과 일터로 개인의 복지를 맡긴, 국가의 책임을 최소화한 부분적 복지 시스템이었다. 구체적으로 이는, 매우 제한된 극빈층에 대한 미미한 생활보호 제도와 함께, '요보호군'으로 지정된 선별적 복지 대상들에 대한 국가적 지원이었다. '요보호군'에는 위에 언급했듯이 모성보호를 중심으로 한 여성들(출산을 앞둔 미혼모, 생활 능력이 없는 모자 가정, 성폭력·가정 폭력 피해 여성, 검속에 걸린 '성매매' 여성)이 포함되었으며, 이들을 정해진 기간 동안 격리 보호하거나 때로 단기 직업 교육을 실시했다.

IMF 시기에 아동학대에 대한 이야기가 나오자 아동보호 시설에 대한 확장이 이뤄졌고, 노인 방치에 대한 우려도 이후에 더 나왔으나, 요보호군 복지 수혜층의 성별로 보자면, 절대적으로 여성이 우세였다. 그러나 복지 혜택을 받을 '적절한' 대상의 성별이 뒤집혔다고 해서, 그러니까 외환 위기 기간 동안 직장과 가정을 잃은 남성 가장으로 추정된 'IMF 노숙자'를 긴급하게 특별보호 대상으로 지정하고 대대적인 구호 활동을 하였다고 해서, 대한민국에 만연한 성별에 따른 노동 분업까지 무너진 것은 아니었다. 남성은 가장이고 여성은 가사일을 돌본다는 성별에 따라 이원화된 노동 분업은 여전히 이성애를 기반으로 하는 규범적 가족주의에 따른 것이다.(Butler, 1990. Fraser, 1989. Koven · Michel, 1993. Mink, 1995. Sedgewick, 1990. Warner, 1993. Weston, 1991)

이런 가족주의는 특정한 가족 형태, 가족의 특정한 기능, 특정한 가족의 가치로 규정되는데, 이성애, 결혼을 통한 가족 형성, 직업과 주택 소유, 성별에 따른 노동 분업, ('사적', 그리고 '공공' 영역 모두에서 여성을 돌봄 제공 존재로 규정하는) 모성애를 중요하게 여기는 도덕을 특징으로 한다. 나아가 (신)자유주의적 시장 원칙은 규범에 부합하는 정상적인 가족 안에서 이뤄지는 성별에 따른 노동 분업을 동원함으로써 가장인 남성 노동자를 '자기 충족적'이고 '독립적인' 임노동자가 되도록 촉진했다.

이제 다시 이 책의 주제로 돌아가 복지 혜택자로서 적절한 시민과 규범적 정상 가족에 대한 담론을 구축하는 데 기여하는 사회적 주체가 정부 직원들로 제한될 수 없음을 밝히려 한다. (신)자유주의적 사회 통치는 노숙인 대책 같은 국가의 민주적 정책 결정 과정을 합법화하기 위해 시민 세력으로부터 나온 광범위한 사회적 합의 또는 도덕적 권위에 의존한다. 복지 혜택을 받을 대상을 규명해야 한다는 문화적 논리와 정치 논리는 대중매체, 학계, 시민사회 단체 활동가, 국가 엘리트를 통해 광범위하게 공유된다.

현장 연구를 수행하는 과정에서 많은 노숙자 쉼터 관리자가, 비정부기구에서 일하고 있다 하더라도 당시 팽배하던 보수적인 가족 이데올로기를 공유하고 있다는 사실을 발견했다. 노숙자 쉼터 관리자들도 비뚤어진 가정 상황 때문에 노숙인이 발생한다고 비난하거나, '정상적인 가족'을 노숙인을 예방하는 최상의 대책이라고 여겼다. 신문과 대중 포럼은 노숙인의 가장 큰 관심사가 가족 문제(27퍼센트)이고 취업(22.4퍼센트), 음식과 머물 장소(0.3퍼센트)가 그 뒤를 이었다고 보도했다.(서종권, 1999) 그리고 노숙인 대부분이 한 부모 밑에서 자랐거나 자신의 이혼, 미혼, 사별 등을 비롯한 취약한 가족 관계 때문에 괴로워하고 있다고 보도했다.[4]

이성애 결혼을 통해 이뤄지는 부부 관계에 특권을 부여함으로써 위 보도는 중년 남성은 홀로 살 수 없고 반드시 여성이라는 성적 파트너를 두어야 한다는 문화적 가정을 드러낸다. 가족 그리고 가족해체가 노숙 문제와 다른 사회문제의 원인으로 추정되었기 때문에 노숙인에게 도움을 제공하는 복지 기관은 다양한 재활 프로그램을 통해 보수적인 가족 규범을 창조하고 강화하려 했다. 가령 노숙자 쉼터는 배우자를 찾아 주고 합동 결혼식을 후원했으며 친척들과의 만남의 날을 주선하고 휴일에 가족이나 고향을 방문할 때면 차비와 선물을 제공했다.(〈노숙인다시서기지원센터〉, 1998. 2000)

이런 일은 노숙인에게 정상 생활로 재개할 의욕을 불러일으키려는 목적으로 이루어졌고 그 결과 사회 성원을 돌보는 기본 단위로서 특

---

4) 가족해체의 범주화는 여성 노숙인에 대한 최근의 보고서에도 여전히 나타나고 있다.(김광례, 2001. 김수현, 2001. 31, 45).

정적 가족 형태를 이상화했다.[5] 예를 들면, 노숙자 쉼터에 입소한 노숙인 사이의 결혼은 성공 사례로 제시되었고 정부의 고위 직원과 유명 정치인, 시민사회 지도자들은 갓 결혼한 노숙인 부부나 노숙인 가족이 머무는 제한된 몇 개의 노숙자 쉼터를 거듭 방문했다. 이를 통해 노숙인의 미래상 내지 노숙 문제의 해결책을 제시한 것뿐 아니라, 온정 있는 정부와 시민사회에 대한 홍보 역할을 했다.(《노숙인다시서기지원센터》 보고서, 1999) 이는 남성 노숙인과 여성 노숙인의 결합을 통해 이성애적 결혼을 기반으로 한 '정상적' 가족 창출 지향이 노숙 문제뿐 아니라, 국가 사회 위기 극복의 정치적 전략으로 쓰여졌음을 의미한다.

대한민국의 일부 학자들은 압축적인 근대화와 급속한 산업화와 연계된 사회문화적 취약성이 오랫동안 잠복해 있다가 IMF 위기로 인해 드러난 것이라고 지적했다.(장경섭, 1997. 1999. 윤택림, 1999) 어떤 면에서 보면 규율적인 가족 이데올로기가 대한민국 사람들에게 새로운 것은 아니다. 조선 후기였던 17세기 이후 가부장적 이성애 가족주의는, 조선 후기 17세기부터 두드러진 신유교 사상의 영향력 아래, 나랏님에 대한 충성심을 유지하는 데 핵심적인 역할을 해 왔다. (Deuchler 1992, Haboush 1991, Janelli · Janelli 1982) 또한 대한민국의 가족은 일제강점기, 한국전쟁, 개발 정권(1960년~1987년)을 거치는 동안 사회적 동원과 생존의 기본 단위로서 강화되었다.(권혁주, 1999) 심지어 민주화가 이뤄져 시민의 자유가 추앙받게 된 시대에도 가부장의 부재 내지 폭력으로부터의 모성보호라는 측면에서 여성의 권리가 촉진되었고, 가부장적 가정의 재생산 역할이 뚜렷하지 않은 혼자 사는 여성이나 자진해서 이혼하는 여성에 대한 관심은 희박했다.

웬디 브라운Wendy Brown이 정확하게 말한 것처럼 시민의 자유는 평등을 인식하지만 성별 분업과 여성성/남성성의 차이에 바탕을 둔 평등이거나 그런 차이에 대해 문제 제기를 하지 않는 선에서만 평등을 추구하는 '남성주의적 자유주의'를 근간으로 한다.(1995: 155~157) 특히 이상적인 부르주아 가족을 구성함에 있어 여성에게 배정된 돌봄 노동, 감정 노동은 자유주의의 핵심적인 토대를 이룬다.(Anagnost, 2000)[6] 이런 역사에도 불구하고, 대부분의 대중매체와 정책 사회 담론에서 가족해체를 대체로 IMF 위기의 산물이라고 제시하고 있다는 점을 지적해 둘 필요가 있다. 다시 말해 가정에서 어머니로서의 역할을 다하지 않거나 돌봄을 제공해야 할 책임을 다하지 않는 여성을 무책임하다고 비난하는 일이 IMF 위기를 겪는 동안 유례없는 방식으로 두드러지게 나타났다.

역으로 어머니로서의 책임을 다함으로써 가족의 결속력을 다지는 여성 주부는 칭송받았다. 1998년 9월 『한겨레』에 실린 논단의 기사는 존 스타인벡John Steinbeck의 『분노의 포도The Grapes of Wrath』를 소개

---

5) 『살림터 뉴스레터』(1999년 가을). 노숙인 쉼터가 주최한 합동 결혼식 사진이 표지 사진으로 등장한다. 또한 『살림터 뉴스레터』는 부부들이 연을 맺게 된 일화도 보도했다.
6) 앤 아나그노스트는 미국 중간계급 가정의 중국 아동 입양을 들어 감정 노동을 설명했다(2000). 아키코 다케야마(Akiko Takeyama, 2005, 2007)는 사랑을 상품화하는 일본의 '호스트 바'라는 전혀 다른 맥락에서 감정 노동을 설명한다.

하면서 대한민국의 IMF 위기와 미국의 대공황을 동일선상에서 설명하고 혹독한 시기 속에서도 가족의 결속력을 다지는 중심축으로서의 어머니를 강조했다.

심화되는 위기 의식이 우리 고유의 전통적인 가족 유대를 허물고, 가족과 친척 간 부양에 대한 도의적 책임감을 급속히 와해시키고 있다. (…) 노벨상을 받은 존 스타인벡의 소설 『분노의 포도』는 대공황 당시 거리로 쫓겨나 트럭에서 선잠을 자면서도 어머니를 중심으로 흩어지지 않기 위해 몸부림치는 실직 노동자 일가의 투쟁을 그리고 있다. 그들보다 더한 생존 위기로 내몰린 우리의 노동자 가정, 어머니들이 가정을 지키려 분발하는 모습을 기대해 본다. (「[아침햇발] 겨울은 오는데」, 『한겨레』, 1998년 9월 19일자)

사설은 모성의 힘으로 가족해체 담론에 드리운 불안과 공포를 극복할 수 있다고 말함으로써, 의무를 다하지 않는 어머니나 아내, 혹은 며느리에게 암묵적인 비난을 가하고 있다. 이처럼 '책임감 있는 어머니'라는 개념을 특권화하는 사회 분위기는 여성의 자기 고용을 촉진하기 위한 창업 지원금의 수혜 대상을 남성 가장이 없는 가구의 모범적인 어머니(실직 여성 가장)로만 한정하는 정부 정책과 상응한다. 창업 지원금은 점포 임대료 5천만 원(연리 9.5퍼센트), 지원 대상은 배우자의 사망, 이혼, 심신장애, 질병 등으로 가족을 부양해야 하는 경우, 또는 배우자가 궁박한 생활 등으로 가족에 대한 부양 의무를 회피하는 경우에 한정되었고, 생업 또는 영업 자금을 대부받았거나 노동 능력이 있는 남편이 장단기 실직 상태에 있는 경우, 부양 가족이 없는 단독 여성 세대주 등은 대상에서 제외된다.(유상건, 1998. 정용관, 1999)

그러나 이런 모범적인 어머니라도 가까운 남성 친척으로부터 재정보증을 받지 못하면 대출이나 혜택을 누릴 수 없었다. 어머니가 가족의 중심 인물로서 추앙받는 상황에서도 여성의 법적 적격성은 명백히 가부장적 구조에 얽매여 있었던 것이다. 뒤에 더 소개될 비슷한 예로, 가정 폭력 피해자로서 아이를 동반한 노숙 여성의 상황에서 법적 보호자가 아버지로 되어 있는 이상 아이들을 학교에 입학시키려면 아버지가 있어야 하고, 따라서 아버지 몰래 아이들을 학교에 등록시켜도 아이들의 아버지는 쉽게 아이들을 추적해 낼 수 있다는 문제도 있었다.

이 문제는 대한민국 여성주의운동이 왜 호주제 폐지 운동을 추진했는가와 연관된다. 호주제는 부계 혈통만이 가구주가 될 수 있다고 인식하고 부계 혈통 가구주에게 자녀에 대한 법적 권리를 부여한다. 가장인 남성이 부재할 경우 자녀에 대한 법적 권리는 부인이 아니라 가까운 남성 친족에게 넘어간다. 2005년 초 논란의 대상이었던 호주제가 여성계의 피나는 노력 끝에 법적으로 폐지되었다. 호주제 폐지라는 역사적 성취와 여성부(2005년 여성가족부로 변경되었다가 2008년 다시 여성부로 복귀) 신설은 IMF 위기 이후 대한민국 여성운동의 가장 혁혁한 성과라 볼 수 있다.

신자유주의적 기획은 가족 정책과 가족에 대한 통치를 핵심적인 도구로 활용해 독립적인 사회 구성원, 즉 국가에 의존하지 않는 국민을 형성했다.(Anagnost, 2000. Stacey, 2000) 청소년 범죄, 공중 위생 문제 같은 다양한 사회문제에 대응하는 과정에서 서구의 복지국가는 자유주의적 가치(스스로를 책임지는 자유로운 시민)를 장려하고, 규제되지 않은 사회 구성원에 대한 도덕적 책임을 져야 하는 자기 규제적 단위로서의 가족을 지원함으로써 규제자적 역할에서 매개자적 역할로 이행했다.(Donzelot, 1979. Foucault, 1991)

반국가 활동에 오랫동안 몸담아 왔던 시민사회 단체들도 의도하지 않았다 하더라도 정상적인 가족이라는 보수주의적 도덕 경제를 촉진하는 데 기여했다. 이들 역시 김대중 정부가 추구하는 생산적 복지에 비판을 가했지만 그 비판은 기본적으로 가난한 사람들에 대한 지원이 불충분하다는 비판으로 집약되었다. 하지만 대중매체와 복지 정책에서 보여 준, 가족해체를 모든 사회 위기의 원인으로 삼아, 가족의 결합을 해결책으로 삼는 방식에, 시민사회 단체들은 저항하지 않고 적극 협조했다.

가령 재야 세력은 IMF 위기가 시작된 이후 〈실업극복국민운동본부〉를 조직하고 대규모 기부 운동과 위탁된 기부금을 배분하는 자선 활동을 담당했다. 〈실업극복국민운동본부〉에서는 일제강점기 국채보상운동과 같은, 나라의 위기를 극복하고자 하는 민족주의적 정신을 되살려 '금 모으기 운동'을 실시했다. 당시 3대 방송 매체에서는 연일 금 모으기 운동을 보도했다. 넉넉지 않은 살림에도, 장롱 속에 깊이 간직해 두었던 아이들 돌반지나 결혼 반지를 가져오는 것을 감동스런 애국심으로 칭찬했고, 이는 비슷하게 외환 위기를 겪고 있던 주변 아시아 국가들 사이에서, 그리고 IMF에서 한국이 외환 위기를 현명하게 극복한 이유로 선양되기도 했다. 또한 〈실업극복국민운동본부〉가 벌인 자선 활동 가운데 '범국민 결연 운동'과 '겨울나기 운동'은 실업자에게 현금을 지원하고 음식을 제공하는 운동이었다. 이 두 가지 운동의 주요 수혜자는 극빈층으로 전락한 개개인보다는 주로 가족을 단위로 한 배분책이었다.

주목할 만한 점은, 그러한 재야 세력의 자선 활동 프로그램의 손발이 되어 현장에서 가족 단위의 혜택자들을 발탁하고 위로 방문하며 물품을 지급하는 역할을 여성 단체들이 맡았다는 것이다. 이는 당시 사회가 모성 이데올로기를 바탕으로, 여성 개인들뿐 아니라, (시민 단체 안의 역할 분담에서) 여성 단체 역시 재생산과 돌봄의 영역으로 배정했음을 시사한다. 여성과 여성 단체를 가정과 돌봄이란 영역으로 귀속시킨 사실은, 민주화 이후 여성주의 발화에 힘입어 전형적 성별 분업에 벗어나, 일하는 여성들에 대한 배려가 증가해 온 십 년의 움직임에 대한 반동이자 후퇴였다고 볼 수도 있겠다. 더불어 '생산적 복지' 체제 하에 여성들이 담당하는 '생산성'이란, 가부장적 가족 구성과 재생산을 위한 감정 노동과 돌봄 노동으로 인지됨을 보여 준다. 이는 웬디 브라운(1995. 149~157)이 언급한 자유주의적 정치 이데올로기 구축 과정에서 양분화된 성별 노동적 특성, 곧 남성 대 여성, 이성과 감정, 독립적 개인주의와 헌신적 돌봄 등이 필수 요건이었다는 것과 상통하는 것으로, 신자유주의적 복지 원칙과 보수 자유주의적 성차별적 이데올로기가 맞닿아 있음을 역설한다.[7] 백영경이 '저출산'과 '고령화'를 주제로 연구한 결과(「미래를 위협하는 현재」, 2006)를 보면, 여성 노동의 재사유화를 통해 성차별과 가족을 감시하는 자유주의적 정책이 IMF 위기 이후에도 고스란히 남아 있음을 알 수 있다.

내 박사 논문 현장 연구 사례에 쓴 것처럼 시민사회 단체 활동가들도 가족해체 담론을 통해 무심결에 도덕적 신자유주의 통치에 공모하게 된 방식을 보여 준다. 1999년 5월, 언론은 IMF 위기가 발생한 이후 가정 폭력 건수가 극적으로 증가했다고 하면서 그 통계 자료를 보도했다. 나는 여성 노숙인 같은 사회문제는 소극적으로 다뤄지는 반면 가정 폭력 같은 문제는 새롭게 부각되는 과정이 궁금했다. 이런 보도는 〈한국성폭력상담소〉와 〈여성의전화〉에서 제공한 정보를 바탕으로 이뤄졌다. 3개월 전 가정 폭력과 여성 노숙의 관련성을 조사하기 위해 같은 기관들에 전화를 걸었을 때 담당자들은 IMF 기간 사이 가정 폭력 건수의 증가나 그로 인한 여성 노숙 발현 등에 상관성을 발견하지 못한 것에 비해 많은 차이를 보여 주는 보도였다. 당시 그중의 한 담당자는 전화에서 이렇게 말했다.

"IMF 위기가 가정 폭력에 영향을 미친 사례를 아직 보지 못했습니

---

7) 여성의 감정 노동이 미치는 정서적 가치는 마우리치오 라자라토가 포스트 포드주의의 특성으로서 논의한 비물질적 노동과 유사하다. 이탈리아 마르크스주의자들은 노동과 비노동의 흐릿한 경계에 초점을 맞춤으로써 마르크스주의를 확장하고 재해석했지만 여성이 수행하는 정서 노동의 역사적 측면은 외면시한다. 신자유주의가 감정 노동의 가치를 발전시켜 나간 과정은 흥미롭다. 의사소통 및 사회적 관계를 맺는 기술을 부각하는 포스트 포드주의 시대에 걸맞은 노동의 특성과 성차별적인 감정 노동의 가치 사이의 관계를 조망하는 후속 연구를 통해 이 문제를 다뤄 볼 생각이다.

다. 모두가 IMF에 대한 이야기만 해서 불만이 많습니다. 가정 폭력은 IMF 위기와는 아무런 상관이 없습니다. IMF 위기가 닥치기 오래 전부터 있어 온 일인데 왜 사람들이 가정 폭력 문제를 IMF 위기 같은 사회적 조류와 연결시키려 하는지 잘 모르겠어요. 그리고 피해자 여성과 상담하면서 IMF 위기로 인한 가정 폭력의 희생자인지 아닌지 물어볼 수도 없고요."

그런데 이런 여성 시민 단체들이 불과 몇 달 만에 IMF 위기와 가정 폭력이 매우 밀접하게 연결되어 있다는 입장으로 태도를 확 바꾼 것이다. 이런 변화는 〈실업극복국민운동본부〉가 해당 여성 시민 단체에 '겨울나기 운동'을 맡기고 그에 필요한 자금을 지원하는 과정에서 여성 시민 단체들의 사회 부조에 대한 입장을 좀 더 IMF 위기와 관련시켜 생각하도록 만들었을 가능성이 짙다. 하지만 이런 가운데 가정 폭력의 증가는 '겨울나기 운동' 등이 가족해체 담론과 가족주의에 신빙성을 실어주는 데 일조한 반면, 이를 여성 노숙의 배경으로 이해하거나, 또는 전반적으로 노숙 문제를 남성의 이슈로만 밀고 가는 사회 여론에 반론을 제기하는 데는 힘을 싣지 못했다.

이런 식으로, 다양한 사회적 행위자들이 가족해체 담론에 개입하고 참여하며 관련된 사회문제들을 해석하는 방식이 당시 규범적 복지 정책 담론과 상조하게 되었다. 여성운동 차원에서 보자면 IMF 위기가 도래하기 전, 여성주의 입장이 꼭 여성 문제를 가족과 분리해 왔다고는 할 수 없으나, 가족해체 담론이 우세해진 1998년과 1999년은 여성운동 역사에서 의미심장한 해라 할 수 있다. 보수주의적이고 집합주의적인 가족 이데올로기가 부활해 십여 년 넘게 가정이라는 영역에서 사유화된 여성의 독립을 쟁취하기 위해 투쟁해 온 여성운동이 발목을 잡혔다고 볼 수 있기 때문이다. 국가 위기라는 명목으로, 여성과 여성 세력을 다시 사적 영역으로 제한해 버린 신자유주의 정치경제와 도덕적 담론 체계가 주범이라 할 수 있겠다.

더 나아가 전반적인 시민사회의 역할에 대해서도, IMF 위기에 대한 대응이 다양한 사회 세력 사이의 '공모'와 '음모'에 의해 진행되었다라고 말할 수는 없을 것이다. 국가적 비상사태라는 조건은 시민 세력에게 사회 정책 시행에 참여할 최적의 맥락을 제공했다. 김대중 정부가 앞서 밝힌 바와 같이, 민관 협력을 앞세우며 시민사회 비정부기구와의 협력 관계를 적극적으로 강조했기 때문이다. 따라서 반독재 운동 시절부터 최소한의 정부, 그리고 민중/시민의 자유가 민주주의 사회라고 여겨 온 이들에게, IMF 위기는 비상사태인 동시에 본격적으로 주어진 시민 정부 구축의 기회였다. 하지만 신자유주의 정치경제는, 사회위기를 안정시킨다는 이유로 보수적 가족주의, 모성주의 담론을 활용했고, 그로 인한 성별 노동 분업, 특히 여성을 가정 안 돌봄 노동의 주체로 만드는 데 결정적인 기여를 했다.

다시 서울역 광장으로

1998년에 서울역 광장을 방문했을 때 복지의 대상을 공간적으로 구

사진 7 서울역 광장에 있는 파출소와 옛 〈여성 복지 상담소〉.

사진 8 폐쇄된 〈여성 복지 상담소〉. 간판을 떼어냈다.

사진 9 옛 〈여성복지상담소〉에 노숙자 무료 진료소가 들어서 있다.

축하는 과정에도 여성 복지 주체를 부차화시킨 측면이 있음을 알 수 있었다. 파출소는 서울역 광장의 남동쪽 끝에 자리 잡고 있었다.(사진 7 참고) 파출소 건너편에는 〈여성복지상담소〉라는 간판을 단 작고 낡은 1층짜리 건물이 있었다.(사진8 참고) 〈여성복지상담소〉의 기능에 대해 알고 싶었지만 문이 굳게 닫혀 있었다. 주변을 돌아다니다가 파출소 밖에서 담배를 피우고 있는 경찰관과 마주쳤다. 그 경찰관은 노숙인으로 가득한 광장 쪽을 바라보고 있었다. 마치 마을 입구에서 별다른 할일없이 담배를 피우면서 이웃들의 일상생활을 조용히 관조하는 노인 같았다.

〈여성복지상담소〉가 일시적으로 문을 닫은 것인지 묻자 그 경찰관은 몇 달째 닫혀 있었다고 말해 주었다. 그 경찰관은 (〈여성복지상담소〉의 유일한 직원인) 여성이 파출소에 음식을 가져오곤 했는데 아무런 말도 없이 어느 날부터 모습을 보이지 않더라고 설명했다. 〈여성복지상담소〉 직원이 이따금 방문하는 일을 긍정적으로 생각하고 있었던 모양인지, 그 경찰관은 그 직원을 갑작스레 보지 못하게 되어 당황스러운 기색이었다. 직원이 나타나지 않게 되고 얼마 지나지 않아 〈여성복지상담소〉도 문을 닫았다. 이유는 모른다고 했다. 나는 〈여성복지상담소〉가 서울역이 위치한 구청에서 운영하는 기관이라는 사실을 알게 되었다. 무슨 일이 있었는지 알아보려고 구청에 전화를 걸었고 여성과 가족 복지를 담당하는 유일한 직원이 해고되었다는 사실을 알게 되었다. 그 자리는 1997년 김영삼 정권이 새로 만든 자리였다.[8] 해고 당한 여직원은 바로 그 경찰관과 안면이 있었던 〈여성복지상담소〉 직원이었다. 구청 직원이었는데도 해고당했다는 것은 그 여직원이 국가와 지방정부에서 추진한 자발적 퇴직(명예퇴직)으로 직장을 그만두었다는 의미였다.

기업, 금융, 정부의 구조 조정을 조건으로 한 IMF 구제금융을 받은 뒤, 서울시도 행정 체계를 '구조 조정'하라는 압력에 시달리고 있었다. 효율성이라는 새로운 기준에 부응하기 위해 서울시 정부는 실적이 좋지 않거나 꼭 필요한 일이 아니라고 여겨지는 업무를 보는 공무원을

---

8) 여성 복지 상담사라는 직책은 김영삼 정권(1993년~1997년) 말기에 가정 폭력 방지와 피해자 보호를 목적으로 하는 법률과 더불어 신설되었다.

임시 부서로 옮기거나 짧은 기간 동안 여러 부서로 이동하게 하는 과정에서, 자진 퇴직하게 되거나 해고를 감행했다. 위와 같은 경우는, 여성 복지 부서를 담당하는 직원이 유일함에도 불구하고 그 직원을 해고한 뒤, 후속 담당 직원을 교체하기는커녕 부서 자체를 없앤 것이었다. 해고된 직원이 여직원이었던 것뿐 아니라, 그 부서가 여성 복지였다는 것이 당시의 〈농협〉 사건과 같은 성차별적 임노동시장을 대변한다.

한편 중앙 부처인 보건복지부의 여성 정책관은 각 지방 자치 정부의 여성 복지 행정 및 복지 부서 내 성차별에 대해 감독하는 지위에 있음에도 그런 일이 일어나는 과정에서 배제되고 보고받지 못했다. 나중에 그 말을 전해 들은 그 여성 정책관은 한숨을 쉬며 "우리는 〔서울시와 구청 같은 지방자치기관에〕 여성 근로자를 차별하지 말라고 반복적으로 권고했습니다. 특히 공공 부문에서 일하는 사회복지사에 대한 차별이 없도록 하라고 말했어요. 그러나 보시다시피 권고를 따르지 않습니다."

해당 구청 사회복지 부서 직원들을 만나 IMF 위기로 가난해지거나 거리로 나서게 된 극빈 여성한테서 전화를 받은 일이 있는지, 또 정부가 지원하는 여성 노숙자 쉼터에 대해 알고 있는지 물었다. 하지만 내가 만나 본 사회복지사들은 아무런 정보를 가지고 있지 않았다. 〈여성복지상담소〉의 유일한 직원이었던 해고당한 노동자가 그런 정보를 수집하고 관리할 책임을 지고 있었던 유일한 직원이었기 때문이었다. 여성에 대한 사회복지 서비스를 제공하는 공간은 서울역 광장의 외곽으로 밀려나 있었을 뿐 아니라 (191쪽 사진 7 참고) 그곳에서 일하는 유일한 노동자마저 사라지고 말았다. 게다가 그 직원과 함께 〈여성복지상담소〉가 지원했던 여성에 대한 모든 기록도 사라지고 말았다.

2001년 10월 서울역 광장을 다시 찾았을 때 〈여성복지상담소〉로 사용되었던 건물에는 종교 단체가 운영하는 노숙인 무료 진료소가 들어서 있었다.(192쪽 사진 9 참고) 구청에서 운영하는 건물의 명칭과 기능이 '여성'에 대한 서비스에서 '노숙인'에 대한 서비스로 변경되었다는 사실은 매우 중요한 의미를 지닌다. 앞에서 모성 이데올로기가 뒤집혀 작용한 부분을 보여 주며 언급했듯이 연이은 두 복지 정권이 집중 구호의 대상으로 삼은 집단이 달라진 것이다. 곧 김영삼 정부까지의 이전 복지 정권은 여성과 어머니를 구호의 우선 대상으로 여겼던 반면 김대중 정부가 세운 최초의 복지국가 정권은 남성 노숙인으로 대체했다. 하지만 집중 구호 대상의 변화에 상관없이, 과거 〈여성복지상담소〉였을 때와 마찬가지로 노숙인 무료 진료소 역시 낮 동안 상주하는 직원이 없었다. 굳게 잠긴 채 서 있는 건물은 낡은 상태 그대로여서 새 단장을 통해 급속하게 변모된 서울역 광장의 나머지 공간과 큰 대조를 이뤘다.

서울역 광장의 끄트머리에서 보여진 우선순위 구호 대상의 변화는, 외환 위기 기간에 일어난 여성의 영역을 사적 공간으로 제한함으로서 여성 노숙인을 비가시화하고 여성 노동자들을 일터에서 몰아낸 신자유주의적 전략을 보여 준다. 이는 앞에서 우의적인 의미를 엮어 본 최인훈의 『광장』(1960)의 맥락에서 볼 때 자유주의적 이념의 양분화된 성별적 공간, 곧 공적/사적 영역을 재현한다. 거리에 나오는 게 이해되는, 그래서 가시화되는 남성 노숙인과, 집 밖으로 나오는 게 용납되지 않는, 그래서 비가시화된 여성 노숙인 사이의 차별성, 그리고 그에 따라 국가나 사회적 지원을 받을 자격이 있는 사람을 골라 냈던 과정은 대한민국에서 증폭된 신자유주의적 통치가 성차별화를 동반했음을 보여 준다. 『광장』에서 자유주의 이데올로기와 사회주의 이데올로기가 경쟁을 벌이는 지식인의 공간은 남성 주인공만이 머무를 수 있는 배타적 공간인 반면 여성 주인공인 윤애와 은혜는 마치 이데올로기적 공간의 희생자는 오로지 지식인 남성 뿐인 양 이데올로기의 싸움에서 도망치고 싶어 하는 남성 주인공에게 육체적·정서적 안식을 주기 위한 존재로서만 등장한다. 『광장』에서 여성 인물의 특징은 사적 공간, 비정치적 공간, 성애의 공간, 정서의 공간을 상징하는 동굴의 이미지와 동일 선상에 놓여지거나 포개지는 반면 『광장』의 기본 공간인 광장은 남성적 공간을 상징하고, 공공성, 정치성, 이성성을 대변한다.

『광장』의 공공 공간과 유사하게 민주주의를 향한 대한민국의 열망을 드러냈던 (또는 드러내기 위한 장소로 사용되었던) 서울역 광장은 다양한 사회적 성원들을 자유롭게 하면서 동시에 침묵하게 만들기도 했으며, 이 과정은 양분화된 성차적 공간성과 깊숙이 연루되어 있었다. 소설 『광장』의 이명준이나 외환 위기 당시 서울역 광장에서 머문 남성 노숙인들은, 거대 정치경제적 흐름에 대응하거나 대항하는 과정에서 생겨난 희생자이자 시대의 주인공으로 떠올랐다는 공통점을 지닌다. 동시에, 같은 시대 또다른 피해자들인 여성 주인공들과 여성 노숙인들은 공적 영역에서 비가시화되고 침묵된 주체들이었다.

대한민국 여성 복지 정책의 역사

대한민국 사회 정책 일반, 구체적으로는 여성 지원 정책의 역사에 대해 이해하는 것이 여성들이 거리, 기도원, 위기에 처한 여성을 돕는 쉼터로 내몰리게 된 맥락을 이해하는 데 도움이 될 것이다. IMF 위기 이전 대한민국의 복지 시스템은 산업재해보험, 국민건강보험, 공공 부조 프로그램, 국민연금 프로그램이라는 네 가지 복지 프로그램을 뼈대로 구축되었다.(권혁주, 1999. 24) 산업재해보험은 1964년 의무 프로그램으로 도입되었고 1990년에는 노동자의 41퍼센트가 산업재해보험에 가입되어 있었다. 국민건강보험은 1965년 시범 도입되어 1977년 의무 프로그램이 되었고 1989년 보편 프로그램으로 발돋움했다. 공공 부조 프로그램은 1965년에 시작되었고 국민연금 프로그램은 1988년에 도입되었다.

더 너른 복지 구조라는 측면에서 볼 때 아시아 외환 위기와 더불어 정부가 바뀌면서 개혁에 초점을 맞춘 복지국가가 성립되었다. 피상적이고 파편적으로 발전되었던 이전 복지 시스템에 비해 김대중 정부가 도입한 비상 복지 체제는 비교적 구체적이고 균형 잡힌 복지국가 계획을 수립해 신속하게 시행했다. 김대중 정부는 기존의 사회복지 프로그램을 활성화했을 뿐 아니라 대규모 복지 프로그램을 대폭 변경했다. 특히 건강보험, 국민연금, 고용보험은 거의 보편화되어 사회복지 관련 인력을 대폭 충원하고 재정을 지원해야만 하게 되었다. 사회의 다양한 이해 관계자들(가령 〈의사협회〉와 〈약사협회〉, 지역 건강보험 기관과 민영

건강보험 회사, 납세자와 정부[송호근, 2003. Wong, 2004]) 사이에 갈등이 빚어지기도 했지만 서비스 분배 체계는 사실상 재구성되었다.

사회복지 제도가 이와 같이 상당한 수준으로 발전했음에도 가족 구성원에게 경제적 안전과 복지를 제공해야 하는 것으로 여겨지는 단위인 가족의 책임은 하나도 줄어들지 않았다. 오히려 IMF 위기를 거치는 동안 가족해체 담론이 등장해 가족의 책임과 의무를 더 강화시키는 경향을 보였다.(앞 장 참고) 그러나 김대중 정권은 포괄 범위를 최적화하는 비용 효율적인 복지 시스템, 이름하여 생산적 복지를 내세우면서 경제적 번영과 복지사회라는 두 가지 목표에 모두 주목하겠다고 천명했다.

'현금 수혜' 라는 이름이 붙은 공공 부조 프로그램은 실질적인 확장이 이뤄지지 않았을 뿐 아니라 달라진 것도 거의 없었다. 비상 수단으로 노숙인 대책이 더해졌지만 여전히 소득 조사를 바탕으로 서비스가 이뤄졌다. IMF 위기가 발생하기 전 공공 부조 프로그램은 줄곧 보조금을 받을 수 있는 적법한 집단(가령 참전용사, 어린이, 남성 가장이 없는 홀어머니, 장애인, 청소년, 노인)을 확대하는 데 치중해 왔다. IMF 위기를 거치는 동안 극적으로 확대된 고용보험은 (5인 이상의 노동자가 일하는 소규모 사업장 노동자까지 포괄하기 시작했지만) IMF 위기가 일어나기 오래전부터 시행된 것이 아니었기 때문에 IMF 위기가 발생한 직후 중소기업에서 해고된 노동자들은 혜택을 받을 수 없었다. 게다가 임시직이나 시간제 노동자는 고용보험 적용 대상이 아니었다. 이는 비정규직과 불안정한 직업에 종사하는 노동자의 대부분을 차지하는 여성에게 막대한 영향을 미쳤다.

소득 조사를 바탕으로 저소득층에게 복지 혜택을 제공하는 공공 부조 프로그램은 소득 능력에 따라 수혜자를 네 가지 범주로 나눈다. 첫 번째 범주에는 노령, 정신 장애, 미혼모, 가정 폭력 및 성폭력 피해자, '부랑인' 같이 소득 능력이 전혀 없고 (일시적 또는 반영구적인) 공공 주거 시설에서 생활해야 하는 사람들이 포함된다. 두 번째 범주에는 소득 능력은 없지만 자기 집에서 생활하는 사람들이 포함된다. 세 번째 범주에는 노동하는 빈곤층으로, 소득이 있지만 빈곤에서 벗어나지 못하는 사람들이 포함된다.[9] 자녀를 둔 홀어머니나 성매매로 경찰에 체포된 여성도 세 번째 범주에 속한다. 마지막 네 번째 범주에는 무료 진료를 받는 사람들이 포함된다. 원칙적으로 첫 번째와 두 번째 범주에게는 매월 소득 지원(2008년 1인 가구 기준 36만 8,000원, 4인 가구 기준 약 105만 6,000원)이 이뤄진다. 세 번째 범주에게는 수혜자의 소득과 최저생계비의 중간에 해당하는 금액이 지원된다. 네 범주 모두에게는 제한적인 의료 지원과 중등교육 수준까지의 자녀 교육 지원이 이뤄진다.[10] 그러나 첫 번째 범주에 속하는 가장 적합한 수혜자 대부분은 현금 수혜를 제대로 받지 못한다. 현금 수혜와 의료 및 교육 지원에 대

---

9) 국민기초생활보장법에 따르면 18세에서 65세 사이의 국민은 정신적 · 육체적 장애가 없는 한 누구나 소득 능력을 가지는 것으로 가정된다. 2004년, 노동하는 빈곤층은 월소득이 1인 가구 기준 36만 8,000원, 4인 가구 기준 105만 6,000원에 못 미치는 사람을 의미했다. 그것이 공식적인 월 최저임금이었다. 2008년 노동부가 발표한 최저임금은 226시간에 85만 2,020원이었다.

10) 1987년부터 이 프로그램은 네가지 범주 모두에 속하는 아동에 대해 상업고등학교 등록금까지 포괄하게 된다.

한 정보가 널리 알려져 있지 않기 때문이다.

　무엇보다 세 번째 범주에 속하는 사람들(노동하는 빈곤층)에게는 직업훈련 프로그램, 식료품 지원, 가족수당을 받을 자격이 기본적으로 주어지고 직업훈련을 받은 뒤 일자리를 구하는 전환기 동안에는 추가 수당을 받을 자격이 주어진다. 직업훈련 프로그램 참여자는 1980년대 말까지 늘어나다가 이런 형식의 직업훈련 프로그램(가령 미숙련 블루칼라 노동, 더럽고 어렵고 위험한 3D 직종, 미싱사, 재봉사, 요리사, 은행원같이 성별에 따른 전형적인 직업)에 대한 인기가 시들해지면서 1990년대 들어 줄어들었다. IMF 위기를 거치는 동안 정부가 내놓은 실업 대책 중 가장 특징적인 대책 가운데 하나였던 직업훈련 프로그램은 도입될 당시부터 엄청난 비판에 직면했다.

　신청 절차는 두 단계로 이뤄져 있다. 첫 번째 단계는 잠재적 수혜자가 나서서 자신이 수혜 대상이라고 신청하는 단계다. 그러면 지역의 최소 행정 단위인 동사무소에서 신청서를 접수하고 수혜 대상 여부를 확인한다. 그러나 빈곤 계층과 문맹자들은 공공 부조 프로그램의 존재에 대해 거의 인지하지 못하고 있었다. 따라서 사회복지사나 지방 정부의 공무원과 주민 사이에 이뤄지는 공식적인 접촉이 수혜자 신청과 수혜 대상 확인에 중요한 역할을 담당했다.[11]

　특히 숨어 지내기 위해 여기저기 옮겨 다니며 지내는 여성 노숙인의 경우 이와 같은 자원 연계망에 거의 접근할 수 없었다. 대대적으로 홍보하고 여성 노숙인을 위한 장기 쉼터를 통해 체계적으로 지원하지 않는 이상 정처 없이 떠도는 여성에 대한 지원이 이뤄지기란 거의 불가능하다.[12] 심지어 신청에 성공한 사람이라도 주어지는 현금 수혜는 생존하기에 턱없이 부족한 금액이다. 네 가지 범주가 정해져 있었지만 자격이 있는 수혜자 가운데 일부는 중복 지원을 받기도 했다. 가령 자녀를 둔 가난한 홀어머니와 성매매로 경찰에 체포된 여성은 공공 주거 시설에 머물 기회를 제공받거나 (성매매 여성의 경우) 의무 입소했다.

IMF 위기 이전의 공공 부조 프로그램이 성차화된 성격을 띠었다는 사실을 기록해 두는 것은 중요하다. 덕분에 여성은 모성주의적 사회 정책에 의해 추가 보호를 받았다.[13] 이 때문에 공공 부조 정책만이 이 책에서 유일하게 모성주의적 정책으로 인식되는 것이다. 그러나 그와 동시에 공공 부조 정책은 가부장적 온정주의 성격도 띤다. 국가의 복지 혜택이 대부분 남성 가장이 없는 여성 가장 가족에게 집중되었기 때문이다.[14] 그러나 IMF 위기를 거치는 동안 그렇지 않아도 약한 사

---

11) 노무현 정부(2003년~2008년)는 노동하는 빈곤 지역 사회 몇 곳을 지정해 학교 상담사라는 임시직을 신설했다. 상담의 대상이 된 목표 집단은 학교 학생이지만 학교 상담사는 교사와 학부모들을 교육시키고 학교를 지역의 기관과 연계시키는 역할을 담당했다.(이혜영, 2006)

12) 정부는 〈여성긴급상담전화〉를 운영했다.(전화번호 1366) 그러나 위기에 처한 여성을 돕는 모든 쉼터는 그 종류를 불문하고 입소 기간에 제한(2개월에서 9개월)이 있었다. 〈꽃동네〉는 예외다. 정신적, 신체적 장애로 오갈 데 없어진 장애우가 모여 살기 시작하던 것이 지금은 〈노숙인 재활원〉으로 명칭이 바뀌었다.

13) 대한민국의 모성주의적 사회 정책의 기원은 일제강점기의 영향으로 추정된다. 국가를 불문하고 전후에는 전쟁 미망인에 대한 보호가 이뤄지는 것이 보통이었다. 아야 에자와Aya Ezawa에 따르면 일본 제국주의 체제는 1910년 모성보호법과 아동보호법을 도입했다.(2007) 거의 같은 시기인 1911년 대한민국에도 모성 및 아동보호법이 도입되었다. 대한민국, 일본, 기타 동아시아 국가들에서 시행되는 모성주의적 정책에 주안점을 두고 사회 정책의 역사에 대해 탐구해 보는 것도 흥미로울 것이다. 한국전쟁 이전 대한민국 사회 정책의 역사에 대한 연구는 거의 없다.

14) '모성주의' 국가 대 '가부장주의' 국가에 대한 여성주의 논쟁에 대한 논의는 3장을 참고하라.

회 정책의 기반이 흔들리자 생산적 복지는 정규적인 수혜 집단을 추가하는 대신 공공 부조 프로그램의 대상이 되는 성차화에 변화가 생겼다. 기존의 여성 중심적 공공 부조 정책과 남성 중심적 실업 급여 프로그램은 IMF 위기를 거치면서 등장한 노숙인 대책을 통해 변형되었지만 노숙인 대책은 기본적으로 남성을 위한 정책이었으므로 위기에 처한 여성의 수가 증가했음에도 그들에 대한 지원은 확대되지 않았다. 대한민국 정부는 공공 부조 프로그램의 대상이 되는 정규적인 수혜 집단을 확대하는 대신 비상 복지 정책을 시행했다. 다시 말해 대한민국 정부는 국민의 기초생활을 보장하기 위해 공공 부조 프로그램을 확대한 것이 아니라 비상수단으로 도입한 공공 근로 사업(곧 노동 복지)에 자금을 지원하는 방식을 선택했던 것이다.

필요-발언

가족해체 담론이 신자유주의 복지 정책에 미친 영향을 탐색하는 데는 여성 노숙인에 대한 편견이나 정형화된 이미지를 살피는 것이 도움이 된다. 이들은 고용 가능성과 재활 의지에 따라 'IMF 노숙자'와 '부랑자'로 구분되었던 남성 노숙인들과 달리, 애초에 적절한 복지 대상자로 분류될 가능성이 거의 없었다. 집을 나와 길거리를 서성이는, 어머니도 아니고 아내도 아닌 여성 노숙인은 어딘가 정신이 이상하거나 윤리적으로 문제가 있는 존재로 여겨졌고, 때로는 아예 '없는' 존재 취급을 받았다. 다양한 지식 매개자와 사회공학 실행자들의 담론이 가족 이데올로기를 강화하는 데 참여함으로서 여성 노숙인을 '보이지 않는 존재'로 만드는 데 기여했다. 여성 노숙인의 현실에 어떻게든 개입해 온 노숙자 쉼터 관리자와 서울시 직원들과의 담화가 이를 입증한다. 이들의 내러티브는 낸시 프레이저의 '필요-발언'을 통해 분석하고 논의할 것이다. 프레이저의 이론은 복지 혜택을 받을 자격이 있는 시민의 경계를 묘사하고 복지 정책 수립에 관련된 다양한 행위자 사이에 나타난 여러 입장 및 동학을 설명하는 데 특히 유용하므로 좀 더 깊이 있는 설명이 필요하다.

낸시 프레이저는 미국 사회복지 시스템을 성차별과 관련된 불평등한 두 가지 하위 시스템으로 구분한다. 실업수당은 드러내지 않더라도 '남성적'인 사회보험의 하위 시스템으로 기본적으로 임금노동 하는 인구에 연계되고 백인 남성 가장들이 주 혜택자다. 반면 모성 수당은 명백하게 '여성적'인 사회 구호 하위 시스템으로 최저소득층에 자리잡은 주부와 어머니, 그리고 그들의 '결손' 가정을 겨냥한 혜택이다.(1990. 208. Kingfisher, 2002. 15도 참고) 낸시 프레이저는 국가 보조금을 받는 여성은 필요가 끊이지 않는 의존적인 존재로 간주된다는 점을 들어 복지 정책에 매우 성차별적인 가정이 반영되어 있다고 주장한다. 그런 성차별적 가정 중에서도 특히 중요한 것은 여성 노동을 (무임금인) 가사 영역에 국한된 것으로 취급한다는 것이다. 더불어 낸시 프레이저(1990. 213)는 이런 식의 '필요'에 대한 다양한 해석을 사회 활동가(대립적 구도), 행정 공무원(성차별적 재사유화 관점), 전문가(전문적 입장) 같은 사회 다양한 사회적 행위자들의 위치에 연계시킨다.

아래 분석은 낸시 프레이저의 필요 발언 분석 틀을 복지 혜택을 받을 자격이 있는 대상 형성과 노숙인 대책 수립 과정에 참여한 다양한 행위자의 입장에 응용하는 것으로 출발한다. 그러나 낸시 프레이저의 접근이 대한민국이라는 맥락에 완벽하게 들어맞는 것은 아니다. 우선 낸시 프레이저의 논의는 사회보험 하위 시스템을 남성적인 것으로 간주하고 사회 구호 하위 시스템을 여성적인 것으로 간주하는데, 이 주장은 IMF 위기를 거치는 동안 대한민국에 존재했던 복지 시스템을 묘사하기에 부적절하다. IMF 위기를 거치는 동안 대한민국에 존재했던 복지 시스템이 IMF 위기를 겪기 이전(1980년대 후반에서 1990년대 중반)의 복지 시스템, 즉 대기업에 다니는 남성 노동자에게 실업수당을 제공하는 복지 시스템을 반영하고 있었던 것은 사실이지만 대한민국의 복지 시스템은 IMF 위기를 거치는 동안(1997년~2003년) 상당한 변화를 겪었다. IMF 위기를 거치는 동안 임금노동자였던 남성은 국가 보조금의 전례 없는 수혜자가 되었다. 전례가 없다는 말은 대한민국 역사상 최초로 복지 제도가 보편화 되었을 뿐 아니라, 그런 역사적 순간에 수혜자들의 성별화가 두드러지게 되었는데, 이는 남성들이 실업수당을 통해서든, 노숙인 구호를 통해서든, 한부모 가족 구호를 통해서든, 대대적인 수혜자로 등장했기 때문이다.

하지만 대한민국 남성은 사회 구호의 대상이 되었음에도 낸시 프레이저가 말하는 미국 여성과 같이 계속 손만 벌리는 존재로 여겨지지 않았다. 동시에 대한민국의 최초 복지국가는, 낸시 프레이저의 미국 맥락의 복지 시스템이 생산해 내는 성별 이데올로기와 별다르지 않는, 남성이 밥벌이하는 가장이고 여성은 내조하는 주부라는 이원론적 양산을 띠고 있다.[15] 국가 상황에 따라 다양한 방식으로 성차에 대한 개념이 적용되었을 것임에도 불구하고[16] 빈곤한 처지에 있지 않은 이들은 주로 남성 임금노동자들로서, 자기 조절이 가능하고 독립적인 주체로 보는 반면, 구호 대상 여성들처럼 빈곤한 처지에 있는 이들은 바라는 것만 많고 타인과 국가에 의존적인 주체로 간주하는 등의 공통점을 보인다. 이는 성차적 의식이 신자유주의적 복지 정책에 주춧돌 역할을 했음을 보여 준다.(Brown, 1995. Smith, 2007. Smith, 1990. Kingfisher, 2002에서 인용.)[17]

---

15) 미국 복지의 역사와 성차별의 관계에 관해서는 다음을 참고하라. Fraser, 1989. Gordon, 1990. 1994. Skocpol, 1992. 성차별과 복지국가 체제를 비교한 연구는 다음을 참고하라. O'Connor, Orloff, and Shaver 1999, Sainsbury, 1999. 서유럽과 북아메리카라는 맥락을 넘어서 성차별과 복지국가를 다룬 여성주의 문헌도 점점 늘어나고 있다. 동유럽 국가에 관해서는 Gal and Kligman, 2000a. 2000b을 참고하고 동아시아 국가에 대해서는 Peng, 2003. 2004를 참고하라.

16) 조앤 파사로Joanne Passaro의 연구를 통해 동일한 성차별적 가정이 미국의 노숙인 정책에서는 다른 방식으로 적용되었다는 사실을 알 수 있다.(1996) 일단 거리에서 쫓아내면 더 쉽게 재활할 수 있다는 가정에 따라 여성 노숙인은 정부의 지원을 받을 자격이 더 많은 존재로 간주되었다.

17) 신자유주의적 복지 시스템을 성차별과 관련 지어 연구한 인류학자들이 있다. 캐서린 킹피셔 Catherine Kingfisher가 엮은 『서구 복지의 쇠락Western Welfare in Decline』이 대표적이다. 낸시 프레이저Nancy Fraser, 앤 숄라 올로프Ann Shola Orloff, 줄리아 오코너Julia O'Connor, 다이앤 세인스버리Diane Sainsbury가 분석한 북아메리카, 유럽, 오스트레일리아, 뉴질랜드 각국의 복지 시스템에 나타난 성차별을 바탕으로 킹피셔는 여성의 부담이 증가하고 있다는 결론을 내렸다. 킹피셔는 이렇게 썼다. "오늘날 이뤄지고 있는 복지국가의 재구조화는 (…) 표면적으로는 대부분의 개혁이 '개인'으로서의 여성의 역량을 지지하는 버팀목으로 기능하도록 설계된 것으로 나타나지만 사실 그런 개혁은 '사회권을 요구하고 활용할' 여성의 역량을 훼손하는 데 기여할 가능성이 높다.(Kingfisher, 2002. 11)

낸시 프레이저의 분석 틀을 대한민국이라는 맥락에 적용함에 있어 나타나는 또 다른 한계는 낸시 프레이저가 필요의 해석에 영향을 미치는 사회적 행위자들의 견해를 비교적 정적으로 묘사한다는 것이다. 이 책은 대한민국의 사회 활동가들의 입장이 단순하게 '대립적 구도'를 취했다거나 대한민국 행정 직원들 모두가 '성차별적 재사유화 관점'을 지니고 있다고 제시하지 않는다. 오히려 나는 인터뷰에 응했던 대한민국의 사회 활동가들과 노숙자 쉼터 관리자들의 입장이 모호하고 애매했으며 그들의 입장이 사사건건 서울시 공무원들의 입장과 대립했던 것도 아니라는 사실을 부각시키려 한다. 그런 모호하고 애매한 입장에도 불구하고, 이 책은 다양한 사회 활동가들의 담론과 다양한 행정 직원들의 언설이 어떻게 취업 가능성과 재활에 큰 의미를 부여하는 신자유주의적 복지 정치와 사회문화적 에토스 안으로 포섭되어 갔는지 분석하려 한다.

두 여성 노숙인의 증언

본격적으로 사회공학 실행자들의 담론 안에 들어가기 전에 내가 잠깐 만났던 김 씨와 박 씨라는 두 여성 노숙인의 이야기를 해 보겠다. 그들의 이야기는 뒤이어 나오는 서울시 직원들과 노숙자 쉼터 관리자의 발언을 프레이저의 분석 틀에 따라 해석할 때 참조점이 되어 줄 것이다. 두 여성 노숙인의 이야기가 모든 여성 노숙인을 대변하는 것은 아니지만 여성 노숙인에 대한 연구가 간접 연구나 단기 연구(〈서울 청 년여성실업대책 모니터링 팀〉, 1999a. 김광례, 2001. 김수현, 2001)를 중점으 로 했기 때문에 개별 여성 노숙인들이 들려준 얘기는 여성 노숙에 대 한 이해에 큰 도움이 되었다.

김 씨는 1998년 서울역 광장에서 만난 여성 노숙인이다. 광장에 개 설된 〈사랑의전화〉 부스에서 일하는 직원과 얘기를 나누던 중, 구호 물품 접수대 앞 긴 줄에 끼어 있는 김씨를 보게 되었다. 말랐지만 단 정하게 차려입고 가벼운 배낭을 멘 김 씨의 나이는 당시 30대 후반으 로 보였다. 서울시 직원들이 여성 노숙인이 없다고 하던 차여서, 김 씨를 발견한 나는 궁금한 마음에 〈사랑의전화〉 직원에게 서울역 광장 에서 여성 노숙인을 몇 명이나 보았는지 물었다. 한데 그 직원은 "여 성 노숙인은 본 적이 없어요." 라며 확신에 찬 어조로 대답했고 어리 둥절해진 나는 대기자 행렬에 끼어 있는 김 씨를 가리켰다. 그를 보고 당황한 듯 〈사랑의전화〉 직원은 이렇게 말했다. "뭐 여성 노숙인이 있 을 수도 있겠죠. 하지만 몇 명 없어요."

김 씨는 다른 이의 도움을 받지 않고, 구호 물품을 받기 위해 작성 해야 하는 설문지를 완성했다. 누군가 설문지를 읽어 주거나 설문지 작성을 도와주어야 하는 대부분의 노숙인들과는 사뭇 다른 모습이었 다. 김 씨는 자원봉사자에게 설문지에 이름을 꼭 적어야 하는지 물었 는데, 뭔가 초조해 보였다. 이름을 적어야 한다는 대답을 들은 김 씨 는 잠시 작성을 멈추더니 평범한 이름을 기록했다. 설문지를 작성한 김 씨는 구호 물품을 받은 뒤 접수대에서 나가 광장 외곽 쪽으로 향했다. 나는 조심스럽게 김 씨에게 다가가 서울역 광장에 머물고 있는지 물었다. 김 씨는 "서울역 광장 사람들은 너무 거칠어. 우리 같은 여자들은 여기서 잘 생각 안 해. 나도 서울역은 거의 안 들르는데 무료로 뭘 나눠 준다니까 온 거야."라고 했다. 내가 다시 "그럼 어디서 머무세요?" 묻자 김 씨는 "주로 W역[18]에 있지. 거기가 더 따뜻해. 다른 여자들도 거기 많이 살아. 경비원들도 여기보다는 더 친절하고……."라고 했다.

W역에 머무는 여성 노숙인 가운데 그곳에서 몇 년째 지속적으로 지내는 여성 노숙인은 약 30명쯤 된다고 말해 주었다. 김 씨 본인도 그곳에서 3년째 노숙 생활을 하고 있다고 했다. 김 씨에게 가족이 있느냐고 묻자 그렇다고 대답하고는 이렇게 덧붙였다. "난 대학 졸업하고 결혼도 했어. 근데 못 견디겠더라고. 차라리 혼자 사는 게 나아. 혼자라 이렇게 자유롭게 사는 거야." 길에서 생활하는 게 겨울에 힘들지 않은지 물었더니 정부가 운영하는 쉼터에서 겪었던 일을 언급했다. 김 씨는 웬만하면 지내 보려고 했는데 쉼터에서 담배를 피우지 못하게 하자 곧바로 쉼터를 나왔다고 했다. "여자가 담배를 피운다고 뭐라하데. 거긴 숨 막혀서 못 있겠더라니까." 그러고는 다시 한 번 강조했다. "지금처럼 혼자 생활하는 게 훨씬 더 편해." 담배를 피우지 못하게 금지한다는 이유로 노숙자 쉼터에 입소하지 않은 김 씨는 W역으로 향했다. 그리고 그곳에서 다른 여성과 등을 맞대고 잠을 청하면서 겨울을 났다고 말해 주었다. 다른 여성 노숙인에 대해 묻자 김 씨는 그들의 나이가 30대에서 50대 사이이며, 대부분 혼자 다닌다고 말해 주

었다. 그러나 그보다 더 젊은 여성이나 십대 청소년이 잠시 그곳에 머무르는 경우가 있다고 했다. 그분들도 가족들이 있냐고 묻자 김 씨는 이렇게 답했다. "우리는 개인적인 거 물어보고 그러지 않아. 가족 얘기도 전혀 몰라." 생계는 어떻게 해결하는지 묻자 "요즘엔 아르바이트 구하기가 무지 힘들어서……. 전엔 조그만 식당들 찾아다니면 설거지나 잡일 같은 게 있었는데 요즘엔 아무 일도 못 찾겠어." 하고는 잠시 말을 멈추고 서울역 건물 쪽을 한동안 응시하며 혼잣말을 되뇌었다.

"사람들이 우리같은 사람을 대하는 게 이렇게 달라지다니 (정부와 민간 복지 기관에서 기본적인 진료, 무료 급식, 잠자리와 의복 제공하는 것들) 누가 상상이나 했겠어? 세상 참 살고 볼 일이여. 허, 이게 다 IMF 터져서겠지."[19] 김 씨는 문득 내가 옆에 있다는 걸 기억했는지 내 행색을 훑어보며 이렇게 물었다. "근데, 머물 데 필요한 거는 아니고?" 단출한 옷차림과 등에 메는 가방, 그리고 화장기 없는 내 모습이 김 씨에게 같은 처지로 보일 수도 있었겠다는 생각이 들어 감사한 맘으로 괜찮다고 말했고 김 씨는 인사하자마자 황급히 자리를 떠났다.

노숙자 쉼터에서 근무하는 사회복지사들 사이에서는 장기간 노숙한 이들이 거리 생활에서 일어나는 폭력으로부터 자신과 다른 노숙인들을 보호하기 위해 거짓말을 하는 경우가 많다고 알려져 있었다. 이

---

18) 김 씨의 사생활 보호를 위해 그리고 그곳에 머무는 다른 여성 노숙인들의 신변 보호를 위해 김 시가 머무는 기차역의 이름을 'W'라고만 쓴다.

19) IMF 위기에 대한 김 씨의 언급은 IMF 위기를 거치는 동안 노숙인 대책이 새롭게 나타난 것임을 확인해 준다.

런 입장에서 보면 김 씨가 들려준 얘기들은 신뢰할 수 없을 뿐 아니라 여성 노숙인의 현실을 대변하는 것도 아니라고 말할지 모른다. 그러나 사회적으로 주변화된 연구 대상자들의 이야기에 담긴 '기만' 과 '배신' 에 대해 상고하며, 다른 어떤 '진실성' 있게 보이는 이야기만큼이나 그들의 담화가 파편적인 '진실' 을 담고 있음을 주장하는 여성주의 문화기술지 전통(Haney, 2000. Nelson, 2000. Visweswaran, 1994 참고)에 따르자면 김 씨의 이야기가 서울에서 생활하는 여성 노숙인의 현실을 반영하는 부분이 있다고 여겨진다.

당시 노숙 정책 담론은 거리에서 생활하는 여성 노숙인이 존재하지 않거나 있다해도 그들은 정신적인 문제가 있거나 노동 의지가 없는 '부랑인' 으로 분류하고자 했지만, 이들이 가장 눈에 띄는 서울역 광장에 잘 보이지 않는다 해서 그들이 존재하지 않는 것은 아니었다는 것을 짐작하게 하고, 또한 어떠한 배경으로 서울역 광장이 여성 노숙인들에게 적합한 곳이 아니었는지도 생각해 보게 한다. 또한 이들이 심한 정신이상으로 '일' 이 불가능하거나 '일' 을 원치 않는 게 아니라, 일용 노동자 출신의 남성 노숙인들만큼이나 불안정한 일용직 하위 노동시장에 종사해 왔던, 일을 해도 빈곤한working poor 계층일 수 있음을 보여 준다. 게다가, 이른바 멀쩡한 중간계층의 생활, 곧 대학 교육까지 받고 결혼해서 이룬 정상 가정을 버리고 나왔다는 점에서는, 당시 IMF 체제 하의 생산적 복지 정권과 대중매체가 가장 두드러지게 동정심을 보였던 몰락한 중산층에서 튀쳐나온 실직 남성 노숙인들의 교육/가정 배경과 그리 다르지 않다고도 볼 수 있다.

외환 위기에 대응하며 처음 도입된 복지국가의 증표로 앞세워진 노숙인 대책은 김 씨가 보기에도 '세상 참 살고 볼 일'이라 할 정도로 놀라운 변화였다. 그러나 사실 '일할 의사'와 '재활 의지'를 기준으로 IMF 단기 노숙인과 부랑인(장기 노숙인)을 구분하고 있는 신자유주의의 선별적인 복지 체계 내에서는 김 씨와 같은 장기 여성 노숙인의 존재는 안중에 없었고, 따라서 그들의 복리는 별다르게 증진되지 못했다.

행정 직원과 사회복지사들이 혼자든 자녀를 동반했든 여성 노숙인들을 도덕적으로나 정신적으로 문제가 있는 부랑인이라 범주화했던 것은, 남성 여성의 노동 분업 및 노동 공간의 성차적 양분화에 기반해서 정당화되었다. 곧 남성은 임금노동자로서 생산적인 노동력인 반면 여성은 임금을 받지 않는 재생산 노동과 돌봄 노동의 수행자이며, 남성은 해고되면 그 임무를 수행할 수 없을 수도 있지만, 여성은 역할 임무를 멈출 수도, 멈추어서도 안 된다는 입장인 것이다. 따라서 보수화된 성차 담론은 IMF 위기를 거치는 동안 형성된 노숙인 대책에 깊숙이 자리 잡고 있었으며, 이는 앞서 논의한 〈농협〉 사내 부부 여성 해고 사건과 가족해체 담론 등, 노숙인 정책을 넘어선 생산적 복지/노동 체제의 전반적 신자유주의적 담론 구성에서 발견된다고 볼 수 있다.

김 씨의 경우와 다른 상황에 있는 여성 노숙인과 만난 사례를 하나 더 들어 보겠다. 〈서울시 노숙자대책협의회〉와 〈서울시 실업대책위원회〉에서 민간 전문인들과 그들의 보조 요원들(청년 여성 실업 대책 공공근로 팀 같은)이 여성 노숙인의 불우한 처우를 지속적으로 진의한 결과, 행정 직원들의 저항과 불만에도 시는 몇 개의 시범 여성 노숙자 쉼터를 〈희망의집〉(〈자유의집〉과 달리 공공 근로 사업에 참여할 자격을 입소자에게 부여한)으로 지원하기로 했다. 〈서울시 노숙자대책협의회〉에 참여했던 종교계 여성 지도자들이 주도해서 쉼터 운영을 자원했고 시에서 방세와 한 명씩의 보조 요원을 공공 근로 자격으로 고용할 수 있는 운영비를 지원했다.

그렇게 형성된 한 여성 노숙자 쉼터에서 생활했던 박 씨는 아이 둘을 데리고 다니는 여성 노숙인이었다. 해당 여성 노숙자 쉼터를 두 번째 방문했을 때 공공 근로 사업 일을 마치고 복귀한 박 씨를 소개받았다. 박 씨는 체구가 작은 여성으로 이가 몇 개 부러진 터라 발음하는 데 어려움을 겪었다. 그녀는 약간 긴장한 듯했지만 차분하면서도 조리 있는 말투로 노숙자 쉼터 관리자들의 호의를 받으며 살 수 있게 되어 운이 좋았다고 말했다. 노숙자 쉼터 소장이 박 씨가 여성 노숙자 쉼터에 입소할 때보다 훨씬 건강해졌으며 부지런하고 자녀에 대한 책임감이 강한 여성이라고 덧붙이자, 박 씨는 겸손하게 말했다. "그냥 하루 종일 놀 수만은 없더라고요. 아이들도 있으니 일을 해야 먹고살죠. 십 년 정도 미싱 일을 한 경력이 있어서 그 일만큼은 잘해요. 무엇보다도, 쉼터 소장님이랑 여기 계신 분들이 도와주신 덕분에 일도 나갈 수 있게 되었고요. 애들이랑 전 아주 운이 좋은 편이에요. 저랑 비슷한 처지에 있는 모든 여성들에게 여기로 오라고 알려 주고 싶어요."

박 씨와 자녀들은 큰 항구 도시에 있는 집에서 가출한 뒤 6개월 동안 서울역 동쪽 끝자락에 머물렀다. 남편은 십 년 넘게 그녀와 아이들을 죽이겠다 위협하며 폭력을 일삼아 왔다. 박 씨의 시부모도 가정 폭력에 가담했다.[20] 남편의 폭행을 막아 달라고 인근 파출소에 도움을 요청해 봤지만 경찰관들은 이 문제를 대수롭지 않게 여기고 넘겨 버렸다. 김영삼 정부 시절(1993~1997) 가정폭력방지법을 통해 경찰이 가정 폭력에 개입하는 것을 법령화했음에도 현장에서 활용화되는 경우는 여전히 드물었다. '집안 문제에' 공권력을 행사하기 어렵다는 입장이 주도했기 때문이다.

박 씨는 몇 차례 가출을 시도했으나 그 항구 도시에는 기혼여성이 집을 나와 아이들과 함께 머물 만한 곳이 거의 없었다. 가정 폭력 피해 여성을 돕는 쉼터가 딱 하나 있었지만 '애들 아빠'가 쉽게 찾아낼까 봐 겁났고 안정적으로 머물기엔 쉼터 이용 기간도 제한되어 있었으며 애들을 봐 줄 사람이 없어 일할 기회를 찾아 나서기도 어려운 상황이라고 했다. 박 씨는 아이들을 학교에 보내고 싶다고 말했지만 법적 보호자가 아버지로 되어 있는 이상 아이들을 학교에 입학시키려면 아버지 승인이 있어야 했다. 아이들 아버지는 그들이 어디로 가든 그들을 쉽게 찾아낼 수 있었다. 박 씨가 머물고 있는 노숙자 쉼터의 소장은 폭력적인 아버지를 피해 집을 나온 어린이는 학교 입학 과정의 문제 때문에 어떤 종류의 교육도 받을 수 없다고 지적했다. 심지어 수업 참관조차 어렵다고 했다. 특별한 경우 학교에 등록하지 않은 아이가 수업에 참관할 수 있도록 결정하는 권한은 초등학교 교장에게 있었는데, 대부분의 교장은 가정 폭력을 수업 참관 사유로 고려하지 않

---

20) 박 씨는 친정 식구들에 대해서는 말하지 않았다.

았다. 자녀를 데리고 다니는 여성 노숙인 대부분은 박 씨와 마찬가지로 자녀 교육 문제로 어려움을 겪고 있었다. 따라서 많은 여성이 자녀들의 교육을 염려해 자녀를 아버지 곁에 남겨 둔 채 집을 나왔던 것이다. 앞 장에서 언급한 서울시 직원은 자녀를 두고 가출하는 게 불가능하다고 했지만 이 정보는 어머니인 여성 노숙인이 자녀를 남겨 두고 집을 나오는 이유가 무엇인지 짐작하게 해 준다.

한국의 여성 수혜자들이 남성 가장을 필요로 하는 상황과는 다르지만, 앤 마리 스미스(Anne Marie Smith, 2007)가 분석한 미국의 가부장주의적 복지 또한, 대부분 어머니인 여성 수혜자에 대한 복지국가의 규제는 성적 행동 및 규범에 부합하는 성적 역할에 바탕을 두고 이뤄졌음을 보여 준다. 복지 혜택을 받는 어머니는 자녀의 아버지가 누구인지를 밝혀야 했다. 그럼으로써 국가는 국가 대신 아버지가 금전적 책임을 지게 할 수 있었고 여성은 그래야만 '아동 수당'을 받을 수 있었다. 두 국가 간의 차이에도 불구하고 복지 혜택을 받을 자격 여부라는 개념에 성차별적인 요소가 개입되어 있다는 사실에는 변함이 없다.

결국 박 씨는 그 도시를 떠나 대부분 시골이나 깊은 산속에 자리 잡고 있는 기도원 여러 곳을 전전하며 살았다. 박 씨에게 기도원 생활에 대해 묻자 교인 수가 많은 기업형 교회가 운영하는 대형 기도원 이름을 몇 개 말해 주었다. 박 씨는 이렇게 말했다. "여러 곳의 기도원을 전전했습니다. 안 가 본 기도원이 없어요. K, N, S, C, L 기도원도 다 가 봤어요. 아실라나 모르겠지만 엄청나게 큰 기도원들이에요. 가 보신 적이 있으시다면 어떤 곳인지 아실 텐데……. 가 보신 적이 있나

요?" 좀 망설이다가 오래전에 가 본 적이 있다고 대답했는데, 그래서
인지 계속 이야기를 들려주었다.

그럼 기도원마다 규칙이 좀 다르다는 것도 아시겠네요. S 기도원은 365
일 내내 열지만 식사는 무료로 주지 않아요. L 기도원은 여기저기 많이
있잖아요. 그리고 그 교회에서 운영하는 무료 버스로 자기네 여러 기도
원을 왔다 갔다 하게 하더라고요. 이를테면 목요일에 한강 상류에 있는
곳에서 무료 급식을 한다면, 금요일과 월요일은 셔틀버스 타고 강원도
쪽에 있는 곳에 가야 무료 급식을 받을 수 있거든요. L 기도원 지원하는
교회는 해외에도 기도원이 있데요. 거긴 물론 아무나 쉽게 갈 수 있는
건 아니겠지만요. (…) 그런 무료 버스 이용해서 노숙인들이 대도시 교
회에서 지방 기도원으로 향하기도 해요. 저도 그 유명한 목사가 창립한
C 기도원에서 애들과 함께 몇 달씩이나 머물기도 했는데, 눈치가 너무
보여서 더 이상은 못 있겠더라고요. 일단 밥이라도 사먹을 수 있는 돈이
있어야 기도원에서도 원하는 만큼 있을 수 있겠더라구요. 그니까 제 말
은 기도원에서도 아무나 한계 없이 머물 수는 없다는 거죠. 그래서 결국
서울로 오게 되었어요.[21]

---

21) 1999년 겨울 노숙인들을 쫓아낸 기도원이 분명 있었다. S 기도원은 교인 7만여 명을 자랑하는
데 그렇게 큰 규모의 기도원이 존재한다는 사실은 대한민국 기독교의 성장을 반영한다. 지난 세
기 나라가 '서구 문화'에 문호를 열면서 개신교와 가톨릭교가 모두 급속하게 성장했지만 개신
교가 가톨릭교보다 훨씬 광범위하게 퍼졌다.(Buswell · Lee, 2006)

박 씨의 이야기는 가출한 이후 여성들이 노숙을 하게 되는 근본 원인에 가정 폭력에 있을 수 있음을 보여 주고, 또한 이런 여성들이 바로 길거리로 나가는 것이 아니라 다른 여성 쉼터나 기도원 같은 대안적인 장소들을 경유한다는 것도 보여 준다. 경제적 자원과 사회적 자원을 가지지 못한 여성이 일자리를 구하고 스스로 자립할 수 있을 만큼 충분히 오랫동안 안전하게 머물 쉼터는 드물다. 앞서 언급한 대로 당시 여성 노숙인에 대한 연구는 매우 제한적이었다. 노숙자 쉼터 관리자들 의견에 따르면 일시적 실업은 여성이 노숙자 쉼터를 찾는 이유는 아니었다. 기존 연구들에 의하면 여성들이 노숙인으로 전락하는 이유는 궁극적으로 사회경제적 자원이 매우 부족한 남성이 노숙인으로 전락하는 이유와 비슷했다. 그러나 남성 노숙인이 거리에서의 생활을 비교적 해 볼 만한 것으로 여기는 반면 성폭력을 당할 위험에 노출되어 있었던 여성 노숙인은 거리에서의 생활을 최후의 수단으로 생각했다.(김수현, 2001. 4)

2001년 서울시 산하 연구 기관에서 작성한 보고서는 〈희망의집〉에 소속된 여성 노숙자 쉼터에 머무는 61명의 여성을 조사했는데, 혼자 다니는 여성의 평균 연령은 40대였고 자녀를 데리고 다니는 여성의 평균 연령은 30대였다.(김수현, 2001. 32) 노숙자 쉼터에 머물 수 있는 기간은 9개월로 정해져 있었지만 쉼터에 머문 기간은 2개월에서 25개월까지 다양했다.(35) 건강검진 결과 쉼터에 머무는 여성 61명 가운데 52.4퍼센트는 신체적으로 건강했고, 47.6퍼센트는 만성 질환을 앓고 있었다. 47.5퍼센트는 정신적으로 건강했다. 27.9퍼센트는 정신질환

을 겪고 있었고, 18.1퍼센트는 가벼운 정서 불안을 겪고 있었다. 4.9퍼
센트는 알코올중독이었고 1.6퍼센트는 특정할 수 없는 질환을 앓고
있었다. 61명의 여성이 노숙인이 된 원인 가운데 첫 번째는 가정 폭력
이었고(52) 정신질환, 가정불화, 가족해체, 경제적 어려움, 아동 시절
부모의 유기가 차례로 그 뒤를 이었다.(53)

앞서 가정 폭력 상담 기관들이 처음에는 가정 폭력, IMF 위기, 여
성 노숙인의 연관성을 인정하지 않았지만 일단 실업이 주요한 사회문
제로 등장하고 시민 단체에 대한 정부의 자금 지원이 이뤄지자 가정
폭력과 IMF 위기를 연계시키기 시작했다고 언급한 바 있다. 여성의
노숙 경로에 대한 인식 부족은 가정 폭력 상담소에만 해당되는 것이
아니었다. 성폭력 피해자 쉼터, 모자보호 시설, 미혼모 시설같이 위기
에 처한 여성을 돕는 쉼터와 다른 기관도 노숙에 대한 대중매체 및 정
부의 묘사를 무비판적으로 수용하고 노숙인은 IMF 위기로 인한 실직
남성으로만 짐작했다. 가령 1999년 9월 〈청년여성실업대책 모니터링
팀〉, 〈여성노숙자쉼터연대〉, 〈일시시립부녀보호소〉는 서울시 지원을
받아 위기에 처한 여성을 돕는 긴급 상담 전화와 쉼터에서 일하는 사
회복지사를 대상으로 교육을 진행했는데 교육에 참가한 90명의 사회
복지사 대부분은 여성 노숙인이 존재한다는 사실을 놀라워했다. 매일
여성 노숙인을 만나 보았을 듯한 직원들에게조차 여성 노숙인이라는
개념은 당황스러우리만치 낯선 개념이었다.[22]

1999년 위기에 처한 여성을 돕는 몇몇 쉼터에 전화를 걸고 방문한
끝에 IMF 위기 이전부터 이미 쉼터가 만원이었다는 사실과 쉼터의 문

을 두드리는 모든 여성에게 도움을 줄 수 없는 상태였다는 사실을 깨닫게 되었다. 〈일시시립부녀보호소〉와 여성 노숙자 쉼터 관리자들에 따르면 대부분의 여성 노숙인은 사회복지시설의 맹점 때문에 생긴다고 보았는데, 위기에 처한 이들이 보호시설의 존재에 대해 모르고 있거나, 아니면 기존 보호시설의 수용 한계로 인한 것이라 설명했다.(〈청년여성실업대책 모니터링 팀〉, 1999a: 99~112)[23] 모니터링 팀이 〈서울시 실업대책위원회〉에게 위기에 처한 여성을 돕는 다양한 쉼터의 규모 및 입소 기간을 늘려야 하고 여성 노숙인이나 보호가 필요한 여성 일반을 위한 장기 주거 시설을 마련하기 위해 다양한 쉼터들을 연계해야 한다고 제안하자 서울시에서 지원하는 위기에 처한 여성을 돕는 다양한 쉼터 가운데 인원이 다 찬 쉼터는 없다고 주장했다. 이는 시 행정 직원이 쉼터에 연락하거나 방문했을 때 쉼터 담당자들이 솔직하게 얘기할 수 없는 상황에서 답신을 했기 때문이었다. 쉼터에서 항시 머무는 여성들의 수만 인정하는 행정상 요구와 달리 쉼터 입장에서는 쉼터에서 하루 종일 있고 싶어 하지 않는 여성들을 막거나 재입소를 거절할 수 없는 상황이었다. 항시 체류자가 일정하지 않은 것에 대한 감사를 의식해야 하고, 그 결과 정부의 재정 지원이 삭감될 수 있음을 빤히 알고 있는 쉼터 담당자들은 행정의 요구에 타협할 수밖에 없는

---

22) 서울시는 정기적으로 사회복지사 교육을 시행했는데 사회복지사들은 이런 모임을 반가워하지 않았다는 점이 인상적이었다. 사회복지사들은 시에서 이런 모임을 강제하거나 이런 모임을 통해 비정부기구와 비영리단체를 감시한다고 생각했다.
23) 2001년 여성 노숙자 쉼터에 대한 후속 연구가 이뤄졌다.

위치에 있었고, 그만큼 수용 시설의 한계에 대한 불만을 털어놓기가 어려웠다. 곧이어 등장할 여성 노숙자 쉼터 관리자들의 이야기를 통해 여성 노숙자 쉼터 역시 비슷한 처지였다는 사실을 알 수 있다.

행정 직원들의 필요 발언

서울시 직원들은 통계적 수치를 근거로 여성 노숙인에 대한 낮은 관심을 정당화했다. 1998년 9월 열린 〈서울시 실업대책위원회〉 회의에서 청년 및 여성 실업 분과 위원 한 명이 서울에 여성 노숙인이 몇 명이나 존재하는지 물었을 때 당시 보건복지국을 대표해 〈서울시 실업대책위원회〉에 참석한 고위 직원은 "대한민국에 여성 노숙인은 존재하지 않는다"고 답했다. 그는 IMF 위기로 집을 잃고 노숙인이 된 가족 구성원 중에는 여성도 있겠지만 단독으로 거리에서 생활하는 여성 노숙인은 없다고 선언했다. 그렇다면 가족 단위 노숙인 가운데 여성이 몇 명이나 되는지 위원회 내 민간 위원들이 궁금해하자, 그는 그것은 알 길이 없다고 말했다. 서울시에서 노숙인의 인적 사항을 파악할 때 성별에 대해서는 파악하지 않기 때문이라고 했다. 여성 노숙인 수를 파악할 수 있는 유일한 방법은 모든 노숙자 쉼터, 곧 〈자유의집〉과 당시 백 개가 넘는 〈희망의집〉에 '일일이' 전화를 걸어서 알아내는 수밖에 없다고 했다. 안 그래도 비상시국인 데다 가장 일이 많은 부서 중에 하나로 이런 일까지 담당하기엔 너무 번거로운 작업이 될 것이기 때문에 할 수 없다는 뉘앙스를 담고 있었다.

그러나 서울시 민간인 부시장이기도 했던 〈서울시 실업대책위원회〉 위원장은 보건복지국 담당자에게 다음 회의 때까지 여성 노숙인 수를 파악해 달라고 요청했다.[24] 행정 체계의 까다로운 절차과 관료적 배타성에도 불구하고 별정직으로 임용된 민간인 부시장이 〈서울시 실업대책위원회〉와 같은 당시 시 행정의 우선순위 업무를 총괄했던 것, 또한 그러한 부시장이 시 행정 밑에서부터 경험을 쌓은 고위 직원의 답변에도 불구하고 위원회 내 민간 전문인들의 요구에 적극 손을 들어준 상황 등은, 서울시장으로 당선된 고건을 비롯해 김대중 정권의 비전에 따라 실업 등의 사회경제 위기를 다루어 나가는 방식이 신자유주의 사회 통치의 주된 기술인 민관 협력 관계에 의존했음을 잘 보여 준다.

다음 〈서울시 실업대책위원회〉 정기 회의에서 동일 보건복지국 담당자는 여성 노숙인은 없다고 했던 것을 겸연쩍게 정정하면서도 자신감을 잃지 않고 여성 노숙의 존재가 여전히 숫자상 그리 중요하지 않음을 강조했다. "여성 노숙자가 있기는 합니다만 남성 노숙자와 비교하면 없는 것이나 다름없습니다." 그는 이 상황을 감안한 서울시 정부가 네 곳의 여성 노숙자 쉼터를 개설했다고 덧붙이면서 그만큼의 개설로 모자랄 일 없이 넘치고도 남는다고 표현했다.[25] 네 곳의 여성 노숙자 쉼터는 서울시가 나서서 추진한 게 아니라 종교인이나 여성주의적 사회 활동가들이 〈서울시 노숙자대책협의회〉를 통해 운영을 자원해서 구축되었다는 것을 나중에야 알게 되었다.

여성 노숙인의 숫자가 적은 것을 이유로 구호 대상으로서의 중요성이 떨어짐을 당연시하는 것은, 오랫동안 굳어진 숫자 중심의 행정 관례상 전혀 이례적인 것은 아니었다. 하지만 김대중 정부가 한국 최초로 보편적 복지국가 체제로서의 국민기초생활보장법(1999)을 제정하며 외환 위기 내내 강변했던 입장은, 이전의 부분적 구호 체제 중심의 사회복지와 달리 국민 모두에게 최저생활을 보장하는 복지라는 것이었기에, 여성 노숙인의 숫자를 기반으로 정당성을 얘기하는 것은 김대중 정부의 복지 사고방식과 상충하는 것이었다.

실상 숫자를 기반으로 한 결정은 편의적으로 이뤄졌음을 볼 수 있다. 이를테면 1999년 한 해 동안 노숙자 쉼터에 머물렀던 노숙인 4천 명 가운데 125명이 여성 노숙인이었다. 또한 거리에서 생활하는 여성 노숙인 수는 IMF 위기 동안 서울시가 파악한 전체 노숙인 수의 3퍼센트였다. 이렇게 보면 여성 노숙인은 남성 노숙인보다 분명 소수에 불과하다는 입장에서 서울시는 지원을 꺼렸다. 한편 IMF 노숙자로 시 행정의 주도 하에 선별된 사람들의 경우도 모집단을 달리할 경우 소수이긴 마찬가지다. 현실에서 이들은 빈곤선 아래에서 살아가고 있으면서 당장 필요한 현금 지원을 받지 못하고 방치된 약 5만 명의 노동하는 빈곤층의 1퍼센트에도 못 미친다.[26] 그러나 전체 실업자 가운데,

---

24) 비슷한 사건이 〈여성민우회〉가 작성한 「예산에도 성이 있다」 보고서에도 나와 있다.

25) 1999년 여성 노숙자 쉼터에 입소한 여성 노숙인은 모두 125명이었다. 2001년, 5곳의 여성 노숙인 쉼터에 입소한 여성 노숙인은 모두 86명(아동 포함)이었고, 21명은 가족 쉼터에 머물고 있었다. 그러나 변동률이 너무 높았다. 어느 여성 노숙자 쉼터는 3년 동안 253명의 여성 노숙인이 쉼터를 떠났다고 보고했다. 다시 말해 공식 집계된 여성 노숙인 수보다 더 많은 여성 노숙인이 쉼터를 이용했을 것이다.

혹은 당장의 긴급한 지원이 필요한 빈곤층 가운데 그들의 비중이 얼마나 되었든 관계없이, 그 비중상 미미한 숫자임에도 IMF 노숙자는 공적 혜택을 받을 자격이 있는 대상으로 분류됐다. 따라서 복지 혜택을 받을 자격이 있는 대상이 얼마나 중요한지를 따지는 데 그 수의 많고 적음을 문제 삼는 방식은 임의로 적용되었음을 보여 준다.

또한 통계의 방식을 따져 보는 것도 의미가 있겠다. 노숙 쉼터에 입소한 여성만 헤아려 여성 노숙 인구를 집계한 방식은, 일단 시 행정에서 통계 지표에 없었던 성별을 제고했음에 의미를 부여한다 해도 (당시 행정 체계 성의식 고양은 민간 여성계가 중앙정부와 지방정부에 전문가로 개입하면서 가장 적극적으로 내세운 행정계 내의 여성주의 모토였다.) 남성 노숙 인구 집계가 서울역 광장 같은 공공장소, 곧 쉼터 밖의 공간에서도 이뤄졌음에 비해, 집계 방식과 공간에 제한적이었다고 할 수 있다. 이런 행정적 집계 보도와 달리, 앞서 소개한 김 씨의 경우, 쉼터에 가지 않는 여성 노숙인들이 머무는 공공장소도 있음을 알 수 있고, 또한 부랑/노숙 문제를 다루는 사회 기관은 상담을 청하는 사람들 중 30퍼센트가 여성이라고 보고한 바가 있다.(김수현, 2001)[27]

이런 식으로 상대적일 수밖에 없는 통계를 절대적인 근거로 사용함과 동시에, 그 적용이 임의적이었던 것은, 외환 위기 당시의 복지 행정이 '생산적' 노동 담론에 노동 행정 못지 않게 기여했기 때문이라고 볼 수 있다. 생산/재생산 가능성이 있는 노동인구의 정형을 만들어 가며 동시에 노동인구의 불만을 조절하는 데 기여를 했다고 볼 수 있다. (존재한다면 적절한 생산/재생산 활동이 불가능하다고 생각했던) 여성 노숙인들의 수는, 나름의 이유로 남성 노숙인들과 다른 공간에서 머무는 것도 불구하고, 이를 감안하기보다 쉼터에 들어간 이들만 집계되었다. 그리고 '적은' 숫자로 인해 그들의 수급 자격이 등한시되었다. 그런가 하면 (단기 지원으로 복구가 쉽게 이뤄지리라 기대되었던) 실직 남성 노숙인의 수는, 절대빈곤 및 빈곤 노동자 인구에 비해 극소수임에도, 마치 그들의 머릿수에 관심을 가지고 지원을 대대적으로 벌이는 것으로, 방대한 절대빈곤 및 빈곤 노동자를 위한 지원이 긴급하게나마 이뤄진 것처럼 표상하게 되었기 때문이다.

노숙자 쉼터 관리자들의 필요-발언

행정 직원들이 이해한 여성 노숙인들의 필요 담론이 성역할에 대한 고정관념으로 인한 제한을 보였다면, 쉼터 관리자들은 여성 노숙인의 필요를 좀 더 다양하게 이해했다. 서울시의 여성 노숙인들을 대상으로 상당한 시간을 일해 온 노숙자 쉼터 관리자 네 명의 이야기를 여기에 소개하려 한다. 네 명의 노숙자 쉼터 관리자는 모두 여성 노숙인

---

26) 〈한국도시연구소〉, 1999와 김수현, 2002을 참고하라. 또한 주정국(2003)은 1997년 2.8퍼센트였던 도시의 절대빈곤률이 극적으로 상승해 1999년 7.3퍼센트에 달했다고 기록했다.

27) 대형 연구 주제인 부랑인의 기관 입소 문제에 대한 연구가 거의 이뤄지지 않은 이유는 노숙에 대한 연구 부족 때문이기도 하지만 그런 기관이 정신 보건의료 시스템과 관련된 기관으로서 사회적인 논의가 금기시되기 때문인 탓이 더 크다.(최윤선, 2002. 조성진, 2004. 신원우, 2003. 선우철, 2002)

및 위기에 처한 여성을 돕는 쉼터 운영에 관계된 사람들이었다.

여성 노숙자 쉼터 A 직원들:
여성 노숙인의 필요와 인식에 대한 양가적 입장

원 소장은 IMF 위기를 거치는 동안 설립된 여성 노숙인을 위한 A 쉼터의 총관리자였다. 서울시에서 지원하는 〈희망의집〉 중 하나였던 이 쉼터는 불교 재단에 소속된 사회 동가들이 운영했다. 〈여성노숙자 쉼터연대〉를 이끌었던 강 대표에게 원 소장을 소개받았다. IMF 위기가 시작되자 강 대표는 상황이 다른 여성 노숙인들의 필요를 담당할 수 있는 차별화된 여성 노숙자 쉼터를 제공해야 한다는 제안서를 서울시에 제출했지만 거절당했다. 결국 〈여성노숙자쉼터연대〉는 1998년 초가을, 자녀를 데리고 다니는 여성 노숙인과 혼자 다니는 여성 노숙인을 위한 쉼터를 따로 만들기로 결정했다. 두 곳의 여성 노숙자 쉼터는 자녀를 데리고 다니는 여성 노숙인을 위한 곳이었고 원 소장이 관리하는 쉼터를 비롯한 두 곳의 여성 노숙자 쉼터는 혼자 다니는 여성 노숙인을 위한 곳이었다. 각각의 여성 노숙자 쉼터는 독립적으로 운영되었으므로 흡연, 음주, 이성 교제, 통행금지 시간 등에 대한 규율이 서로 달랐다. IMF 위기를 거치면서 설립된 대부분의 다른 노숙자 쉼터와 마찬가지로 이 쉼터도 비정부기구 또는 시민사회 기관에 의해 운영되었지만 공공 근로 사업에 적용되는 것과 같은 규정의 적용을 받아 서울시로부터 보조금(노숙자 쉼터 임시직 관리자의 임금 등)을 지원받았다.(여는 글 참고) 더불어 보조금을 받기 위해서는 최소 입소자 수(20명에서 30명)를 유지해야 했다.

이 쉼터를 이끄는 수장은 원 소장이었지만 노숙자 쉼터에 상주하는 관리자는 하 실장이었다. 원 소장은 여성 노숙인이 눈에 잘 띄지 않는 이유는 혼자 다니는 여성 노숙인의 경우 성폭력에 노출될 위험이 많기 때문이라고 지적한다. 혼자 다니고 거리에서 생활한 경험이 더 많은 여성 노숙인은 성폭력의 위협을 피하기 위해 남성 노숙인들이 자주 찾는 장소는 피한다는 것이다. 원 소장은 실례로 한 여성 노숙인이 사귀던 남성 노숙인에게 한눈 판다는 의심을 받아 살해당한 얘기를 들려주었다. 원 소장의 언급은 여성 노숙인들이 서울역같이 노숙 장소로 잘 알려진 곳에 가지 않는 이유를 들려준 여성 노숙인 김 씨의 설명과 일치했다.

원 소장은 성폭력의 위험이 있음에도 노숙인들이 가장 많이 가는 쉼터나 공공장소에 대한 관리 감독은 제대로 이뤄지지 않는다고 걱정하면서, 이런 장소들은 말 그대로 '무법지대'라고 했다. 원 소장은 남녀가 함께 지내는 노숙자 쉼터의 경우 여성 노숙인이 임신하는 일이 종종 벌어진다고 말하면서, 합의에 따른 경우도 있지만 강간으로 인한 경우도 있다고 덧붙였다. 또한 앞서 소개한 정부 지원을 받던 여성폭력/성폭력 피해자 쉼터들과 별다르지 않게, 시 담당 직원들이 여성 노숙자 쉼터에 입소한 여성 노숙인의 수를 정기적으로 확인하고 입소자 수가 모자랄 경우에는 보조금 지급을 중단할 위협에 시달린다고 호소했다. 이로 인해 일정하지 않은 입소 여성 노숙인들의 수를 보충하기 위해 원 소장은 밖에 나가 여성 노숙인을 찾아다녀야만 한다고

말했다.[28]

정부 규제를 맞추기 위해 여성 노숙인을 찾는 동시에 이와 같은 정부에만 의존하는 것을 거부해 정부 규제를 받는 것을 축소시키는 노력도 했다. 가령 이 여성 노숙자 쉼터 관리자들은 일자리를 구하는 여성 노숙인들에게 정부가 지원하는 공공 근로 사업에 연결시키기보다 재단을 후원하는 중소기업에 의뢰하거나 개인적인 인맥을 통해 일자리를 구해 주곤 했다. 자신도 공공 근로 사업을 통해 급여를 지원받는 임시직 관리자로 고용된 하 실장은 여성 노숙인을 중소기업에 연결시켜 주려고 애쓰는 이유를 밝혔는데, 공공 근로 사업 일당이 저임금 노동자에게 지급되는 노동시장의 단가보다 높다는 이유였다. 공공 근로 사업을 통해 받을 수 있는 비교적 높은 임금이 여성 노숙인들을 잘못 길들여놓는다고, 이는 여성 노숙인들에게도 중소기업 고용자들에게도 좋지 않다고 설명했다. 다양한 노숙인들의 차별화된 필요, 곧 혼자 다니는 여성들의 성적 안정성에 대한 필요를 인식하는 데 있어서는 여성 노숙인들의 옹호 역할을 했다. 반면 국가가 노동활동을 통해서 노숙인들의 구호 필요를 충족시키려 했던 것에 대해서는 이를 문제 삼기보다, 도리어 그들의 노동가치가 너무 높이 상정되어 고용시장과의 불균형을 우려하는 입장으로 여성 노숙인을 사회 통치적 대상으로 여긴 점이 드러난다.

---

28) 아크힐 굽타(Akhil Gupta, 2001)는 인도에 나타난 비슷한 메커니즘에 대해 연구했다. 인도 역시 입소자 수를 바탕으로 지역의 아동복지 기관을 통제했기 때문에 지역의 아동복지 기관은 정부 공무원으로부터 기관 입소자를 모자람 없이 채우라는 압력에 시달렸다.

원 소장과 하 실장의 여성 노숙인에 대한 인식은 양가적이었다. 한편으로 원 소장은 여성 노숙인의 "정신 상태가 멀쩡했다."며 비교적 긍정적으로 평가해 서울시 직원들의 견해와는 대조적인 견해를 보였다. 원 소장은 여성 노숙인을 병적 존재로 명시하지 않았다. 오히려 개인적인 위생 관리나 성폭력의 위협으로부터 자신의 안전을 지키는 문제를 두고 전략적으로 결정하는 모습에서 여성 노숙인의 자기 관리 능력이 나타난다고 주장했다. 원 소장은 이렇게 말했다. "여성 노숙인들은 일부러 지저분하게 보여서 남성 노숙인이나 다른 사람들로부터 스스로를 보호하더라고요. 겉모습은 더러워 보일지 몰라도 혼자 다니는 여성 노숙인의 속옷이 정말 깨끗하고 몸도 정말 청결하게 관리한다는 사실을 알게 되었지요."

하지만 원 소장과 하 실장은 모두 여성 노숙인이 '속임수'를 사용하기 때문에 '신뢰할 수 없다'고 말했다. 두 사람은 여성 노숙인이 거짓말을 밥 먹듯 하기 때문에 여성 노숙자 쉼터 관리자들은 그들을 진지하게 대하기 어렵다고 말했다. 특히 원 소장은 이렇게 말했다. "여성 노숙인들이 쉼터를 이용하게 하려면 최소한의 규제는 어쩔 수 없습니다. 가령 흡연이나 음주를 금지하고 통행금지 시간을 정해야 합니다." 따라서 원 소장과 하 실장이 여성 노숙인의 긍정적인 측면에 대해 인식했다 하더라도 서울시 직원들이 피력하는 여성 노숙인의 진실성 부족에 대한 인식을 공유하고 있었다.

신 소장: 임시 대기자거나 중환자거나, 여성 노숙의 또 다른 이분법

신 소장은 〈일시시립부녀보호소〉 대표 관리자였다. 〈일시시립부녀보호소〉는 서울시 정부가 자금을 지원하는 오갈 데 없는 여성들을 위한 쉼터로, 최대 입소자 수는 250명이나 되었다. 서울시 요보호여성팀 소관인 〈일시시립부녀보호소〉를 연락해 신 소장을 만날 수 있었다.

신 소장은 IMF 위기가 일어나자 〈일시시립부녀보호소〉를 공공 서비스로서 유지하고 직원들을 유지하는 일이 가장 힘든 일이었다고 말했다. 신 소장은 IMF 위기가 발생하자 서울시가 〈일시시립부녀보호소〉를 민영화하려 하면서 인력 감축을 요구했다고 말했다. 신 소장은 'IMF 노숙자'라는 용어를 최근에야 접했으며 정처 없이 떠도는 노숙인을 분류하는 범주로서는 낯선 용어라고 덧붙였다. 〈일시시립부녀보호소〉에 머무는 대부분의 여성의 모습은 정부나 대중매체가 그려내 널리 알려진 노숙인의 모습과는 거리가 있다고 말했다. 〈일시시립부녀보호소〉에 머무는 여성의 90퍼센트는 정신 질환이나 치매를 앓고 있는 나이 든 여성(치매 할머니)이었고 나머지 10퍼센트는 집을 나온 소녀(가출 청소녀)와 말기 질환을 선고받은 30대, 40대 여성이었다.

신 소장에게 〈일시시립부녀보호소〉 입소자들에 대해 말해 달라고 요청하자 신 소장은 여성을 두 범주로 분류해 이야기해 주었다. 첫 번째 범주는 부랑 여성이거나 스스로를 돌볼 수 없기 때문에 쉼터에 머물 수 밖에 없는 여성이었다. 신 소장은 두 번째 범주를 '여성 노숙인'이라고 불렀다. 쉼터를 찾아 〈일시시립부녀보호소〉에 찾아왔지만 자기가 첫 번째 범주에 속하는 여성들과는 다른 부류라는 사실을 곧바

로 깨닫고 쉼터를 떠나는 여성이었다. "혼자 다니는 여성은 자기들이 불치병 말기이거나 치매 할머니와 다르다는 사실을 깨달으면 곧 이곳을 떠납니다." 신 소장은 혼자 다니는 여성 노숙인은 〈일시시립부녀보호소〉에 머물기를 원하지 않는다고 말했다. 왜냐하면 그들이 '정상적인 사회 생활로 돌아가기 전 일시적으로 이곳에 체류하는 대기자' 이기 때문이라 했다.

흥미로운 점은 신 소장이 노숙인을 '사회로 되돌아가기 위해 기다리는 대기자' 라고 표현했다는 점이다. 이 견해는 앞에서 소개한 서울시 노숙인 담당 직원들이 노숙인을 묘사한 것과 비슷했다. 신 소장과 서울시 직원들은 모두 이와 같은 특성을 IMF 노숙자와 부랑인을 구분하는 특성으로 제시했다. 그러나 신 소장은 서울시 직원들과 복지 혜택을 받을 '자격이 있는' 대상과 그들이 있어야 할 '적절한' 장소에 대해서는 견해를 달리했다. 가령 신 소장은 IMF 노숙자 범주에 여성 노숙인이 포함될 가능성에 대해 지적했다. 신 소장은 〈일시시립부녀보호소〉가 자기들의 욕구를 충족시키기에 적합한 장소가 아니라고 생각하는 혼자 다니는 여성 노숙인은 결국 이전 생활로 되돌아갈 방법을 찾는다고 생각한다는 차원에서 실직 노숙자가 굳이 남성들만일 이유는 없다고 본 반면, 현장에서 멀리 있는 서울시 직원들은 여성 노숙인이 자기 충족적일 가능성에 대해, 그리고 실직 노숙자라는 카테고리에 여성도 낄 수 있다는 것을 전혀 고려하지 않았다.

신 소장은 혼자 다니는 여성 노숙인은 공공 기관에 갇히느니 거리에서 생활하기를 원한다고 보았다. 그러나 이런 견해는 서울시 직원들의 견해와는 대립하는 것이었다. 그들에게 거리는 여성이 있을 법한 공간이 아니었고, 따라서 정상적인 결혼 생활과 가족 구조 바깥에 있는 여성 노숙인은 복지 혜택을 받을 자격을 상실한 존재였다. 독립성과 재활 가능성을 기준으로 복지 수급자를 가리는 것은 정상적인 가족의 가장으로 살아갈 능력이 있는 남성 노숙인에게만 적용되는 것이었다. 반면 여성 노숙인은 오로지 정상 가족 안으로 재편입될 때에만 가족 단위로 복지 혜택을 받을 자격을 얻을 수 있다고 여겨졌다.

신 소장과 서울시 공무원 사이에 여성과 남성이 머무는 '적절한' 공간에 대한 생각은 달랐을지 몰라도 가정생활에 매우 높은 가치를 부여한다는 점에서는 놀라운 만큼의 유사성을 보였다. 남성은 가장으로서, 여성은 고분고분한 주부로서의 기능이 강조되었다. 한 가지 차이가 있다면, 서울시 직원들의 여성 노숙인에 대한 시각이 좀 더 편협했다는 점뿐이다. 앞서 말했듯, 그들은 여성 노숙인의 자기 충족성이나 고용 가능성은 애초부터 염두에 두지 않고 오직 정상적인 가족 구조 안으로 재편입시키는 재활에만 초점을 맞췄다. 이런 재활의 요구는 여성 노숙인에게 고분고분한 주부로서의 삶을 기대하는 것이었고, 따라서 여성 노숙인의 경우에 독립성이나 일할 의사는 신자유주의 복지를 받을 자격을 가르는 기준이 아니었다. 규범에 부합하는 정상적인 가족의 생활 방식 유지가 특히 여성에게 요구된 척도였다는 사실은 신자유주의적 복지를 통한 사회 통치가 이성애를 기반으로 하는 가족 안에서 이뤄지는 성별에 따른 노동 분업을 바탕으로 구축되었을 뿐 아니라 그것을 강화한다는 사실을 보여 주는 좋은 사례다.

강 대표: '에미병'에 대한 이해

〈여성노숙자쉼터연대〉를 이끌었던 강 대표를 처음 만났을 때 그가 서울시 행정의 안팎에서 벌어지는 여성 노숙인의 정치적 정황에 대해 이해할 수 있도록 도와줄 사람임을 한눈에 알아볼 수 있었다. 이는 125개 〈희망의집〉 중 네 곳이 여성 노숙인을 위한 쉼터로 개설되어 있었음에도 여성 노숙의 실태와 왜 이들이 비가시화되었는지에 대한 다중적 상황에 대해 제대로 이해하는 이들이 없었기 때문이다. 강 대표는 공단 지역에서 십여 년 동안 목회 활동을 하면서 그 지역에서 일하면서 생활하는 극빈 여성을 지켜보고 그들의 고통을 나눈 소신 있는 종교인이었다. 목사 직위를 가진 여성이 드문 시절에 목회 활동을 한 강 대표는 외환 위기 당시 서울시에서 노숙 여성 지원의 필요를 파악하고 그들을 위한 안전망 구축에 나선 최초의 사회운동가였다.

〈서울시 노숙자대책협의회〉의 위원이었던 강 대표는 여성 노숙인을 위한 최초의 비상 쉼터를 운영하겠다고 자원했다. 강 대표는 8곳의 여성 노숙자 쉼터와 가족 노숙자 쉼터(4개의 여성 노숙자 쉼터와 2개의 가족 노숙자 쉼터는 서울시 〈희망의집〉에 소속되어 있었고 나머지 2곳은 〈희망의집〉이 아니었다)로 구성된 〈여성노숙자쉼터연대〉를 조직했다. 〈여성노숙자쉼터연대〉에 소속된 여성 노숙자 쉼터는 정부의 지원과 상관없이 모두 비정부 기관, 곧 시민사회 단체, 종교 단체, 민간 복지 기관에 의해 운영되었다. 〈여성노숙자쉼터연대〉를 통해 쉼터를 찾아온 여성들의 고충을 집합적으로 접하게 되면서 강 대표는 여성 노숙인이 비가시화되는 연유에 대해 통찰하게 되었다. 가정 폭력과 성폭력에 시달려 집을 떠난 여성 대부분은 친척집, 여관, 교회의 철야 예배, 기도원 등을 전전하다가 결국 길거리로 나오게 된다고 설명했다.

시민사회와 김대중 정부 사이의 민관 협력 관계라는 명목 하에 노숙인 이슈가 거론되기 시작하자마자 서울시는 노숙자 쉼터 관리의 책임을 명망 있는 비정부 비영리단체들에 의뢰하기로 했다. 서울시는 특히 대한민국 최대 불교 종파인 조계종, 가톨릭, 성공회, 몇몇 대표 개신교 종파가 운영하는 종교 단체에 의존했다.

백 개가 넘는 〈희망의집〉을 개설하는 과정에서 시 행정과 함께 이미 일해 본 경험이 있는 기존 복지 기관들은 거의 일방적으로 행정적 요청/지시를 받아 쉼터를 운영하게 되는 상황이었고, 관료적 절차에 전혀 익숙하지 않는 시민 단체들은 자발적으로 운영에 나섰음에도 불구하고, 쉼터를 개설 운영하는 데 생겨나는 실질적 문제들에 대해 행정 배려가 부족해 많은 곤란을 겪고 있었다. 가령 강 대표가 여성 노숙자 쉼터를 개설할 공간을 간신히 찾아 1년짜리 전세 임대 계약을 체결하려 했을 때 서울시는 약속과 달리 계약하는 날에 보증금을 지급하지 못했고 아무리 사정해도 시 직원들이 행정 과정의 '적법 절차'에 따를 수밖에 없다고 해서 6개월을 지연한 끝에 자금을 받아 쉼터를 개설할 수 있었다.

과도한 업무에 시달리는 서울시 중하위직 공무원들이 '적법 절차'를 항시 내세우는 배경에는, 앞서 나온 '책임 소재'를 분분하는 것과 다르지 않게, 관료제에 묶여 있는 행정 직원들이 자신들의 소임을 제대로 제때 했느냐에 대한 방어적 언설로 사용되는 경우가 흔했다. 또한 청년 실업 대책을 논하는 뒷장에도 나타나듯이 이런 언설은 상부급에서 지시한 일을 거절하거나 또는 과업에 대한 권리를 주장하는데 근거로 활용된다. 강 대표는 쉼터를 개설하는 시기를 미루지 않기위해 정부가 약속한 전세 보증금을 논의하려 다양한 수준의 지방정부를 찾아다녔다. 그러나 시청도 구청도 동사무소도 아무런 도움이 되지 못했다. 상당히 곤란한 입장이었고 분통이 터질 수 있었을 텐데도 강 대표는 당시의 상황을 이렇게 해석했다. "시청, 구청, 동사무소 직원들이 꼭 우리를 돕고 싶지 않아서 그랬다고는 생각하지 않아요. 그러나 안타깝게도 우리가 처한 상황을 현장에서 절실히 알고 있는 동사무소 직원들은 운신의 폭이 좁아 어쩔 수가 없고, 막상 권한이 있는 시청 직원들은 우리가 겪는 어려움에 대해서는 무심하더라고요."

서울시는 '민관 협력'이라는 명목 하에 노숙인 문제 관리에 도움을줄 시민사회 단체 활동가들을 초청했지만 정부 기구와 비정부기구가대등한 수준의 권력을 가지고 대면할 수 있는 구조는 아니었다. 익숙하지 않은 협력 관계가 시작되었을 때 시민사회 단체 활동가들은 관료적 통제에 익숙한 행정 직원들과 마주치게 되었다. 새로운 협력 관계는 시민사회 단체 활동가들에게 어려움을 안겼다. 그중에서도 시에서 재정적 지원을 받는 과정과 감사 과정은 특히 힘든 경험이었다. 외환 위기 이전보다는 민간단체와 활동가들의 입지가 정책 결정과 실행과정에서 더 늘어난 것은 사실이었지만 그렇다고 국가/시 행정 기관의 권위가 축소된 것도 아니었다. 바로 이것이 신자유주의화의 결과라 할 수 있다. 신자유주의를 정부의 축소, 시장의 확대로 단순하게 보는 입장과 달리, 학자들은 실상 빈곤과 복지 행정상의 재정 감사 등에서 신자유주의적 통치가 정부의 개입 및 권위를 더 돈독하게 하고 있다고 말한 바 있다.(Loic Wacquant, 2009. Adam Harmes, 2001. Eric Helleneiner 1994, Susanne Soederberg, 2004) 한국 외환 위기의 복지사회 통치를 통한 신자유주의 급속화 역시 그런 변론을 옹호한다고 볼 수 있다.

행정 기관과 시민사회 단체 활동가들의 대등하지 않은 권력 동학으로 인해 겪게 된 어려움과 함께 강 대표는 행정 직원들에게 다양한 경우의 여성 노숙인들의 필요를 이해시키는 과정에서도 장벽에 부딪혔다고 말했다. 강 대표는 시청 관련 부서 직원들에게 혼자 다니는 여성 노숙자 쉼터와 자녀를 데리고 다니는 여성 노숙자 쉼터를 별도로 운영할 수 있는지 문의했다. 한 건물 안에 두 개의 공간을 별도로 운영하거나 한 집에서 방을 여러 개로 나눠 운영하는 방식이었다. 강 대표는 자녀를 두고 가출한 여성 노숙인은 아이들에 대한 그리움과 죄책감으로 '에미병'을 앓는데 이런 여성들이 자녀를 데리고 다니는 여성 노숙인과 함께 지내게 되면 정서적인 혼란이 더 심각해진다고 설명했다.

그러나 서울시는 집을 나온 여성들은 실직 노숙자가 아닌 부랑인으로 분류하면서, 그나마 〈희망의집〉으로 여성 노숙자 쉼터를 운영하게 해 주는 것만으로 과분하다며 여성 노숙인들의 차별화된 필요를 위한 지원을 거절했다. 이는 실직 노숙자가 아니면 부랑인이라는 노숙인 분류에 대한 시청 직원과 노숙자 쉼터 관리자의 차이뿐 아니라, 자녀를 두고 가출한 여성 노숙인이 여전히 적절한 어머니의 영역에 존재한다고 이해하는 강 대표의 모성주의와 자녀를 두고 가출한 여성 노숙인이 부적절한 어머니라고 생각하는 공무원들의 모성주의의 충돌을 의미한다.

강 대표는 또한 노숙 정책이 여성 노숙인의 필요를 감안하지 못한 예로, 시가 산정한 쉼터 당 적정 수용 인원은 여성 노숙자 쉼터 운영상 적절하지 않았음을, 곧 너무 많은 인원이 책정되었음을 들었다. 이는 일을 하고 돌아와 쉴 수 있는 잠자리와 끼니만 필요한 건강한 남성을 기준으로 공간 규모와 시설 기준을 정했기 때문이라 했다. 당시 미디어에 보도된 한 여성 쉼터 관리자의 호소도 이와 상통한다. "정부의 〔노숙자〕 대책은 남성 노숙자에게 맞춰져 있습니다. 서울시는 명절에 노숙자에게 선물을 주었는데 모두 남성 용품뿐이었습니다. 여성들이 쓸 수 있는 물건은 없었어요. 또 복지부에 근본적인 지원을 요청할 때마다 담당 직원으로부터 '여성 노숙자는 별로 없지 않나요?'라는 무시하는 말을 들어야 했습니다."(신정선, 2000) 강 대표는 대부분의 여성 노숙인들도 쉼터 입소 노숙인 기준으로서의 '노동 의욕'이 없는 게 아니지만, 이들에게는 무엇보다도 그전에 먼저 휴식을 취하고 건강을 되찾을 약간의 시간이 필요했으므로 '재활 쉼터'라 부르는 특별한 요양 공간이 필요하다고 말했다.

강 대표는 거리에서 생활하는 대부분의 여성 노숙인은 강한 성격을 지녔고 감정을 표현할 능력을 잃었다고 했다. 강 대표는 또한 이들이 겨울의 추위로 인해 심각한 혈액 순환 장애를 겪고 있으며 그것이 그들의 체내 여성 기관에도 해를 입힌다고 말했다. 강 대표가 운영하는 여성 노숙자 쉼터 규정에는 아침 예배에 참석하도록 되어 있었는데, 아침마다 조용한 시간을 통해 마음의 상처를 치유하고 삶에 대한 새로운 동기를 부여받기를 바라는 뜻에서였다. 정부에 여성 노숙인이 심리적 건강과 신체적 건강을 동시에 회복할 수 있도록 도와야 한다고 강력하게 제안한 강 대표는 여성 노숙인들의 상황과 이에 맞는 지원을 제공하기 위한 일환으로, 행정 체계에서 노숙인에게 요구한 '재활 의지'와 '노동 의욕'이라는 언설을 전략적으로 활용했다.

위기에 처한 여성 노숙인이 머무는 쉼터를 '재활 쉼터'라고 명명함으로써 강 대표는 여성 노숙인에게도 '재활 의지'와 '노동 의욕'을 불러일으킬 가능성을 강조해 복지 행정의 지원을 받아 냈지만, 그로 인해 재활과 노동이라는 조건을 통해서만 노숙인들에게 복지 혜택의 자격을 인정했던 신자유주의적 행정 언설에 저항하기보다 그 틀을 더 공고하게 해 준 모양새가 되었다.

한편에서 강 목사는 생산적인 복지 체계가 고용 가능성에 대해 젠더화된 평가를 내리고 있으며 모성이 부정적으로 배치되고 있다는 데 대해 문제를 제기한다. '재활 쉼터'를 설립해서 '에미병'을 치유하게 하고, 쉼터에서 어머니와 함께 지내는 아이들에게 교육을 제공하는 등의 정책은 강 목사가 그만큼 젠더에 초점을 맞춘 고려와 제안을 하고 있다는 것을 말해 준다. 그러나 다른 한편에서 강 대표는 '노동 의욕'을 강조하는 생산적 복지 체제에 동의했고, 이는 거리에서의 생활을 독자적인 생활 방식의 하나로 인정할 가능성을 배제하는 결과를 낳았다. 강 대표가 여성 노숙인 문제의 해결 방안으로 '재활' 쉼터를 제안한 것은 정부로부터 자금 지원을 받기 위해 택한 전략적인 선택이었지만, 결과적으로는 노숙인을 병리적 대상으로 바라보고 오로지 재활의 논리만을 적용하려는 정부의 시각을 확인해 주었다. 더 나아가 강 대표는 여성 노숙인의 '적절한' 모성을 규범적인 정상 가족의 이미지 안에 끼워 넣음으로써 가족해체라는 더 너른 관심사와 강하게 결속했다. 어떤 의미에서 강 대표는 가족이야말로 사회와 개인의 복리에 일차적으로 책임을 지는 단위라는, 한국 복지 체계의 관점을 지지하고 있던 셈이었다.

이런 본의 아닌 행보는, 당시 큰 전환을 겪으며 사회적 공익을 추구했던 나를 포함한 많은 지식인, 전문인, 사회 활동가들이 의도하지 않게, 또는 알면서도 실리적으로 추구할 수밖에 없었던 딜레마였다. 내 경우, 서울시 〈청년여성실업대책 모니터링 팀〉으로 활동하면서, 여성을 약자와 피해자로 전형화하는 위험에도 불구하고 도외시되던 여성 노숙 주제를 한시바삐 가시화시키기 위해 노숙 여성들에 대한 동정심을 불러일으킬 만한 참담한 상황을 앞세워 호소한 것은 여성의 특징이나 약자 위치를 전형화함으로서 성별화를 강화하는 구조주의 여성주의적 한계를 중첩하는 행위였다 볼 수 있다. 더불어 쉼터에 필요한 준전문 관리 인력을 제대로 충원하거나 보상하지 못할 것이 불보듯이 뻔함에도 즉각적인 인력 지원이 가능하도록 공공 근로 사업을 통한 쉼터 도우미 증원을 요청한 것 모두 당시 행정 언설에 대한 근본 저항보다는 그 안에서 받아들여질 만한 방안을 찾아간 것이었다. 결국 그틀을 재확인/재생산하는 효과에 공헌했다고 봐야 한다. 이와 같은 전문인의 역할은 마지막 장에서 다시 이야기할 것이다.

젠더와 신자유주의적 복지

행정 직원들과 노숙자 쉼터 관리자들의 필요 – 발언 분석은 그들이 여성 노숙인의 욕구에 대해 서로 다른 다양한 인식을 지니고 있었다는 사실과 여성 노숙인이 복지 혜택을 받을 자격이 있는 대상인지 여부에 대해 서로 다른 평가를 내리고 있었다는 사실을 드러낸다. 그러나 여성 노숙인의 존재가 어떻게 받아들여지고 있는지에 관한 담론은 서로 달랐지만 여성의 자리가 가족 안에 존재한다는 도덕적 가치에 대해서는 상당한 중요성을 부여했다는 점에서는 함께 가는 부분도 있었다. 이와 같은 도덕적 판단은 IMF 위기라는 특수한 역사적 맥락에서 한국 사회의 복지 정책을 바꾸는 데 영향을 미쳤다. 그러한 정책은 여성 노숙인을 복지 혜택을 받을 자격이 없는 시민으로 규정하는 젠더화된 신자유주의 논리와 그에 맞서지 못하고 상의한 견해를 주류적 언설의 틀에 동화해 가는 과정을 반영한 것이었다.

구체적으로 보면, 'IMF 노숙자'라는 새로운 범주는 여성 노숙인을 비가시화하고 남성 노숙인을 중심으로 복지의 틀을 만들어 가는 데 크게 기여했다. 서울시 행정 직원들이 모든 여성 노숙인을 병리화하거나 비윤리적인 존재로 여기며 실직 노숙자가 아닌 부랑인으로 몰아붙였을 때, 대부분의 노숙자 쉼터 관리자들은 여성 노숙인 중에도 실직 노숙자의 지표로 여겨진 노동 의욕이나 취업 가능성이 있음을 밝힘으로서 적법한 노숙인으로서의 여성 노숙인의 존재를 반증했다. 동시에 그러한 행정 언설의 지표를 적용해 여성 노숙인의 정당성을 입증하는 방식은 부랑인과 노숙인의 이분법을 인정하고, 그로 인해 노동 능력과 의지가 부재한 노숙인을 복리대상에서 제외시키는 데 간접적인 동의를 한 셈이 되었다.

5장

청년, 신자유주의의
복지와 노동 주체

20세기 후반에 특정 국가의 영역과 국제적 영역에서 이뤄진 수많은 신자유주의적 개혁 프로젝트를 연결하는 공통분모가 있다면 그간 사회 정책의 적절한 영역으로 여겨 왔던 보건, 교육 및 서구 국가의 다른 영역들을, 국가권력을 규제하고 경쟁력과 개인의 선택을 장려한다는 미명 아래 국가기구의 기업화·민영화, 금융시장(그리고 신용 평가 기구) 사용을 동반해, 개개인의 자기 고양, 자기 통제, 책임을 해결책으로 만드는 과정이, 시장과 준시장 영역뿐 아니라 사회 생활의 전 영역으로 시도된 것에 있다고 하겠다.

배리 힌데스Barry Hindess,

「자유주의: 그 이름 안에는 무엇이?Liberalism: What's in a name」

이제 신자유주의의 '자기 관리가 가능한' 주체 및 '자기의 기업화가 가능한' 주체 형성과 관련해 복지사회와 노동력 통제 사이의 관계에 초점을 맞추고자 한다. 5장에서는 대기업을 중심으로 한 대한민국 산업 자본이 벤처 사업과 투자 시장을 기반으로 하는 금융자본의 도전을 받는 방식과 연계해 청년 실업자의 사회적 통치를 살펴볼 것이다. 미국과 다른 기술 선진국에서 벤처 캐피털의 자금 지원을 받은 신생 기업들이 우후죽순 생겨났던 1990년대 말, 닷컴 열풍이 불었다. 아시아 외환 위기의 한복판에서 닷컴 열풍의 시대를 통과한 대한민국은 금융자본을 성장시켜 국가의 경제 불황을 극복하려 했다. IMF 위기를 거치는 동안 이뤄진 산업과 금융 구조 조정에 발맞춰 김대중 정부는 청년 실업자에 대한 복지 프로그램을 수립했다. 청년은 전 지구적 자본주의 하에서 대한민국 경제의 생존을 책임질 산업인 미래의 정보 통신 기술 산업을 주도할 핵심 노동력으로 인식되었다.[1]

이 책에서는 IMF 위기를 거치는 동안 형성된 신자유주의적 노숙인 대책을 노동 복지 구성의 훌륭한 사례로 꼽는다. 곧 노숙 통치(취업 가능성과 재활 능력이라는 기준을 통해 복지 혜택을 받을 '자격이 있는' 노숙인을 가려내는 일)는 잉여 노동력 관리 기술이었던 것이다. 간단히 말해 신자유주의적 복지를 통한 노숙 통치는 불안정한 인구를 통제하고 특정 인구 집단을 노동력으로 상품화하는 모형을 제시하는 일에 조응했다. 그러나 노숙 통치는 하위 계급이 사회의 안전을 위협하지 못하도록 방지하기 위해 반작용적 차원에서 시행된 것이었던 반면 청년 실업자 통치는 자본주의 국가 대한민국이 후기 산업주의 시대에 걸맞은 노동력을 육성하기 위해 선제적으로 시행된 것이었다.

민주화가 이뤄진 이후의 시대, 그중에서도 특히 IMF 위기를 거치는 동안 한때 대기업에 적대적이고 반국가적인 정치운동으로 여겨졌던 개인 중심적 노동에의 열망(곧 벤처 기업 창업 같은)[2]과 개인 중심적 사회정치적 공간(정체성의 정치, 또는 소비자 운동 같은)이 더 이상 '이기

---

[1] 정보 기술이 미래 대한민국의 자본주의 발달을 이끌어갈 원동력으로 인식되었다는 사실을 1980년대의 일본에 대해 연구한 테사 모리스-스즈키의 연구와 비교해 논의한 내용은 1장을 참고하라.

[2] 대한민국에서 벤처 기업은 소규모 IT 기업을 의미한다. 인터넷 사업이나 웹 포털 서비스 같은 것을 예로 들 수 있다.

적' 이거나 '파괴적' 인 것으로 여겨지지 않았다.(다음 장을 참고하라, Abelmann, 1996. Janelli, 1993) IMF 위기와 뒤이어 나타난 신자유주의적 통치는 대한민국의 자본주의적 생산양식의 전환으로 귀결되었다. 새로운 시장, 새로운 산업, 새로운 기업가, 새로운 노동력은 개발 국가에서의 시장, 산업, 기업가, 노동력을 대체하면서 포스트 포드주의 시대의 전 지구적 시장 경쟁에 적응할 길을 모색했다. 벤처 기업과 벤처 사업은 대기업이 주도하는 산업 형태인 대량생산의 대안으로 등장했고 소규모 기업 이곳저곳을 전전하며 일자리를 끊임없이 바꾸는 일은 대기업이 제공하는 안정적인 일자리의 대안으로 떠올랐다. 벤처 캐피털은 국내와 국제 단기 펀드, 그리고 채권을 통해 이뤄지는 새로운 금융 자본주의의 투자 방식으로 각광받으면서 호황을 누렸다.[3]

인터넷을 이용한 서비스, 정보, 지식 산업이 개인 판매 대리인을 앞세운 제조업을 능가했다. 새로운 생각을 세상에 내놓고 불안정이라는 위험을 무릅쓰면서 소규모 기업을 창업해 새로운 시장을 개척한 사람들에 대한 찬사가 쏟아졌다. 그들은 '창의적' 인 '신지식인' 이라는 긍정적인 모습으로 묘사되었다. 인터넷, 영어, 해외여행 경험자같이 국제적인 의사소통 기술을 보유한 사람도 '신세대' 라는 이름으로 불리면서 높은 평가를 받았는데 이 현상 역시 비슷한 맥락에서 이해할 수 있다. 끊임없이 변화하는 시대에 살아남을 수 있는 잠재력을 지닌 존재, 곧 불안정한 고용 환경과 불안정한 생활 방식을 극복할 수 있는 잠재력을 지닌 존재라는 신세대의 장점이 부각되었다.

이런 맥락에서 '청년 실업자' 는 특별히 그들을 위해 설계된 공공 근로 사업을 통해 복지 급여를 받을 자격을 갖게 된 새로운 세대로 떠올랐다. 반면 '게으른' 청년 실업자에게는 '백수'라는 꼬리표를 붙여 복지 급여를 받을 자격이 있는 청년 실업자와 구분했다. 새로운 자본주의적 생산양식으로 등장한 벤처 사업을 창업한 기업가가 되거나 벤처 기업의 노동자가 될 수 있는 가능성을 보여 준 신지식인은 복지 혜택을 받을 자격이 있는 존재였다. 이때 기업화의 대상은 그들이 창업하는 소규모의 혁신적인 기업만이 아니었다. 더 중요한 것은 개인 자신도 기업화의 대상이었다는 점이다. 그들 스스로가 자기 통치라는 자율적인 영역의 대상이 되었다. 바로 그 지점이 '자기 관리' 담론과 '자기 계발' 담론을 통해 이뤄진 개인의 주체화가 신자유주의적 통치 기술의 핵심으로 작용한 지점이었다.(서동진, 2005)[4]

이 장에서는 '자기 통치적인'(곧 독립적이고 유연하며 창의적인) 주체로 형성된 청년 실업자가 자신들을 대상으로 한 복지 프로그램과 '벤처 산업(업계)'을 통한 자본주의 국가의 노동력 전유 사이의 연계를 활성화해 나간 방식을 보여 주려 한다. 자기의 기업화를 통한 신자

---

3) 금융자본은 산업자본주의의 시기에 산업자본에 의해 정복되었던 상업자본이 재등장한 것이라는 카우식 순더 라잔(2006)과 조반니 아리기(Giovanni Arrighi, 1994)의 논의는 설득력이 있다. 금융자본 부문을 통해 원시적 축적을 이론화한 제이슨 리드의 이론은 순더 라잔의 주장과 관련성을 가지며 자본 이동의 역동성에 입각해 역사를 고찰하는 데 유용하다.(2002)
4) 대한민국 노동시장 및 산업이 변화하던 시기에 많은 젊은 전문가들이 일자리를 찾기 위해 해외로 떠났다. 고학력 여성의 경우 성차별적 문화로 인한 일자리 부족과 승진 기회 부족이 해외로 나가는 일차적인 이유였다. 나아가 일반적으로 해외로 일자리를 찾아나선 젊은 전문가들은 숨막힐 듯한 신유교주의적 문화와 군국주의적 환경을 지닌 대기업 및 성공을 강조하는 사회적 압력에 대한 대안을 찾아 나서는 자유주의적 에토스와 주체성의 사례다.

유주의적 통치는 복지를 노동과 산업 영역에 연계시킨다. 그 구체적인 사례는 모니터링 팀 구성원이 (공공 근로 사업에 참여하는 청년 실업자로서) 국가의 통치 대상이 되는 동시에 (청년 실업자를 연구하는 정부 소속의 임시직 연구자로서) 국가의 일을 대행하는 대리인이 되는 경험을 한 방식에서 드러난다.

자기의 기업화: 생산적 복지와 위태로운 노동 사이

노숙인은 실업자 중에서도 가장 바닥에 위치한 계층으로 여겨져 저임금 노동을 하도록 유도되는 반면 청년 실업자는 기술이 지배하는 지식 중심적인 전 지구적 시장에서 임금이 높은 유연 노동을 할 수 있는 전도유망한 계층으로 여겨져 동원되었다. 노숙인이 고속도로 청소나 숲 가꾸기 사업 같은 저임금 공공 근로 사업에 배정되었다면 청년 실업자는 정보화 사업같이 임금이 높은 공공 근로 사업에 배정되거나 (모니터링 팀처럼) 새로운 시장이나 공공재를 개척하기 위한 연구 수행 업무에 투입되었다.

신자유주의적 사회 통치에서 복지 혜택을 받을 자격이 있는 시민이 되려면 복지의 대상인 두 계층(노숙인과 청년 실업자) 모두 국가에 의존하는 존재이기보다는 자기 충족적인 존재가 되어야 했고, 위태로운 노동시장에 기꺼이 뛰어들어야 했다. 그러나 청년 실업자가 자기 충족적이라는 의미와 노숙인이 자기 충족적이라는 의미는 사뭇 달랐고,

그에 따라 그 두 계층에게 기대되는 내용도 달랐다. 노숙인의 경우 자기 충족적이라는 의미는 기존부터 존재하고 있던 저임금의 불안정한 노동시장의 가장 밑바닥 수준에서 일할 수 있는지 여부를 따지는 단순한 '취업 가능성', 그리고 이성애를 기반으로 하는 가족 질서를 수용하고 남성은 가장으로서, 여성은 돌봄 노동을 수행하는 어머니로서 재활할 수 있는 여부로 환원되었다(2장과 4장 참고). 반면 인터넷처럼 세계를 넘나드는 매체와 기술을 접해 보았던 청년 실업자의 경우 자기 충족적이라는 의미는 자기 계발에 매진해 (벤처 기업 같은) 새로운 사업과 시장을 창조함으로써 스스로를 고용할 수 있는 존재가 되거나 지식 산업에서 급격하게 늘어나고 있던 비정규직 노동시장에서 고용될 수 있는 존재가 된다는 말이었다. 자기의 기업화와 창의성의 상품화를 촉진하는 것에 더해 위험하고 예측할 수 없는 생활 방식 및 고용에 대한 유연성과 적응성이 청년 실업자들에게 요구되었다. 청년 실업자의 노동력은 남성 가장의 권위와 규범적인 사회 질서를 훼손하는 존재로 여겨지기보다는 전도유망하고 가치 있는 존재로 인식되었다.

복지의 대상이었던 이 두 계층이 처한 위태로움의 본질은 확연히 구분되었다. 일용직 노동자인 노숙인들이 참여하도록 구성된 최저임금을 지급하는 일자리의 불안정성은 주변화된 노동시장의 운영에서 기인한 것이다. 최저임금을 받고 일하는 노동자는 주변화된 노동시장에 대해 아무런 통제를 할 수 없었으므로 불안정을 야기하는 데 큰 역할을 하지 않는다. 그러나 벤처 기업 노동자들이나 벤처 창업자들은 대소를 막론하고 위태로움을 기반하여 그에 창의적으로 대응하고 적응하는 변동력을 증명함에 따라 고용이 결정되는 고용 방식과 노동시장의 성격 자체에서 기인한 것이었다. 따라서 청년 실업자는 벤처 기업과 창업의 불안정성의 피해자인 동시에, 그런 고용/창업 방식이 유지/확장되도록 하는 데 필요 불가결한 유동성과 창의성의 소유자이자 브로커가 되는 것이다.

'자기의 기업화'로 인해 불안정성이 유발된다는 사실은 푸코주의의 통치성 개념의 한계를 드러낸다. 한편으로는 아크힐 굽타Akhil Gupta가 말한 것처럼 "'좋은 정부'라는 목표는 단순히 영토 안의 국민에 대한 주권을 행사하거나 국민을 규율하고 규제하는 데 그치는 것이 아니라 국민의 번영과 행복을 촉진하는 것이다."(2001, 67) 푸코(1990)는 생명권력을 통해 자유주의적 통치 기술이 개입하는 방식을 보여 준다. 생명권력이란 죽음으로 몰고 가겠다고 위협하는 대신 생명을 보호함으로써 통치 권력의 정당성을 확보한다는 개념이다. 그런 자유주의적 통치 기술의 사례에는 보건의료 규제와 삶의 질 향상이 포함된다. 푸코는 이런 형태의 통치가 중앙화된 국가기구를 통한 직접적인 개입보다는 자기 규제와 내면으로부터의 교정('신체의 주체화' 또는 '행위의 행위')을 구축함으로써 국가권력을 분산시키는 준정부 기구 또는 비정부기구 및 개인을 통해 이뤄진다고 기록한다.(Burchell, 1996. Gordon, 1991) 따라서 자기의 기업화 같은 자기 통치는 권력을 분산시키고 국민에 대한 자유주의적 통치에 대한 사회 구성원의 합의를 이끌어 내는 핵심 기술이다.(Foucault, 1988)

그러나 권력의 감시적 측면에 반대되는 것으로서 권력의 '긍정적인' 측면을 부각시킨 푸코는 복지국가가 양육한 인구와 자본주의적 노동시장의 양육된 인구 사이의 연결 고리로까지는 나아가지 못했다. 경제성장을 국가 안정의 초석으로 삼는 자유주의 국가는 국민에게 시혜를 위시하는 만큼 강압적인 관여를 마다않는다. 그래야만 노동력을 상품화하고 자본을 축적할 수 있기 때문이다.(Brunhoff, 1976. Perelman, 2000) 신자유주의적 복지국가인 대한민국이 내세운 생산적 복지는 청년 실업자 같은 특정한 복지의 대상을 부양했다. 그것은 포스트 포드주의 시대의 자본주의적 생산양식 속에서 국가 경제와 자본 축적을 극대화시켜 줄 '생산적' 노동력을 구축하기 위한 투자였다. '생산적 복지'의 전형로서 고양된 청년 실업자들은 자기 주도적으로 스스로의 고용과 생존을 책임지는 대상으로 기대되며, '생산적' 모델을 전파시키는 사회공학 실행자(또는 지식 매개자)로 주체화된다. 그러나 이들은 안정된 임금시장에 전입되기보다 불안정/비정규직을 떠도는 '유연한' 노동력이 되어 자본축적에 필수적인, 준비된 산업예비군과 과잉잉여 인구로 전유/착취당한다.

청년 실업자에 대한 대한민국의 복지 정책과 대중 담론은 '자기의 기업화'라는 신자유주의적 주체화 과정을 시사한다. 특수한 공공 근로 사업(가령 정보화 사업)과 '신지식인', 그리고 '벤처 기업 및 벤처 캐피털'에 대한 담론이 구체적인 사례다. 청년 실업자는 단순히 긴급하게 복지 혜택을 받을 필요가 있는 젊은이를 의미하는 것이 아니었다. 창의성, 유연성, 자기 관리 능력이라는 요인들은 전 지구적 시장을 창조해 낼 수 있는 또는 생산과 유통 기술을 혁신해 비용 효율을 증진시킬 수 있는 개인의 핵심 특성으로 부각되었다. 교육 체계를 비롯한 다양한 사회정치적 영역에서는 이를 바탕으로 노동력의 가치를 인식하게 되었다. 민주화가 이루어진 이후 '자율성', '창의성', '개성', '시민의 권리', '인권', '소유권'(오너), '신세대' 같은 개념이 자유로운 개인을 묘사하는 지배적인 표식으로 자리 잡았고 교육 체계의 방향에도 영향을 미쳤다.(Abelmann, 1996. 박소진 · Abelmann, 2004)

IMF 위기를 거치는 동안 민주화라는 자유주의적 사회 에토스를 바탕으로 한 대한민국에서는 자유로운 자아의 중요성에 대한 기존의 인식을 넘어서서 '자기 관리'와 '창업 정신'이 핵심 수사로 자리 잡았다. 자기 규율 과정을 통한 자유로운 자아의 적극적인 육성이 IMF 위기를 거치는 동안 노동시장과 기업, 산업에서 겪는 어려움을 헤쳐나갈 방법으로 처방되었다. 자기 관리에 이어 성별이나 직업을 막론하고 운동을 통한 신체 가꾸기, 시간과 일정을 효율적으로 관리하는 기술 개발(가령 일정 관리 전문 다이어리인 프랭클린 플래너를 활용해 스스로를 효율적인 기업으로 구축해 나가는 일), 전문적이고 시장성 있는 존재로서의 자기 이미지 구축, 컴퓨터와 인터넷 기술 및 영어(와 일부의 경우 일본어와 중국어) 같은 언어를 능숙하게 활용하기 위한 추가 교육, 세계 여행을 하거나 해외 텔레비전 프로그램을 시청함으로써 세계적인 문화와 매체를 경험하는 등의 현상이 나타났다.(Arai, 2005. Muraki, 2003. Takeyama, 2005) 자기 관리 또는 자기 계발이란 언설은 대체로 성공과 실패를 청년 실업자 개개인의 탓으로 돌리는 역할을 했다.

IMF 위기를 거치던 시기에 제한된 노동시장이라는 신자유주의적 상황에서 자기 계발이란 자유주의적 통치 방식의 수사가 활용된 예로서, 1998년 10월 〈대통령 직속 여성특별위원회〉(현재의 여성가족부, 이하 〈여성특별위원회〉)가 '남녀 고용 평등의 달' 기념으로 주최한 "여대생 구직 실태와 문제점, 그리고 정책 대안"이라는 세미나를 들 수 있다. 행사를 주최한 〈여성특별위원회〉는 여성주의적 민간단체와 전문인들이 사회, 행정 기관, 정책 전반에 걸친 성차별 문제를 정부 차원에서 적극적으로 해결할 것을 요청한 데 대한 결과로 설립되었고, 6개 부처(행정자치부, 법무부, 교육부, 농림부, 보건복지부, 노동부)의 여성 정책 담당관실을 설치, 운영하는 것으로 시작되었다.

〈여성특별위원회〉의 "여대생 구직 실태와 문제점, 그리고 정책 대안" 세미나는 외환 위기로 축소된 고용시장에서 성차별로 인해 이중으로 취업난을 겪고 있는 대졸 미취업 여성들의 처지에 대한 관심을 정부가 최초로 보여 줬다는 데 큰 의미가 있었다. 성평등의 중요성과 여성 정책 주류화의 필요성을 거듭 확인하는 〈여성특별위원회〉 위원장의 개회사가 끝나고 국내 대표적 직업 알선 전문 회사 인력 관리 팀장과 대학 내 취업 정보실 담당자들이 나와 고학력 여성 청년들의 노동시장 진입의 어려움에 대한 상황 분석과 개선 제안을 발표했다.

먼저, 주제 발표를 맡은 직업 알선 전문 회사의 발표 내용은 대졸 여성의 실업 상황을 구조적으로 이해하고 대안을 모색하는 데 그리 아귀가 맞지 않았다. 어떤 종류의 직종인지 분석 없이, 대졸 여성 취업률이 대졸 남성보다 조금 낮아도 남녀 간 취업률 격차가 1990년대 초보다 줄고 있다고 말한다거나, 18페이지 발표 자료 중 15페이지가 성차별적 고용 시장 구조에 상관없이 기업 경영과 고용 패턴의 변화 및 국가가 제공하는 정보 통신 교육 훈련 프로그램과 인턴 사원제에 대해 소개하는 것으로 채워졌다. 1997년도 자사 설문 결과로서 발표한 '기업의 여성 인력 기피 이유'는 '직업 의식 결여'가 45.3퍼센트 '결혼 후 퇴직'이 32.6퍼센트로 간단히 언급되어 있었다.

이 주제 발표에서 여성 청년들의 개인적 과실과 책임을 두둔하는 것이 기업의 여성에 대한 편견을 문제시하지 않음으로서 간접적으로 드러났다면, 뒤에 발표한 이들 중에는 대졸 여성을 여성스러운 직원으로 본질화하거나 유아적으로 대하며 훈계하기도 했다. 가령, 한 발표자는 대졸 여성의 노동시장 진입 실패의 이유로 이들의 이력서가 여성적 특성을 살리지 않기 때문이라 지적하며 색과 디자인으로 치장한 이력서 작성법을 대안으로 제시했다. 구직 대졸 여성에게 전문성에 대한 자신감에 대한 이해를 강화하라고 장려하는 대신, 기존의 성 문화에 걸맞은 이력서를 작성할 것을 요구하는 내용이었다.

또 다른 발표자 역시 비슷한 입장을 취했다. 발표자가 교수로 재직하고 있는 대학에서 직접 주도해 '여성과 취업'이란 강의를 신설했음을 자랑스레 이야기하며 강의를 도입한 목적이 직장을 준비하는 여대생들에게 '적절한 예의범절'을 가르치는 데 있다고 밝혔다. 발표자는 당시 젊은 사람들이 버릇없다는 것을 탓하며 가볍게 목례만 하는 것은 공손치 않다고 했고, 신설 강의에서 소개하는 예의범절에는 직장 복도에서 연배 있는 남성 상사를 마주쳤을 때 깍듯하게 허리를 굽혀 인사하는 것 등을 포함한다 말했다. 두 번째 패널이 전하는 메시지는 분명했다. 거의 항상 남자인 선배들을 대하는 태도에 '문제가 있기' 때문에 고학력 여성은 취직할 수 없다는 것이었다.(여기서 문제가 있는 태도란 선배에게 인사하지 않는 태도, 또는 존경심을 담아 인사하지 않는 태도를 말한다.) 두 번째 발표자가 의미하는 바는, 고학력 여성의 취업난이 그들의 태도, 대부분 그들보다 나이 많은 상사들에 대한 불공손한 태도 때문이라는 것이었다.

공교롭게도 모두 여성이었던 위의 두 발표자는, 〈여성특별위원회〉 위원장의 여성주의적 입장에 이어 실업 정책 및 고용 시장의 불평등을 해소할 방안을 제안하기보다, 도리어 직장생활에 연장된 전통적인 가부장적 틀 안에서의 여성적 역할과 지위를 재확인시키고 그 안에서 이루어지는 여성 개개인의 노력의 중요성에 초점을 맞췄다. 두 발표자가 제시한 구직 대졸 여성의 취업 준비 조건은 보수적인 성 규범을 유지하고 재생산하는 데 기반한 것이었다. 해당 세미나의 초점이 대안 정책 마련을 통한 해결책 모색에 맞춰져 있었음에도 이들의 발표 내용은 국가 행정 차원의 책임을 언급하지 않고 개인의 과실, 책임으로 점철했다.

이 행사를 조직한 〈여성특별위원회〉 담당 직원들 역시 위원장의 개회사가 대변하는 여성주의적 배경의 〈여성특별위원회〉의 설립 취지와 위의 세미나에서 발표된 내용의 간극을 이해하지 못하는 듯했다. 〈여성특별위원회〉 행정 직원들은 세미나 내용의 효용성에 대해 특별한 관심이 없어 보였고, 대졸 여성 취업 문제로는 처음으로 〈여성특별위원회〉에서 후원한 세미나가 개최되었다는 사실 자체에 만족한다고 했다. 이는 신설 〈여성특별위원회〉로 옮겨 온 정규 직원들이 대부분 여성 정책 내지 여성주의적 견해에 익숙하지 않는 것과도 무관하지 않을 것이다. 〈여성특별위원회〉 설립을 후원하고 설립 이후 자문 위원으로 활동했던 일간 민간 전문 위원들 가운데는, 여성주의적 입장이 분명한 민간 전문가를 〈여성특별위원회〉와 다른 관련 부서 내 특채 행정직원으로 고용하는 게 효율적이라는 입장이 있었는데, 행정 당국에서 별정직을 다수 고용하는 것은 당시 정부 구조 조정 상 직원들로부터의 반감을 우려해 이례적인 경우만 허용되었다. 또한 〈여성특별위원회〉를 영구 기관으로 만들어 가려는 목적에서도 임시 별정직이 할 수 있는 역할은 한계가 있었고, 장기적으로 봤을 때 정규 행정 직원들이 성평등 입장에 대해 이해하고 이를 지속적으로 이어 나가는 것이 낫다는 전략이 우세했다.

이런 상황을 최근 한 연구자(원숙연, 2014)는 〈여성특별위원회〉 출범 당시부터(40여 명의 〈여성특별위원회〉 직원 가운데 18명 정도만이 정책에 관여), 이후 여성부, 여성가족부로 커져 가는 가운데서도 (총 120명인데, 여타 정무장관실 인력은 최소 3백 명에서 1만 4천 명인 것에 비해) 인력이 턱이 없이 부족하고(56), 같은 〈여성특별위원회〉 직원들 가운데서도 여성주의적 입장이 분명한 관료와 일반 관료들 사이의 의사소통의 어려움, 여성 주류화 정책을 추진하는 데 발목을 잡기 일쑤이며(52), 이런 상황에서 일하는 여성주의적 입장이 분명한 관료들은 정부 내에서도 또 정부 밖에서 성원하는 관계에 있는 민간 여성 단체 기구들로부터도 불만을 사는 난처한 입장임을 밝혔다(60~63). 따라서 이런 배경으로 〈여성특별위원회〉로 전임된 정규 직원들 중에는 자신들이 익숙한 분야도 아니고, 또 영구기관도 아닌 〈여성특별위원회〉에서 일하는 것에 그리 흡족스럽지 않았을 수도 있다.

이 가운데, 〈여성특별위원회〉 직원 중 한 명은 나와 세미나 내용에 대한 의견을 주고받는 과정에서, 자신이 노동 정책 전문가임을 밝힌 뒤 대졸 여성 미취업 상황은 취업률만 상승하면 여성 남성 불문하고 IMF 위기가 불러온 여러 사회문제를 해결해 줄 수 있다고 생각한다며, 노동시장으로 진입하는 남성과 여성이 겪는 어려움에는 아무 차이가 없다고 했다. 그 직원은 자기 의견의 근거로, 당시까지 노동부에 접수된 민원 중 성차별로 인한 민원은 단 한 건도 없었다는 사실을 들었다. 1999년에 〈농협〉 사내 부부 여성 해고 사건 등 더 불거진 성차별 이슈가 그때까지는 두드러지지 않았기 때문일 수도 있다. 그러나 이미 철도청 여성 공무원 채용상의 남녀 차별 문제가 제기되어 1998년 5월에 시정되었던 것이 그해 198회 국회에서 여성 정책 연간 보고로 발표된 것을 보면, 이는 젠더에 대한 사회화 과정의 이해가 부재했던 당시 행정 문화를 여실히 반영하는 것으로 보인다. 또한 당시 〈여성특별위원회〉 행정 직원들이, 가부장적 틀 안에서 여성 노동력을 자리매김하는 것과 상관없이, '여성적'인 이력서 작성과 공손한 예의범절이 여성 청년의 취업 문제를 개선하는 데 유용하다고 인정한 것은, 고용/취업/실업이 구조적 문제임에도 그 해결을 개인의 '자기 관리와 계발'로 몰아가는 신자유주의적 통치 방식이 행정 요원들의 사고방식에서도 나타나는 증거라고 볼 수 있다.

신지식인 운동

생산적 복지의 논리는 최저 비용으로 복지국가를 수립함으로써 자유주의적 사회 통치를 최적화하는 것이다. 대한민국에 최초로 성립된 복지국가는 보편적 제도로서의 근대적 복지 개념에 입각해 서민, 즉 저소득 계급뿐 아니라 중간계급, 상류계급을 비롯한 모든 이들을 복지 급부의 대상으로 삼았다. 이는 복지 행정 패러다임상 천지개벽과 같은 변화였는데, 이전 복지 행정이 근검절약의 원칙에 의해 극빈층을 지원할 여력밖에 없다는 입장으로 몇십 년 간의 행정 관행을 굳혀 왔기 때문에, 이에 충실해 왔던 보건복지 중하위직 직원들은 먹고살 여유가 있어 보이는 이들, 예를 들면 중간계급 가정에서 부양받을 수 있는 실업 여성이나 대졸 청년 구직자까지, 복지 혜택을 준다는 개념을 이해할 수 없어 했고, 매우 부조리한 일로 여겼다. 그러나 복지 대상의 보편화와 그로 인한 행정 직원들의 혼란과 상관없이, '생산적 복지'는 신자유주의적인 노동 복지 방식을 함께 도입했기 때문에, 대부분의 복지 혜택은 구호 차원에서의 공공 급부가 아닌, 일할 의지와 능력을 증명할 때 지급받는 형태였고, 연금과 세금을 낼 수 있는 국민으로의 역할을 기대할 수 있을 때 각별한 대접을 받았다. 이렇게 증명을 요구하고 자격을 걸러 내는 과정은 관료적 절차에 길들여진 중하위 행정 직원들에게 익숙한 부분이었고 근본적인 전환에 따른 저항감에도 불구하고 복지 대상들을 통제할 수 있는 입지를 마련해 주었다.

취업 가능하고 자기 주도적인 이들이 복지 혜택을 받을 당당한 자격이 있는 시민이라는 생각은 김대중 정권 시절 청년군을 가치 있는 국가 경제 인력 자원으로 인식한 것과 일맥상통한다. IMF 위기를 거치는 동안 청년에 대한 관심이 증가한 이유는 기본적으로 두 가지였다. 첫 번째 이유는 줄어든 청년 노동시장이다. 실업 인구 상당 부분을 차지한 미취업 대졸 청년은 공공 근로 사업의 기회를 정부가 마련하자마자 대거 참여했는데 특히 이들의 수요와 장점을 맞춰 정보화 사업이 대대적으로 기획되었다. 정보화 사업의 명목은 중앙정부와 지방정부가 축적한, 종이로 된 문서를 컴퓨터 데이터베이스로 전환하는 것이었다. 정보화 사업에 참여하려면 컴퓨터 활용 능력이 필수적이었으므로 정보화 사업 참여자 대부분은 개인용 컴퓨터 기술에 익숙한 청년군이었다. 그러나 정보화 사업은 비교적 단순 반복 노동이 대부분이었고 기본적인 컴퓨터 활용 능력만 보유하고 있으면 되었다. 그렇기 때문에 컴퓨터 활용 능력이 정말로 중요한 일인지 고학력자들을 별다른 기술이 필요하지 않은 미숙련 노동에 동원하는 일의 비효율성에 대한 문제가 제기되기도 했다.

두 번째 이유는 정부가 '신지식인' 운동을 벌이면서 스스로의 일자리와 새로운 서비스 및 지식 상품을 기획해 내는 창의적인 청년들을 신지식인의 모범 사례로 내세웠기 때문이다. 신지식인은 시장에 내세울 만한 자신의 가치를 파악하고 더 나은 상품이 되기 위해서 스스로를 끊임없이 계발 관리하는 지식 노동자를 의미한다.(김효근, 1999. 서동진, 2005. 2009) "학식을 많이 쌓은 대학교수만 지식인이 아니라 자신의 일을 개선 개발 혁신해서 자기 몸값을 높이는 사람도 지식인이다.

그래서 자장면 배달원이나 청소부, 운동선수, 회사원 등 누구나 지식인이 될 수 있다. 지식경제로의 이행도 이런 '신지식인'의 출현으로부터 시작되는 것이다. 20년간 똑같은 강의 노트로 학생을 가르치는 대학교수가 있다면 그가 아무리 박사 학위를 갖고 있더라도 지식인이 아닌 것이다."(『매일경제』, 1998년. 51. 서동진, 2005. 63 또는 2009. 84에서 재인용) 김대중 대통령은 취임 후 초기 연설들에는 생산적 복지 체제의 출범을 선언하는 것과 더불어 신지식들의 필요성을 강조했음이 드러난다. 1999년 출범한 대통령 직속 자문 기구 〈제2의 건국 범국민추진위원회〉는 매년 '신지식인상'을 수여했다. 신지식상은 신자유주의적인 김대중 정부가 개발주의적 국가가 보여 준 보호주의적 자세보다 탈개발주의적 개방 국가로 전환된 것이라는 신호였다. 곧 첨단 정보 기술(IT) 활용 능력을 갖춘 인간 자본을 개발해 전 지구적인 경쟁력을 갖추고 전 지구적인 시장에 편입하려는 의지의 표현이었다.(Ong, 1999. Ong · Collier, 2005)

더불어 중앙정부의 각 부처와 지방자치 정부마다 비슷한 상을 제정했다. 당시 산업자원부 산업진흥재단(현 산업통상자원부)가 제정한 신지식상, 당시 문화관광부(현 문화체육관광부)가 제정한 신지식상, 서울특별시 신지식인상, 인천광역시 신지식인 경연 대회, 경기도 교육청이 제정한 신지식인상 등이 그것이다. 생산적 복지의 모토가 공공 근로 사업과 직업교육 프로그램을 통해 실업 정책을 주도하는 것이었다면 신지식인 담론은 1인 기업이나 소규모 기업(이른바 소호SOHO라 불리는 작은 회사나 재택 회사) 창업을 비롯한 중소기업을 육성하는 정책을 통해 경제 위기를 극복할 목적의 산업 정책을 유도하는 셈이었다. 공공 근로 사업은 실업 정책과 산업 정책을 모두 아우르며 최대한 활용되었던 구체적 방식이었는데, 가령 실업 정책과 관련해서는 〈희망의집〉에서 지내는 노숙인들이나 실업자 등록을 한 이들의 단기적 일자리로서, 또는 정보화 사업과 재활 사업 및 중소기업 심지어는 시민단체/사회적 기업 보조 요원 단기 지원으로서 사용되었기 때문이다. 이런 시도는 실업률이 낮아졌거나 안정되었다는 인식을 만들어 냈는데, 국내 언론사들의 보도뿐 아니라, 당시 같은 외환 위기를 겪고 있던 아시아 국가들에게 모범 사례로 소개되었으며 IMF와 〈세계은행〉역시 한국의 정보화 사업 및 공공 근로 사업의 활용례를 극찬했다.(오상석, 2000. 신상영, 2004)

신지식인 및 산업 정책 담론은 자기 자신을 위해서뿐 아니라 타인을 위한 일자리를 창조하는 '자조적' 주체의 모습을 지향하고 있었다. 생산적 복지 체제의 산물들, 예를 들어 노동 복지를 통해서만 정당한 복지 수급권을 인정받는 것만큼이나, 신지식인 담론 역시 신자유주의적 통치 방식에서 필요로 하는 국가와 남에게 기대지 않는 자기 계발적/자체 충족적 주체 형성에 근거를 두고 있었다. 김대중 정부가 내건 '신지식인'이라는 기치는 전문가들에 의해 다양한 방식으로 채택되고 변형되었다. 신지식인은 정부 문서와 대중매체에 등장하는 전문가와 언론인의 담론에서 빈번하게 등장했다. 학자, 연구자, 비정부기구/비영리단체 지도자, 언론인, 기자, 심지어 실업 복지의 대상까지도 적극적으로 각자의 입장에 맞춰 신지식인이라는 수사를 차용했다. 〈서울시 실업대책위원회〉와 〈청년여성실업대책 모니터링 팀〉은 그 과정의 사례를 제공한다. '신지식인'은 공공 근로 사업을 통해 자금 지원을 받을 자격이 있는 유망한 청년 실업자를 지칭하는 용어로 자리 잡게 되었다.

〈청년여성실업대책 모니터링 팀〉은 〈서울시 실업대책위원회〉 자문위원들의 제안으로 청년 실업의 중요성을 인식시키기 위해 '신지식인' 담론을 수용하게 되었다. 모니터링 팀 구성원들은 '신지식인'이라는 용어가 기회주의 및 신자유주의적 수사로 기능할 위험성을 인식하면서도 '신지식인'이라는 용어를 수용했다. 또한 청년 실업자를 복지 혜택을 받을 자격이 있는 대상으로 분류하는 근거로 '유연한 노동력'을 긍정적으로 보는 입장에 대해 우려했다. 노동의 유연화 담론은 (여성, 장애인, 노동하는 빈곤층처럼) 주변화된 노동시장 참여자들에 대한 착취를 전혀 염두에 두지 않은 처사였다. 그러나 모니터링 팀 구성원들은 청년 실업자를 새 대통령이 추진하는 기획에 적합한 대상으로 만들기 위한 수단으로 '창의성'과 '신지식인' 담론을 활용하기로 결정했다.

모니터링 팀은 '신지식인'이란 언설이 '유연한 노동력'과 함께 묶이는 것을 불안해 했다. 창의적인 자기 계발의 고수로서 구조적인 경제/취업 위기에도 돌파구를 마련해 내는 이미지로서의 '신지식인'과 자신의 노동과 아이디어를 노동상품 시장의 필요에 따라 적응/변형해 갈 수 있는 '유연한 노동력'은 신자유주의적 경제에서 추앙받는 만큼 그렇게 되기가 '하늘에 별따기'이며 그런 식으로 살아남아도 불안정한 노동 환경에서 착취당하기 일쑤인 현실에 대해 감지하고 있었기 때문이다.

하지만 청년 실업자들을 단순히 놀고 먹는 백수건달로 간주했던 행정 직원들에게 청년 실업의 심각성을 새로운 패러다임, 국가와 사회에 도움이 되는 존재로 인지시키고자 하는 차원에서, 모니터링 팀은 〈서울시 실업대책위원회〉 자문 위원들의 제안을 받아들여 신지식인의 담론을 활용해 그 이미지에 맞는 '자구 청년 발굴'을 청년 실업 대책 프로젝트로 결정했다.

뒤에 더 자세히 나오지만 상상력이 풍부하고 문화성이 강한 청년 실업자들에게 생계를 유지하기 위한 방안으로 '신지식인' 언설을 들어 가며 그들의 공공 근로 사업자로서의 자격을 부여하기 위한 노력을 하게 되는 과정은 모니터링 팀 역시 앞 장에서 언급한 강 대표의 '재활' 언설 활용이나 뒤에 더 나올 신자유주의화 과정에서의 전문가 지식인들의 딜레마와 같은 맥락의 경험이었다. '자구 청년 발굴' 사업의 과정을 묘사하기 전에, 담당 행정 직원들과 모니터링 팀 구성원들의 관계 역학의 배경을 미리 이해하는 것이 당시 세대적 시각/경험 차이를 이해하는 데 도움이 될 것이다.

각종 정부/사회 기관에서 선양했던 '신지식인' 자질이 굳이 젊은 세대에 국한된 것이 아님에도 불구하고, 그런 삶을 꿈꾸거나 실행해 본 경험이 드문, 대체로 중년인 담당 행정 직원들은, 모니터링 팀 구성원들보다 '신지식인'에 대한 이해나 친밀도가 낮았다. 따라서, 자신이 청년 실업자들이었던 모니터링 팀 구성원들은 전략상 어쩔 수 없이 신지식인 담론을 활용했음에도, 창의적 활동으로 생계를 이어 갈 가능성에 대해 담당 행정 직원들보다 훨씬 열려 있었다.

일단 대부분의 서울시 직원들은 IMF 위기를 거치는 동안 청년 실업자에 대한, 특히 모니터링 팀처럼 행정기관 내에서 일하는 공공사업 참여 청년 실업자들을 불편해했는데 이는 기존 생각대로 부모가 집과 생계를 책임져 주는 청년들에게 왜 복지국가 예산을 들여 보조를 하는가에 대한 의구심 때문이었다. 청년 실업자들이 정부의 복지 급부를 받기 위해 공공 근로 사업에 신청하면 담당 행정 직원들은 그들을 속 없고 고생 모르는, 그저 의존적인 '백수'로 여기거나 '혈세'를 낭비하는 존재들로 혀를 끌끌 차며 못마땅해했다.

일례로 모니터링 팀을 관리하던 한 행정 직원은 모니터링 팀에게 당신들의 급여가 국민이 내는 '혈세'에서 나오는 걸 아느냐고 다그치듯 묻고는 했다. 이는 당시 구조 조정의 일환으로 명예퇴직이 아니면 임금 삭감을 요구당한 행정 직원들의 불만을 배경으로 이해해야 할 부분임과 동시에, 국민의 세금이 급여의 근원인 것은 행정 직원이나 공공 근로나 마찬가지라는 차원에서 어이없는 하대였다. 또한 상당 부분의 공공 근로 사업비와 행정 직원들의 명예퇴직금은 〈세계은행〉 산하 〈국제부흥개발은행(IBRD)〉에서 구조 조정의 조건으로 투자한 기금이었기에, '혈세'에 백 퍼센트 의존하는 행정 직원들의 입장에선 공공 근로자들의 급여 운운하는 데 잘못이 없지 않았다.

결국 한편으로는 관료제의 틀을 뒤흔드는 신자유주의적 노동 자원의 가치에 대한 행정 내부의 저항은, 아이러니하게도 관료들의 융통

성 없는 사고방식에서 나왔으며, 청년은 실업 복지 우선 대상으로 적법하지 않다 여기고 실직 가장으로 이해되는 남성 노숙인들에 대해서는 전적인 지지를 보낸 행정 직원들의 정체성, 곧 실업의 위협에 놓인 중년 가장 남성으로서의 위기감과 맞닿아 있다.

청년 실업 보고서

이런 행정 직원들과의 일상적 긴장 관계 속에서, 모니터링 팀은 〈서울시 실업대책위원회〉 자문 위원들과 상의하여 여성이나 청년, 노동 시장에서 소외된 그룹을 위한 주제를 정해 3개월마다 하나씩 보고서를 만들어 〈서울시 실업대책위원회〉에 보고했다. 모니터링 팀의 보고서는 여느 행정 문서의 관례에 따라, 행정상 지원이 필요하거나 개선될 내용을 간결히 정리해 내야 하는 형식을 따랐는데, 여느 행정 문서와 달랐던 것은 자세한 현장 보고를 덧붙였다는 점이다. 모니터링 팀 보고서의 주된 개선 제안은 자문 위원들의 협조를 통해 〈서울시 실업대책위원회〉의 결의 안건으로 모아지는 경우도 있었는데, 행정적 지원을 받아 내는 경우는 거의 없었다.

이는 〈서울시 실업대책위원회〉에 속한 자문 위원들과 민간인 부시장들이었던 공동 위원장들의 열의에도 행정상 절차와 관례를 이유로 한 저항이 컸기 때문이다. 특히, 모니터링 팀이 중점을 둔 여성 실업의 문제점과 대책들―여성 노숙자 쉼터와 여성 쉼터 전반에 대한 이해, 여성 가장을 위한 창업 지원의 문제점, 여성 실업자를 위한 인터넷 자원과 장애 여성들의 실업 대책—이 행정 직원들에게 별로 다가오지 않는 상황이었던 게 그런 저항을 불러일으키는 근본 원인이었다. 이는 모니터링 팀과 담당 행정 직원들 간의 긴장을 고조시켰고, 이를 지켜본 〈서울시 실업대책위원회〉 자문 위원들은 갈등 해소의 일환으로 청년 실업에 관련된 조사/보고서를 만들 것을 제안했다. 그래서 '자구 실업 청년 발굴 사업'이 나왔다. 모니터링 팀이 정의한 '자구 실업 청년'이란 다음과 같다.

> 대량 실업 사태에 직면한(해고자이거나 고등학교, 전문대학, 4년제 대학, 대학원을 졸업하고도 IMF 위기 때문에 노동시장에 참여할 기회조차 얻지 못한) 20대에서 30대 초반의 사람으로 당장의 구호를 필요로 할 뿐 아니라 프리랜서나 계약직 같은 자기 고용을 모색함으로써 스스로를 돕는 방법을 창조하려고 노력하는 사람이다."(〈서울 청년여성실업대책 모니터링 팀〉, 1999b. 2)

모니터링 팀이 범주화한 '청년 실업자'에는 철저한 '백수'에서부터 청년 기업가에 이르는 광범위한 사람들을 포괄했다. 그 이유는 모니터링 팀의 기록에서 찾을 수 있다. "자구 청년 실업자는 실업이라는 개념만으로는 포착하기 어렵다."(〈서울 청년여성실업대책 모니터링 팀〉, 1999b. 10) 다시 말해 청년 실업자는 자포자기한 존재도 아니지만 실업 등록 체계에 의해 분명하게 인식된 존재도 아닐 수 있다는 말이다. 모니터링 팀은 청년 실업자 또는 불완전 고용 상태의 청년을 연구 대상으로 삼은 근거로 청년이 경제 번영에 크게 기여할 수 있는 시민이자 전 지구적 경쟁에서 차이를 만들어 낼 수 있는 시민임에도 그들이 사회에 기여하는 바에 대해서는 거의 알려지지 않았다는 점을 강조했다.

'자구 실업 청년자 발굴 사업'은 세 단계의 조사를 통해 다양한 청년 실업자들과 그들을 둘러싼 지원 환경을 분류하기 시작했고, 점차 청년 실업자 선정을 행정 기관의 기대에 걸맞은 대상으로 좁혀 나갔다. 1차 조사 기간(1999년 4월~5월) 동안 모니터링 팀은 뉴스레터, 잡지, 인터넷, PC 통신망 같은 다양한 대중매체를 활용해 창의적인 방식으로 생계를 꾸려 나가려고 시도하는 청년 실업자나 불완전 고용 상태의 청년과 접촉했다. 이에 따라 모니터링 팀은 다섯 가지 범주를 나누었는데, 그중 넷은 자구 노력하는 청년 실업자들의 그룹을 분류한 것이고, 나머지 한 종류는 실업 청년들의 창업을 위한 자금과 지원 제도 범주였다. 자구 실업 청년 범주에는 청년 실업자들 간의 구직 네트워크나 조직, 소규모 기업 창업 준비 집단, 청년들 자신이 조직한 소규모 기업 지원 집단, 청년 실업 문제를 중심으로 조직된 사회정치 조직 등이 포함되었다. 청년 실업을 위한 자금과 지원 제도 범주에는 정부가 직접 개설했거나 정부 후원으로 대학과 시민 단체 등이 운영한 창업 지원 센터나 창업 인큐베이터 센터를 포함했다.

2차 조사 기간(1999년 6월~7월) 동안 모니터링 팀은 1차 보고서의 자구 실업 청년 집단 범주들에서 17개 집단을 창의적이고 자기 관리성이 높은 경우로 선정했다. 창의성과 자기 관리성을 중점으로 놓은 이유는 선정된 집단이 서울시 정부의 신지식인 기준에 부합할 수 있어야 자금 지원을 이끌어 낼 가능성이 높았기 때문이었다. 17개 집단에는 예술가 집단 10개, 소규모 창업 집단 5개, 청년 실업자 네트워크 2개가 포함되었다. 그런 다음 모니터링 팀은 17개 자구 실업 청년 집단들을 인터뷰하고 현장 기술적 관찰을 실시했다. 그 시기는 모니터링 팀 활동 기간 중 가장 역동적이고 가장 에너지가 넘쳤던 시기였다. 모니터링 팀 구성원들은 살기 위해 고군분투하는 청년들에 대해 단순히 관찰한 것뿐 아니라, 자신들의 경험들과 별다르지 않은 인터뷰 대상들의 처지에 깊게 공감했으며 그들의 입장을 대변하고 옹호하는 데 전력을 쏟았다.

3차 조사 기간(1999년 8월)에는 발표자로 선정된 8개 자구 청년 실업 그룹들을 초청해 서울시 관련 행정 직원들, 〈서울시 실업대책위원회〉 자문 위원들, 모니터링 팀 구성원과 함께 워크샵을 열고 연구 결과를 다양한 정책에 반영해 활용할 적용 방안에 대해 논의했다 .

궁극적으로, 불안정 고용 상태의 청년들(미취업이든, 실직이든, 아르바이트생이든)에 대한 자원을 늘여 가기 위한 목적을 달성하기 위해, 행정 직원들의 구미에 맞게 적정 대상자를 선정한 세 차례의 조사는 조사 대상의 모집 기준과 초점이 달라졌음을 보여 준다. 1차 연구 기간에는 정부 지원을 받으려고 하는 집단과 그렇지 않은 집단이 뒤섞여 있었지만, 2차, 3차로 접어들수록 정부 지원을 받고자 하는 이들로 축소되었다. 3차 연구 기간에 열린 워크샵에 초대된 집단들은 '창의적 자본'과 '공공재'를 촉진할 수 있는 잠재력을 중심으로 선발되었고,

이런 자원을 발휘할 수 있도록 공공 근로 사업과 연계하는 것을 실질적인 제안으로 내세웠는데, 이는 행정 내부의 기대와 좁은 기회의 문을 포착한 모니터링 팀과 적극적으로 상의해 가며 적시 적절하게 발표할 수 있도록 오랜 시간 노력하고 지혜를 모은 결과였다. 단순히 창의성이 아닌 자본화될 수 있는 창의성, 그리고 공공성이 아닌 공공의 재산/자산으로 변화시킬 수 있는 것으로서의 '신지식인'적 실업 청년의 기준은 생산적 복지가 자발적인 시민, 곧 국가에 의지하지 않고 스스로의 생계/복리를 책임지는 것을 기본으로 했다. 더 나아가 공공의 선과 복리를 그런 자발적인 시민들의 조합으로 만들어 나가는 것으로 이해하는, 그로써 사회 전체의 통치에 참여/주도하는 시민에 대한 아이디어와 조응했다.

3차까지의 선발 과정에서 정부 지원을 받는 걸 꺼려했던 그룹은 배제되었는데, 이는 이미 행정과의 교류에서 긍정적이지 못한 경험을 한 청년 그룹들이 의구심을 가져 자발적으로 포기하거나, 그들에게 무보수로 발표 준비를 위한 많은 시간과 노력의 투자를 기대하기 어려웠기 때문이었다. 따라서 모니터링 팀은 정부 지원을 받는 것에, 곧 공공 근로 사업을 활용하는 방안에 저항감이 상대적으로 적은 청년들의 창업 추진 등을 주 내용으로 워크샵을 진행했다. 모니터링 팀은 이렇게 해서 발표에 참여한 이들에게라도 행정적 지원이 가기를 바랐고, 행정 직원들의 청년 실업자들에 대한 관점, 즉 게으르고 자조적이지 못하다는 생각과, 이들을 못마땅해하는 태도를 재고하게 만들고 싶었다. 아이러니하게도, 정부의 지원을 바라지 않은 실업 청년 그룹들이야말로 신자유주의 복지국가가 바라던 자발적 주체로서 국가에 의존하지 않는 대상들이었음에도 그들의 의지를 높이 사거나 배양하는 기회를 행정 직원들의 '시대 변화에 발빠르지 못한' 사고방식 때문에 잃었다고 볼 수 있다.

한편, 모니터링 팀은 '창의적 자본', '신지식인' 등의 용어와 그에 걸맞은 기준들을 창출하여, 실업 청년들이 공공 근로 사업 및 비정부 기구에서 수행하는 사회적 일자리 등에 기여할 수 있는 생산적 존재, 곧 정부 지원 자격이 있는 시민으로서의 입지를 마련했다고도 볼 수 있다. 모니터링 팀 3차 조사 보고서를 보면 워크샵에 초청받은 집단은 '예술 지향적 문화 자원'을 보유하고 있거나 '공공재에 기여할 의도'가 있는 집단으로 소개했다. 워크샵에 참여한 집단은 '창의적 자본'과 '신지식인' 담론에 맞춰 자신들의 그룹의 독창성을 설명하는 동시에 공공 근로 사업을 통해 인력을 지원하는 것이 가능한 사업들을 제안했다. 워크샵에 소개된 그룹들은 세 가지 유형, 곧 '자구 모델의 사업 단위', '자구 실업자 연계망', '자구 청년 창작자 단위'로 나뉘었다.

'자구 모델의 사업 단위' 유형에는 〈늘푸른사람들〉과 〈Book4U〉가 있었다. 〈늘푸른사람들〉은 실업자 중심으로 〈노원 나눔의집〉 등 지역 사회망을 근간에 두고 생산자 협동조합으로 시작하여 청소 용역업의 전문화를 추구하고, 지역 저소득층 생산적 공공 근로 등을 통한 일자리 창출을 시도했다. 〈Book4U〉는 동대문 중고서점을 인터넷 시장으로 전자 상거래화해서, 서점가의 틈새 시장을 공략하는 창업이었다.

'자구 실업자 연계망' 유형에는 〈전국백수연합〉, 일명 〈전백련〉과

〈프리워(FReE-War)〉가 있었다. 〈전국백수연합〉은 정규직이 없는 상태에서 살아가는 게 하나의 생활 방식이라고 주장하며 '워킹투어맵'이란 제목으로 서울의 도보 여행 지도를 개발하는 공공 근로 사업을 시행하자고 제안했다. 〈전국백수연합〉은 여가 생활 비용이 거의 없이도 서울 곳곳을 돌아다니며 삶의 즐거움을 누리는 자신들의 경험을 바탕으로 서울 토박이들도 잘 모르는 구석구석 공간에 대한 소개를 하겠다는 계획을 밝혔다.[5] 〈프리워〉는 1998년부터 여성들의 경제력 확보를 위해 카페 운영, 대안 거래 같은 다양한 시도를 하는 여성 경제 네트워크였고, 단체 안에 6개 창업 소모임이 꾸려지고 있었다.

'자구 청년 창작자 단위' 유형에는 〈창작자기획연대〉, 일명 〈창기연〉과 〈독립예술제〉 기획팀, 〈꿈꾸는사람〉, 〈할미꽃〉이 있었다. 〈창기연〉은 1998년에 결성된 젊은 시각 예술 창작인들을 중심으로 도시 벽화 그리기, 설치미술, '1999년 청소년 밀레니엄 페스티벌' 등을 연출하는 기획팀이었고, 〈독립예술제〉 역시 1998년에 결성된 비주류 문화예술 집단으로, 세계적 프린지 페스티벌에 착안해 비주류 문화예술축제인 '독립예술제'를 기획해 1998년, 1999년에 한 번씩 개최했고 공공 근로 사업을 활용해 독립예술제의 하위 행사로 거리 축제를 진행하자고 제안했다.[6] 〈꿈꾸는사람〉은 1997년에 결성된 아마추어 비디오 영상작가 팀이었다. 저예산 영상 제작인들의 상영 공간 마련, 인프라 구

---

5) 〈전국백수연합〉을 창립하고 주도해 나가는 주덕한 백수를 위한 자원 창출 의제를 담은 책 『캔맥주를 마시며 생각해 낸 인생을 즐기는 방법 170』, 『백수도 프로라야 살아남는다』를 출간했다 (1998a, 1998b).

축을 목표로 '십만 원 영화제'를 기획해 열 번 넘게 성공적으로 개최했다. 〈할미꽃〉은 여성의 시선으로 영화 읽기과 만들기를 시도하는 여성 영상 집단으로, 여성 단체 신규 여성 실업자 조직 〈희망선언〉 발대식에서 영상 발표를 제작한 팀이다.

청년들 입장에서 보면 이는 매우 새로운 국면이었는데, 불안정 고용 상태의 청년들 처지에 대해서나 그들의 자질을 발휘한 가능성을 고려해 국가 차원에서 공공 부조를 제공하는 경우는 외환 위기 이전이라면 상상할 수 없었기 때문이다. 매우 안정적인 직장이라 여겨졌던 대기업들이 무더기로 파산하거나 축소 분산되어 가는 외환 위기 이후 구조 조정 과정에서, 정규 회사 직장인이 되는 것이 더이상 대졸청년의 정상 가도가 될 수 없었던 게 결정적 원인이었다. 더불어 청년들은 이미 경제 위기 이전부터, 자유화 이후 여전히 군대 문화를 답습하고 있는 대형 회사의 숨막히는 직장 생활에 대해 회의를 느끼고 해외로, 농촌으로, 온라인 커뮤니티로, 록카페로, 기체조 네트워크나 다단계 사업망 같은 돌파구를 찾아나서고 있었다. 이런 이들에게 외환위기로 결정타를 입은 한국의 산업/노동 경제는 청년들에게 그들의 비제도화된 삶의 경험을 '창의적인 문화 자본'으로 재형성할 기회를 부여했다.

---

6) 독립예술제는 1998년에 시작되어 2000년까지 이어졌다. 정부에 의존하지 않으려 하는 대안 예술가 및 프린지 예술가들이 에딘버러 프린지 페스티벌을 모델 삼아 개최한 축제로 "독립, 시민, 소수자의 자발적 예술 축제"를 축제의 정신으로 내세웠다. 독립예술제 활동가들은 서울시가 독립예술제를 지원하는 공공 근로 사업을 신설해 금전적 어려움을 해소해 줄 것을 제안했다.

모니터링 팀 구성원들은 자구 청년들의 행정 체계 길잡이 역할을 하는 과정에서 다중적이고도 분절적인 자아를 경험했다. 한편으로 이들은 자신들 역시 불안정 고용에 처한 청년 실업자들로서 복지국가의 수급권 대상이었다. 동시에 모니터링 팀은 정부 정책을 시행하기 위해 조사를 수행하고 청년 실업자 집단을 선별했다는 점에서 준국가 대리인이란 주체성을 보여 줬다. 또한 이들은 워크샵에 참여하는 청년들에게 행정 문서로서의 제안서 작성 방법과 발표 요령을 조언하는 등, 발표자로 참석한 자구 청년들에게 유용한 지식을 전달하는 준전문가들이었다. 국가의 구호 대상자인 동시에 준국가 대리인 자격과 더불어 이들이 경험한 준전문가로서의 노동은, 청년들을 신자유주의적 시장의 패러다임 안에서 투자할 만한 인적 자본으로 전환시키는 아이디어를 구체적으로 실행에 옮긴, 지식 전달자 내지 사회공학 실행자의 여러 역할을 의미한다.

자구 청년 그룹들의 기획들을 공공 근로 사업 창출로 연결시키고자 했던 모니터링 팀의 3차에 걸친 조사 작업과 워크샵은 곧바로 성공하지는 못했다. 많은 노력을 기울였음에도 워크샵에서 발표된 사업 계획안들은 결국 시청 담당 직원들에게 설득력을 얻지 못했다. 아무리 공공 근로 사업비가 역사 이래 최대로 지원되고 새로운 공공 근로 사업을 계속 창출하라는 압력을 받고 있었지만, 청년들이 '아직 배가 불러서 하는' 사업 기획까지 지원할 여유는 없다는 논지였다. 그러나 곧 소개될 것처럼 청년 자구 모임에 대한 3차 보고서가 진행되기 시작할 때쯤 시 주도로 문화 벤처 센터를 기획 진행하는 과정에서 담당 직원들의 태도에 큰 변화가 왔다. 이는 모니터링 팀 입장에서는 예상치 못했던 바였다. 행정 직원들은 이 과정에서 비제도적 경험을 가진 창의적 청년 문화적 자원을 국가 자본으로 바꿀 수 있는 생산적 시민으로 인정하는 태도를 보인다. 이런 변화는 정보 통신 기술에 능한 청년들이 주도하여 점점 거세어져 가는 '벤처 열풍'으로 인해, 정부의 정보화 사업은커녕 재벌 기업들조차 고용인으로서 경쟁력을 잃어 가고 있던 배경에서 이해할 수 있을 것이다.

그렇다고 해서 청년이란 특정 연령 집단 그 자체가 주가 높은 상품이 되었다고 단정할 수는 없음을 짚고 넘어가야 할 것 같다. 그보다 벤처 열풍의 주인공으로서 청년의 등장은 새로운 주체성의 양식을 창조함과 동시에 이에 맞물려 새로운 생산양식을 만들어 내는 과정이었다고 할 수 있다. 곧 물질적 상품 못지 않게 서비스 상품이 증가하는, 이른바 탈산업화된 자본주의를 위한 인프라를 구축하는 과정에서 청년들이 가진 잠재적인 컴퓨터와 인터넷 사용 기술, 그리고 상업화할 수 있는 기타 아이디어를 양성하고 이용하기 위해 청년층을 우선적인 과잉 인구로 편입시키는 과정이었던 것이다.

이는 또한 대한민국에 성립된 신자유주의적 복지국가에서 특정 유형의 청년만이 '생산적' 노동력으로 인식되었다는 사실을 보여 준다. 노숙인과의 복지 대상화 과정과 유사하게, 청년 중 일부만이 정규 노동인구를 대치할 수 있게끔 위협하는 과잉 노동인구 또는 산업 예비군으로 분류되었다. 정부와 대중매체가 묘사해 낸 생산적인 교환 가치를 지닌 청년 노동력의 핵심은 정보 통신 기술로 무장하고 창의력과 유연성을 바탕으로 새로운 노동/서비스상품을 창조해 낼 능력을 가진 청년이었다. 공공 근로 사업이든 창업 지원이든 국가의 수급권자로서의 청년은 스스로의 가치와 가능성을 상품화하는 데 무관심하거나 무능한 '백수'와는 전적으로 다른 존재로 묘사되었다. 이런 맥락에서 자본화의 대상은 청년 자체가 아니라 정보 통신 기술에 흠뻑 빠져든 시장에서 생각이나 아이템을 상품으로 바꾸고 도구화할 수 있는 능력이었다. 청년은 더 나이 든 세대보다 ('창의적 문화 자본' 같은) 가치를 지니고 있을 잠재력을 더 많이 보유한 집단으로 분류되었지만 본 문화기술적 연구 자료상으로 봤을때, 청년 전체가 노동 자본으로 흡입되었거나 정당한 국가 수급권자가 되었다고 일반화시킬 수 없으며, 노숙인에 대한 사회 통치 과정과 비슷하게 국가의 수급권 자격이 있는 청년과 아닌 청년을 강압적으로 구별해 감으로써, 그러한 선별을 통해 신자유주의적 통치가 선호하는 주체를 형성했음을 알 수 있다.[7]

택시 운전사와 아들들

현지 조사 중 우연히 마주친 택시 운전사 유 씨가 들려준 이야기는 IMF 위기를 거치는 동안 신자유주의적 산업화와 선호된 주체를 대변하는 벤처 열풍과 이에 뛰어드는 청년들의 존재가, 서민들의 일상생활과 가족 관계 속에서 어떤 혼선과 갈등을 빚게 만들었는지 보여 주는 좋은 사례다. 2001년 3월 어느 날, 이른 아침에 백발의 개인택시

기사 유 씨를 만났다. 유 씨는 고위직 관리자 같은 여유 있는 인상을 풍기는 노인이었다. 당시 정부나 대기업에서 장기간 안정적인 일자리를 가지고 있던 사람이 명예퇴직한 뒤 개인택시 기사 같은 소규모 자영업자가 되는 일은 흔했기 때문에 그리 놀랄 일은 아니었다.

택시에 오르자마자 유 씨는 밑도 끝도 없이 자기가 내 목적지를 맞추면 요금을 두 배로 내라고 제안했다. 만일 자기가 틀리면 무료로 태워 주겠다고 했다. 요금을 두 배로 내라는 조건이 버스가 드문 밤늦은 시각에야 흔했지만 내가 유 씨의 택시에 오를 시간은 점심시간 전이었다. 특이한 제안이었지만 무료해서 하는 말이라거나 허튼소리를 할 사람 같아 보이진 않았다. 또 그가 내 행선지를 맞출 수 없을 것이라

---

7) 순더 라잔(2006)은 새롭게 상품화되고 있는 영역인 생물 기술에 대해 논의한다. 그는 생물 기술이 '미래를 가능하게 하는 현재를 창조'하는 미래 사업으로 기능해 왔다는 사실을 보여 준다. 생물 기술 분야는 청년 실업자를 새로운 미래의 인간 자본, 곧 '창의적'이고 '자기 충족적'인 노동자라고 제시함으로써 그들을 복지 혜택을 받을 자격이 있는 대상으로 만든다. 새로운 미래의 인간 자본은 ('벤처 기업'을 통해) 새로운 상품을 생산하고 판매할 뿐 아니라 금융자본에 의해 가치가 평가될 수 있고 투자(투자자 및 주식을 통한 창업 자금 지원)를 받을 수 있다. 이탈리아 마르크스주의자들이 '가능성'의 생산(Lazzarato, 2004) 및 "희망"의 정치경제학이라는 푸코주의의 분석(Rose and Novas, 2005)에 대해 논의한 것처럼 새로운 시장을 개척하고 비물질적 상품을 판매하는 것과 같은 투기적 측면이 현재를 움직이는 허수아비처럼 미래를 조작한다.

일자리 탐색 과정에서 드러나는 중국의 애국주의적 전문가 집단에 대한 리사 호프만의 관찰은 대한민국에서 '신지식인'이 되어 복지 혜택을 받을 대상으로 여겨진 청년에 대한 본 연구와 일맥상통한다.(Hoffman, 2006) 두 연구 모두 청년은 자기 의존적 정신과 기업가 정신이라는 생각을 주입받는다. 그러나 두 연구 사이에 주요한 차이도 있다. 본 연구에서는 대한민국 청년 실업자들이 일자리를 탐색하는 과정에서 애국주의적 경향을 드러낸다는 명백한 징후를 찾지 못했다. 1990년대 초반 이후 이뤄진 자유화가 군사정권과 과격 정치 운동으로부터 물려받은 집합적이고 비자유주의적인 전통으로부터 청년들을 떼어 놓았다는 사실도 그 이유 가운데 하나일 것이다.(문승숙, 2005) 그런 현상은 특히 청년들의 경력 개발이 극심하게 차단 당한 IMF 위기를 거치면서 더 두드러지게 되었다.

고 생각했기 때문에 제안에 동의했고 내 생각은 적중했다. 유 씨는 내가 인근에 있는 한양대학교에 간다고 생각했던 것이다. 유 씨는 갓 대학을 졸업한 자기 아들과 마찬가지로 젊은이들은 모두 대학생처럼 보인다고 설명했다.

택시 요금을 못 받게 되었는데도 유 씨는 유쾌하게 대화를 이어 갔다. 유 씨는 IMF 위기로 인해 대학을 졸업한 젊은이들이 일자리를 구하기가 얼마나 어려워졌는지에 대해 얘기하며, 유명 모 대학교 공과대학을 졸업한 막내아들 자랑을 늘어놓기 시작했다. 노동시장이 열악해졌음에도 유 씨의 아들은 디지털 디스플레이 소프트웨어 제조업에서 선두를 달리는 기업이자 대한민국 대학 졸업생들에게 가장 인기가 높은 〈삼성 SDA〉에 취직했다고 했다. 그 좋은 일자리를 막내아들은 일 년도 채 안 되어 그만두고 더 높은 연봉을 제시한, 새로 창업한 회사로 가겠다고 선언했단다. 그런데 새 일자리로 옮긴 지 8개월 만에 막내아들은 또 다른 벤처 기업으로 자리를 옮겼다. 돈 욕심에 안정적인 직장을 버린 거 아닌가 싶어 유 씨와 부인은 막내아들 때문에 날마다 불안하다고 했다. 그 와중에, 전날 밤 막내아들이 털어놓은 내용은 결국 유 씨의 인내심을 잃게 했다. 두 번째 옮긴 벤처 회사를 그만두고 친구 몇 명과 함께 벤처 기업을 창업하겠다고 말했기 때문이다. "지난밤 아들이 한 이야기에 충격을 받았습니다. '이 녀석이 정신이 있는 거야 없는 거야?' 하는 생각이 들었어요. 인생은 드라마가 아니잖아요?" 유 씨는 말을 이었다.

아들에게 버럭 소리를 지르며 이렇게 말했습니다. "야, 사장은 아무나 하는 건 줄 아냐? 너 당장 큰돈 벌 수 있을 거라 생각하는 모양인데, 창업해서 꾸려 나가는 게 얼마나 힘든 일인 줄 알기나 해? 인생은 마라톤이란 걸 왜 몰라?" 난 막내아들이 안정된 직장에서 월급쟁이가 되고, 곧 결혼해 가정을 꾸리고 살아가길 바랐습니다. 결혼이야 결국 할 수는 있겠지만 그렇게 불안정하고 스트레스 많은 직장을 가지게 되면 아무래도 늦어질 거 아닙니까? 아내와 나는 아들 걱정에 잠을 이루지 못했어요. 아내는 여전히 마음이 불편하지만 나는 아들이 하겠다면 힘껏 도와주기로 결국 마음먹었습니다. 아들이 성공하든 실패하든 필요한 자금을 지원해 줄 생각입니다. 어차피 결정한 일, 모 아니면 도겠죠.

유 씨가 들려준 이야기는 노동시장의 예측 불가능성과 위태로움에도 '벤처 캐피털' 같은 단기 투자를 통한 큰 이익을 노리는 금융자본이 신자유주의적 경제에서 우세해지고 있는 현실을 보여 준다. 이런 자본의 흐름이 어떻게 기업과 노동시장뿐 아니라 가족 내에서까지 세대 간의 취업 선호도와 삶의 안정성에 대한 차이로 큰 혼선과 변화를 겪게 했는지 드러낸다.

유 씨는 또한 큰아들에 대해서도 자랑했다. 유 씨의 큰아들은 40대인데, 미국의 명문 대학원을 졸업한 뒤 해외에서 교수로 일하며 성공적인 생활을 하고 있다고 했다. 유 씨는 두 아들을 극명하게 대비시켜 말했다. 큰아들은 순종적인 아들로 부모의 뜻을 거역한 적이 없이 안정적이고 선망이 되는 삶을 살고 있는 반면 막내아들은 고집이 세고 모험심이 많아 놀랄 만한 생존 능력을 지니기는 했지만 종종 부모를 놀라게 하거나 불편하게 만들었다고 했다. 어떻게 보면 유 씨의 큰 아들과 막내아들은 각각 (불굴의 의지, 인내심, 명예를 기초로) 외환 위기 이전 몇 십 년 동안 번영을 누렸던 사람들의 전형과 위기 이후 한동안 돌풍을 일으켰던 (유연성, 역동성, 위험 감수 때문에) 성공한 사람들의 전형을 대변한다. 동시에 유씨는 두 아들의 공통점을 묘사했다. 둘 다 대한민국 사회에 대해 부정적인 시각을 가지고 있어, 한국을 떠났거나 떠나고 싶어 한다는 점이었다. 큰아들은 대한민국 학계에 대해 회의적이었고 막내아들은 대기업에 실망했다며 유 씨는 두 아들 입장을 모두 이해한다고 말했다. "한국 사회가 '합리성'이 결여돼서 그래요." 자신을 무지한 노인일 뿐이라며 겸손하게 이야기했지만, 유 씨의 '합리성'은 다음과 같은 대목에서 드러났다. 자신은 아들들에게 글로벌 시대를 살아가기 위해서는 각자 자기 뜻을 펼쳐야 하기 때문에 군이 한국에서 살 이유가 없으며, 외국에서 살면 부모한테 불효하는 거란 죄책감 같은 것은 가지지 말라고 당부했다는 것이었다.

유 씨의 이야기에는 전 지구화 시대 삶의 가치와 솟아오르는 벤처 시장 산업의 불안정 고용의 대가에 대한 세대 간의 경쟁적 시각이 종합적으로 녹아들어 있다. 유 씨와 그의 두 아들은 각자의 경험을 바탕으로 서로 다른 생존 전략을 전형화하고 있다. 한국전쟁을 유년에 겪고 군사독재 기간에 청장년을 거친 유 씨는 가정적 안정을 추구할 수 있도록 조금 낮은 임금으로나마 정기적으로 지급되는 평생 고용을 최고로 여겼다. 그에 비해 비교적 경제적으로 풍요로운 세대에 자란 그의 두 아들은 급속도의 변화 환경이나 계층적 한계에 굴하지 않고 전문가로서의 명예나 기업가로서의 성공을 추구했다. 그럼에도 자신과 다른 사고방식, 특히 막내아들의 위험천만한 성공 추구 방식을 받아들이기로 한 근거에는, 한국 사회 합리성 결여에 대한 불만족을 공감하는 것과 함께, '전 지구화 시대'의 성공은 각자의 삶을 개척하는 것이 관건임을 이해하는 자유화의 물결에 있었다.

벤처 산업, 벤처 캐피털, 벤처 도시

자구 청년 발굴 사업이 별 성과 없이 허탈하게 진행되고 있을 무렵, 모니터링 팀은 산업경제국 내 산업정책과 상위 직원에게 뜬금없이 만나자는 연락을 받았다. 여러 부서로 돌려졌던 모니터링 팀의 관리 부서 (출퇴근 체크와 공공 근로 사업비 지급의 책임을 지는 서울시 부서) 중 그나마 산업경제국 산하 고용안정과가 가장 오래 모니터링 팀 관리를 담당했던 부서였다. 산업정책과 고용안정과와 같은 층 휴게실과 화장실을 사용했는데도 여타 산업정책과 소속 직원들과는 모니터링 팀 구성원들과 안면을 튼 적이 없었다. 특히 연락한 부서는 창업 지원을 맡아, 고용안정과와 비교도 안 될 만큼 귀촉을 받는 부서였고, 모니터링 팀을 호출한 것은 꽤 놀라운 일이었다. 산업정책과에서 시장에게 올릴 새로운 제안으로 문화 벤처 타운 설립 안을 준비하는데, 아이디어 제공과 제안서를 작성할 인력으로 모니터링 팀을 부른 것이었다.

이는 산업정책과가 고용안정과에 속한 모니터링 팀을 '아웃소싱' 한 것이라 표현했는데, 산업정책과 내부에서도 문화 벤처 타운 현실화 가능성에 대해서뿐 아니라, 모니터링 팀이 일하는 것이 자질상 지위 상 적절한가에 대해서 이견이 있었던 듯했다.

막상 모니터링 팀을 불러들인 상급 직원은 시장이 제안을 거절하자 모니터링 팀과의 후속 의사소통이 바로 끊겼던 것에 비해, 문화 벤처 타운이 성사될 것에 대해 회의적이었고 모니터링 팀에 의뢰한 것도 적절치 않다 여겼던 중간 관리 직원은 모니터링 팀에게 '불발에 상관 없이 일한 대가를 받아야 한다'며 사례금을 마련해 주는 아이러니를 보였다. 처음 모니터링 팀을 호출한 만남에서 상급 직원은 모니터링 팀이 도와주면 좋겠다고 하며, 사업의 핵심인 벤처의 의미에 대해 이 렇게 간단하게 설명했다. "벤처는 말 그대로 하이 리스크, 하이 리턴 이야." 그에게 벤처란 실패할 위험도가 높은 투자를 통해 최대의 이익 을 창출하는 기업가를 모델로 '하이 리스크 하이 리턴' 원칙에 입각해 최대 이익을 가져올 기획안/창업자를 인큐베이트하는 투자 금융, 창 업 설비, 산업 경제 계획, 정부 지원 사업 등을 모두 아우르는 개념이 었다. 이와 같은 접근법은 기업 관리의 안정성을 강조하던 과거의 분 위기와는 사뭇 다른 것이었다.

IMF 위기가 닥치고 닷컴 열풍이 불었던 시기에 벤처 사업은 대기 업 중심의 대한민국 경제에 대안으로 등장했다. IMF 위기가 닥치기 이전의 30여 년 동안은 대기업(재벌)이 대한민국 경제의 기적을 주도 한 것으로 인식되어 왔지만 IMF 위기가 닥친 이후에는 재벌의 무제한적 확장과 축적된 부채가 대한민국 경제를 붕괴시킨 장본인으로 간주되었다. 대기업의 위상이 점점 더 불안정해지자 정보 통신 기술에 적응한 20대와 30대의 청년 대부분은 〈인터파크〉처럼 인터넷을 매체로 상품을 직접 팔거나, 〈다음〉이나 〈라이코스〉처럼 웹사이트/서버를 제작해 사용자들에게 적어도 처음에는 상품화되지 않는 서비스와 가입 특권을 제공하고 사용자의 수 증가에 따라, 광고 수익을 올리는 등의 인터넷 사업을 직접 창업하거나, 그런 잠재력이 있는 인터넷 기업에서 일자리를 찾으면서 대기업과 다른 취업의 기회를 추구했다. 대중매체는 그와 같은 노력을 기울여 단기간에 성공한 사례들을 보도했다.

서울대 〈신기술 창업 네트워크〉에서 세계적 벤처 기업을 꿈꾸며 활동 중인 〈비드테크〉, 응용화학부 대학원생과 졸업생 5명이 실험실에서 만든 이 업체는 공장 폐수에서 염료 색깔을 없애는 신기술로 올해 1백억 원의 매출 목표를 잡고 있다. 화학반응 후 원하는 물질을 간단히 걸러낼 수 있는 고부가가치 기술로 20억 원의 수입 대체 효과를 거두고 있으며 해외에서도 높은 수익을 올릴 것으로 기대된다.
1997년 설립 당시 10여 개에 불과했던 서울대 〈신기술 창업 네트워크〉 내 벤처 기업은 대학가에 불어닥친 창업 열풍과 함께 50개로 늘어났다. (…) '첨단기술의 요람'을 불리는 한국과학기술원(KAIST) 대학 산업 기술 지원단에도 101개의 업체가 들어 있다. (박정훈, 『동아일보』, 1999)

위 기사에서처럼 대학생, 대학원생들이 고부가가치 기술로 벤처 창업 성공 사례들과, 각 대학별로 운영되는 창업 지원 센터에서 학생들과 졸업생의 벤처 창업을 도와주는 경우라든지(박정훈, 1999), '평생직장은 옛말'이라며 대기업 샐러리맨에서 '탈출'하여 벤처 기업으로 이직 열풍이 부는 것을 보도하고 있다.(오문길, 1999. 김학진·박정훈, 1999. 권영수, 1999) 창업 기업의 수가 증가하는 만큼 개인 투자자와 기관 투자자로부터 오는 벤처 캐피털의 규모도 커졌다. 벤처 기업에 신규 투자된 금액은 1999년 9,502억 원, 2000년 2조 75억 원이었다.(이용훈, 2004) 2001년 중소기업청에서 정부 인증 벤처 기업을 대상으로 한 통계 조사는 IMF 사태 직후인 1998년 1,052개(11퍼센트), 벤처 열풍이 전국을 휩쓸었던 1999년과 2000년에는 각각 2,084개(21.7퍼센트)와 2307개(24퍼센트)의 벤처 기업들이 '설립'되었음을 알려 준다.(이정호, 2001) 정부와 서울시 또한 벤처 기업 촉진에 적극적으로 참여했다. 경제 불황에서 빠져나와야 하는 긴급한 필요성과 창업 기업의 납세 능력에 대한 낙관적인 기대가 있었기 때문이었다. 대한민국 최대 도시이자 부채 규모도 최대였던 서울시는 '벤처 산업' 육성을 주요 전략으로 삼았다. 1998년 7월 서울시장이 취임한 직후 서울시는 민간 전문가로 구성된 〈서울산업진흥재단〉(현 〈서울산업통상진흥원〉)을 신설했다. 1999년 12월 서울시는 〈서울창업투자조합〉 결성을 발표했다. 문화 벤처 타운 추진 이전에 성공적으로 지원된 〈서울벤처센터〉는 그 설립 발표문에서는 벤처 산업을 '21세기 정보사회의 산업 역량의 중심'으로 규정했다.[8]

〈서울벤처센터〉가 문을 열기 전부터 이미 서울시는 공공기관과 (고등교육 기관과 벤처 캐피털 같은) 영리 기관으로 구성된 창업 기업 지원 시스템을 계획했는데 비슷한 시기에 정부 역시 비슷한 노력을 기울이고 있었다. 창업 중소기업을 집중 육성하는 '인큐베이터' 라는 이름이 붙은 센터도 있었다.(〈서울 청년여성실업대책 모니터링 팀〉, 1999b) 정부와 서울시는 전례 없는 규모로 소규모 기업을 지원했다. 정보통신부의 지원을 받은 대학 20곳에 인큐베이터가 설립되었고 명문 대학들 대부분이 서울시의 지원을 받아 인큐베이터를 설립했다. 정부는 장비와 자금을 지원하고 대학은 공간과 인적 자원을 제공하는 형태였다. 인큐베이터 시설에 입주한 창업 기업은 할인된 임대료만을 냈고, 정상 임대료의 4분의 3까지는 자금 지원을 받았다.

〈서울벤처센터〉는 IMF 위기를 거치면서 대한민국의 실리콘밸리로 알려지게 된 강남의 테헤란로에 자리 잡았다. 그 이름에 걸맞게 테헤란로에는 (이른바 IT 기업이라 불리는) 정보 통신과 지식산업을 위주로 한 창업 기업이 집중되어 있었다. 〈서울벤처센터〉를 유치하기 위해 서울시가 임대했던 건물은 자기 조절이 가능한 인공 지능 시스템을 갖춘 '첨단 인텔리전트 빌딩' 으로 설계되었다. 초고속 인터넷 연결이 가능한 LAN 시스템이 갖춰졌고 가상 컨퍼런스 룸 같은 최신 설비도 도입되었다. 당시 인터넷 사용이 확산되는 시기였기는 하지만, 이 정도 시설은 매우 드문 최첨단으로 여겨졌다.

---

8) 발간일 미상의 서울시 산업경제국 보고서. 1999년 6월 30일 〈서울벤처센터〉 개소식이 열리기 전에 발간되었을 것이다.

IMF 위기가 시작될 무렵 매우 뜨거웠던 벤처 기업과 벤처 캐피털 투자의 열기는 2001년 이후부터 점차 수그러들었다. 잘 알려진 대로, 이후 다시 대기업과 안정적인 공직을 선호하는 경향이 드러났다. 그러나 당시 벤처 시장의 상승은 재벌에게 새로운 길을 열어 주었다. 벤처 캐피털로 알려진 금융 투자자들이 고위험도와 상관없이 최대 이윤을 가져올 만한 사업안에 기꺼이 투자하는 것을 경험하면서, IMF 위기를 거치는 동안 재벌은 스스로를 대형 벤처 기업이자 벤처 캐피털이 가장 신뢰할 수 있는 투자처라고 선전했다. 대부분의 재벌은 또한 자금력을 동원해 벤처 캐피털에 투자하거나 벤처 캐피털을 지회사로 설립함으로써 막 싹을 틔우기 시작한 벤처 기업에 엘리트 직원을 빼앗겼어도 그런 벤처 기업에 투자함으로써 손해를 최대의 수익으로 돌리기 위해 애썼다.

벤처와 청년

문화 벤처 타운 사업은 서울시 산업경제국 고위 공무원이 제안한 사업이었다. 〈서울벤처센터〉 사업을 성공적으로 수행한 해당 고위 공무원은 '벤처'와 창의적인 청년을 연계해 대통령이 추진하는 '신지식인' 촉진에 힘을 보태겠다는 발상을 가지게 되었다. 문화 벤처 타운 사업에는 몇 가지 흥미로운 측면이 존재한다. 서울시는 파리의 퐁피두 센터를 본보기로 삼아 전위에 선 청년 예술가 집단을 끌어들여 서울 문화 산업 센터를 개발하고자 했다.

서울시 산업정책과는 모니터링 팀과 사업 구상 및 보고서 작성을 요청하며 모니터링 팀에게 접촉해 왔다.[9] 제안서는 〈서울벤처센터〉의 제안서 형식을 본보기 삼아 작성될 예정이었지만 '청년'과 '문화'라는 주제를 담고 그에 걸맞은 특성을 살렸다는 점에서 차별화되었다. 사업을 출범시킬 예산은 10억 원가량으로 예상되었다. 고용안정과의 한 중간 관리 직원이 산업정책과에 모니터링 팀을 추천했다는 것을 나중에 알게 되었다. 이는 극적인 변화다. 그 중간 관리자는 공공 근로 사업 수혜자로서 국가 수급자로 갑작스레 등장해 시청에서 일하게 된 모니터링 팀 구성원들 같은 실업 청년들을 매우 못마땅해 했는데, 모니터링의 관리를 〈여성복지과〉로 이전시키는 일에도 관여하고, 심지어 "머리에 피도 마르지 않은 새파랗게 젊은 애들이 사무실에서 어슬렁거리는 꼴을 보고 싶지 않다."고 공공연히 말하기도 했다.

그러나 인접한 산업정책과의 고위직 공무원은 서울시장에게 제출할 문화 벤처 타운 제안서를 창의적인 싱크탱크가 작성해 주기를 바랐다. 제안서에 대해 알게 된 뒤 위 중간 관리 직원은 국가 수급자 자격 대상을 규정하는 방식과 청년 세대에 대한 태도라는 차원에서 정

---

9) 서울시가 청년 예술가를 벤처 산업에 끌어들이고 모니터링 팀이 대안 예술 집단을 복지 혜택을 받을 자격이 있는 대상으로 구분한 일은 예술과 문화가 '반反정치적'이고 '독립적인' 인간의 가치를 추구하는 과정에서 신자유주의적 자본주의의 표식이 되는 경향성을 드러내는 전형적인 사례다. 안나 제메어(Anna Szemere, 2000)는 공산주의를 탈피한 헝가리에서 '반정치'적이고 자율적인 예술이 신자유주의와의 명백한 연계를 드러내지 않으면서 형성되는 과정을 관찰한다.

부 정책의 방향이 변경되었다는 사실을 인식하게 된 것 같았다. 극빈자만이 구호를 받는 것이 국가 경제를 위하는 방식이 아니라는 것, 또한 불안정 취업 상태에 있는 청년들을 미래 IT산업의 주도자로 국가가 지향하고 있음을 알게 된 것이다.

그는 모니터링 팀에게 산업정책지원과가 문화 벤처 타운 사업을 기획하기 전까지는 자구 청년 실업자에 대한 모니터링 팀 보고서의 중요성을 깨닫지 못했다고 고백하기도 했다. 자신의 인식이 바뀌었다는 증거로 그는 자구 청년 실업자에 대한 모니터링 팀의 보고서를 서울 시내 관련된 자치 행정부서와 청년 관련 기관에 배포하는 데 필요한 100부 인쇄 비용과 배포 비용까지 자신의 부서에서 전적으로 지원하고 모니터링 팀이 만든 보고서는 검토하지 않고 바로 인쇄하겠다고 제안했다. 큰 변화였다. 행정 감사와 회계 감사가 빈번하게 이뤄지던 당시에는 신규 사업에 대한 재정 지원을 하려는 행정 직원이 매우 드물었기 때문이다. 모든 서울시 발행 배포물은 꽤 까다롭게 검열하고 검토했다. 따라서 이 직원이 보고서 인쇄 전 검열하지 않기로 한 사실은 주목할 만한 일이었다.

그는 또한 자구 청년 실업자에 대한 모니터링 팀 보고서의 출판 비용을 지원하겠다는 제안은 '적법 절차'와 적정 책임 소재에 따른 것이라고 했다. 이는 앞 장에서 여성 노숙자 쉼터 행정 지원이 제때 되지 않는 까닭을 설명할 때 내세운 언설이기도 했는데, 여기서는 반대로 급작스런 지원을 실행할 때도 정당성을 입증하기 위해 사용된 것을 볼 수 있다. 이미 모니터링 팀은 〈여성복지과〉로 옮겨 가게 되어 그의 관할이 아니게 되었지만, 자구 청년 실업자에 대한 모니터링 팀의 연구는 자기 부서가 관할할 때 진행되었기 때문이다.

결국 문화 벤처 타운 사업은 위와 같은 행정 직원들의 큰 태도 변화에도 마지막 단계에서 승인받지 못했다. 서울시장이 문화 벤처 타운 사업 승인을 주저한 데는 아마도 벤처 열풍에 연계된 '거품' 경제에 대한 우려가 한몫 했을 것이다. IMF 위기가 닥치고 난 뒤 서울시 행정 직원들을 비롯한 산업 정책 결정자들은 창의적인 생각 또는 예술적 재능을 갖춘 문화 자본, 이른바 창의적 문화 자본을 창조할 가능성이 있는 창업 기업을 우선적으로 지원했다. 선호받는 자본 생산 시스템이었던 재벌에 대한 지원을 벤처가 대체한 것은 우연의 일치가 아니었다. 일자리를 구하는 사람들이나 정책 결정자들의 관점에서 보면 유연성을 지향하는 신자유주의적 노동시장이 안정성을 지향하는 포드주의적 노동시장을 대체했다. 이러한 현실은 벤처 시장이 대기업에서 만족할 만한 일을 찾을 수 없었던 청년들에게 대안적인 직업의 길을 열어 주고 있다고 한 택시기사 유씨의 이야기와도 조응한다.

대한민국 사회공학 실행자들은 청년들의 새로운 사고방식과 생활 방식에서 위험을 무릅쓰고 유연 노동을 수행하며 창의적인 문화 자본을 창출할 수 있는 청년들의 잠재력이 도출된다고 보았고, 상대적으로 더 큰 청년들의 가치를 강조하는 새로운 계획을 대대적으로 홍보했다. 창의적인 '신지식인', '벤처 기업', '유연 노동'은 청년을 새로운 경제 정책의 대상으로 만드는 홍보 전략의 핵심 개념이었다.

모니터링 팀이 2002년에 해체되거나 그 이전부터 구성원 중 벤처 기업 창업에 참여한 인원이 적지 않다는 사실은 놀라운 일이 아니다. 노동력과 인간이 가진 특징들을 창의적인 문화 자본으로 번역하고, 자본주의 세계에서 위험을 감수하는 일이 가진 가치를 이해했으며, 불안정한 취업 시장이라는 위태로운 영역을 탐사했던 모니터링 팀 구성원들의 경험은 한국이 '자기 충족적'인 주체의 생산을 통해 이루어지는 신자유주의적 통치로 급속히 적응해 가는 과정을 관찰할 수 있는 창이 되었다.

닫는 글
진보 세력의 딜레마

1990년대의 사회운동에 대한 논평 대부분은 과거와 거리를 두며 논의된다. 그 논평들은 1980년대를 거치며 자리 잡은 반독재 반자본 운동권 문화에 대해 얼마나 사회가 지긋지긋해하고 더 이상 반기지 않는지를 보여 준다. 사람들은 그리 멀지 않은 과거에 존재했던 군사독재 정권의 영향으로부터만 거리를 둔 게 아니라 대의를 앞세우는 운동권 세력들도 멀리했다. 그것이 좌파건 우파건 관계없이 전체주의적인 성향으로부터 멀리했다고 볼 수 있겠다. 1980년대를 돌이켜 볼 때 사람들이 기억하는 것은 군사독재와 운동 세력 양쪽 모두로부터 개인의 삶이 침해당한 부분이다. 사람들은 기억한다. 도시 공간이 폭력 시위와 그 시위를 진압하기 위한 폭력으로 점령당하던 때를. 사람들은 기억한다. 정부가 정치 안정 및 경제 발전이라는 명목으로 희생을 요구하던 때를. 사람들은 기억한다. 좌파의 도덕적 특권이 진보적 성향을 지니고 있던 사람들에게 더 희생하지 않은 것에 대해 죄책감과 채무감으로 가득 차게 만들었던 때를.

낸시 에이블먼, 『과거의 메아리, 반문화의 서사시: 대한민국의 사회운동
Echoes of the Past, Epics of Dissent: a South Korean Social Movement』

이 장에서는 IMF 위기를 거치는 동안 강화된 (신)자유주의화 과정에 진보적 사회 세력이 무심결에 가담하게 된 방식에 대해 성찰해 보고자 한다. 이런 고찰에 먼저 기반이 되어야 할 것은, 민주화의 선봉에 섰던 재야 진보 세력이 세워 놓은 정치 의식화 전통의 중요성이다. 근현대 자유주의 사회에서 큰 변화가 일어나는 과정에서는 자본주의적 체계와 국가의 영향력이 어떻게 특정 사고를 내면화하고 이데올로기적 담론을 조성해 가는가에 대한 인식이 필연적이다. 이런 정치 의식화를 해내는 데 있어, 재야 진보 세력이 알튀세르나 그람시의 영향을 받았든, 프랑크푸르트학파나 파리의 6.8 정신에 힘입었든, 민중 신학의 뒷받침이었든, 인도주의적 정신에 입각해서든, 이들은 사회 변화와 민주적 통치를 위해 국가 제도뿐 아니라 사회 문화 전반적인 영역까지 의식의 변화가 개입되어야 할 필요성을 놓치지 않는 기여를 했다.

이를 기반으로 한 발 더 나아간 성찰이란, 나와 이 책에 등장하는 여러 사람을 포함해서 재야 진보 세력에 속하는 이들이 민주화 이후, 군사독재 기간에 비해 많이 유화되었지만 여전히 긴장 관계를 견지해 왔던 두 가지 입장, 곧 국부를 추구하는 국수 자유주의적 입장과 빈곤층에 대한 공정한 재분배라는 좌파적 목표를 지속해 나가는 과정에서, IMF 위기를 거치는 동안 절묘하게 (신)자유주의적 사회공학 실행자(또는 위기 지식 매개자)로서의 역할을 수행했던 일에 대해 정확하게 인식하지 못했다는 점을 짚어 보고자 하는 것이다. 민주적 행동을 촉진하는 것으로 알려진, 자유와 평등을 지향하는 '좋은' 자유주의적 사고와 맹목적으로 자본주의적 가치와 이익을 촉진하는 것으로 알려진 신자유주의적 사고란 언뜻 보면 천양지차인 것 같다. 하지만 그 둘이 공유하는 사고방식에 대한 뚜렷한 역사적 맥락이 결여된 상태에서 일상적인 생활과 정책에 설득력 있는 방식으로 전개될 때 둘을 구별하는 것은 국내외 할 것 없이 매우 힘든 상황이다. 국내 최근 몇십 년 동안의 역사 속에서 볼 때, 자유주의 체제가 실현된 십여 년 동안(1987년~1997년) 대한민국에서는 개인의 자유, 사생활, 재산권 행사가 자본주의를 실현하기 위한 (신)자유주의라기보다는 민주주의의 표식으로 이해되어 왔으므로 그 둘을 구분하기가 특히 더 어려웠다.

이 장을 통해 복지 정책과 민주적 경제 운동에 앞선 진보 세력과 전문인을 선두로 한 시민 단체들의 담론, 국내 신자유주의와 민주주의의 논쟁점을 묘사한 문헌들을 바탕으로 신자유주의에 대한 혼동과 신자유주의에 대응하기 어려웠던 구체적인 사례를 제시할 것이다. 그에 앞서, 먼저 1980년대와 1990년대 민주화 운동에 기여했던 사회 참여적 지식인의 역사를 간략하게 소개하겠다.

1980년대와 1990년대 사회운동의 역사

의류 공장 노동자 전태일이 "우리는 기계가 아니다."라고 외치며 분신한 사건을 계기로 1970년대에 노동자와 진보 지식인의 연대가 성립되었다. 1970년대는 개발 국가의 초점이 섬유산업 같은 경공업에 맞춰져 있을 때였다. 1980년대에는 수천 명의 대한민국 대학생들(전위적인 '유기적 지식인' [Gramsci, 1971. 6])이 스스로 노동자와 농민이 됨으로써 노동자·농민 세력에 힘을 보탰다.(김승경, 1997. 구해근, 2001, 이남희, 2005. 2007. Ogle, 1990)[1] 안토니오 그람시에 따르면 모든 사람은 지식인이지만 유기적 지식인은 교육과 대중매체 같은 이데올로기적 도구를 통해 대중이 스스로 표현할 수 없는 감정과 경험을 표현함으로써 사회를 변화시키는 지식인이다. 이런 유기적 지식인이라는 그람시의 생각은 다른 여러 나라에서도 발견되지만 (가령 알제리 혁명기의 프란츠 파농, 멕시코 사파티스타 혁명 운동의 부사령관 마르코스) 1980년대의 의식화된 대한민국의 대학생들은 냉전을 바탕으로 한 군사독재정권에 맞서는 유기적 지식인이 되기 위해 대졸자로서의 특권, 곧 좋은 직장을 얻을 수 있는 장래의 전망을 포기했다. 가족을 포함한 일반적 사회 관계도 포기한 학생 운동가들은 투옥과 고문으로 인한 정신적 외상을 평생 안고 살았고 신체적 장애가 남거나 죽음에 이르는 경우도 있었다.(조희연, 2002)

1980년대 초 군사독재 정권은 노동조합 결성을 막고 '좌익 세력'이 노동운동에 영향을 미치지 못하도록 저지하기 위해 억압의 강도를 높였다. 정부는 공장 노동자의 연령과 교육 수준에 제한을 두어 대학생이 공장에서 노동하는 것을 불법화했다. 따라서 공장에 취직해 일하려던 학생 운동가들은 감시를 피하기 위해 신분을 위장해야 했고, 가

---

1) 농민과 지식인 연대에 대해서는 Abelmann, 1996을 참고하라.

족이나 친구와 연락도 끊어야 했다. 얼마나 많은 학생들이 수도권 지역의 공장에서 일했는지 정확하게 파악하기는 어렵지만 1980년대 초에는 약 3천여 명, 1980년대 말에는 약 1천여 명이 위장 취업했을 것으로 추정된다.(박미, 2002. 10)

노동자와 유기적 지식인 사이에 형성된 활발한 연대는 개발 국가의 초점이 자동차 제조업 같은 중공업으로 이동하는 과정에서 노동조합 운동이 성장함으로 인해 강화된 측면이 있고(구해근, 2001) 1980년 광주에서 군사정권이 시민을 학살했을 때 그들을 "구하지" 못했다는 자괴감으로 인해 강화된 측면도 있다.(이남희, 2005) 노동자와 유기적 지식인의 연대는 1987년 민주화로 이어지게 된 핵심 배경이었다.

광주항쟁이 언론 통제로 여전히 루머로만 떠돌고 있을 당시, 노동자가 되어 노동운동에 투신하거나 대학 내 의식화를 담당하며 노동운동을 지원했던 학생 운동가들을 국가 직원들이 고문 내지 사살한 사건들이 연이어 발생하면서 공장 및 사무직 노동자, 그리고 진보적 시민들이 정권에 대한 분노를 품게 된 계기가 되었다. 1986년 6월 5일 '권인숙 성고문 사건'(학생 운동가 겸 노동 운동가로 용기를 내어 자기를 '성적으로' 고문한 경찰을 고소했다.), 1987년 1월 14일, '박종철 고문치사 사건'(학생운동 조직에 앞장섰던 당시 서울대 언어학과 학생회장이 치안본부 공안실에서 전기 고문과 물고문을 받다 사망했다.), 1987년 6월 9일, '이한열 사망 사건'(연세대 학생 운동가로서 거리 시위 도중 경찰이 쏜 최루탄 파편에 맞아 사망했다.)은 1987년의 6월 항쟁을 이끌어 낸 핵심 사건들이다.

그러나 1987년 군사정권이 공식적으로 끝나고 나서 선거 제도상의 정치적 민주화가 이뤄지고 난 뒤 대학생들의 운동 조직은 국내외 정치적 대변화로 인해 동력을 잃게 되었다. 국제적으로 소비에트 연방과 동구권이 붕괴하면서 사회주의 혁명을 가능한 대안에서 제외시킬 수 밖에 없게 된 학생 운동권은 큰 타격을 입었다. 국내에서는 공공의 '적'으로서 민주화를 염원하는 광범위한 연대가 구성되도록 추동했던 독재 정권이 공식적으로 막을 내리면서 반국가 운동을 후원했던 시민들은 더이상 '과격한' 저항 운동에 전적인 지지를 보낼 근거를 발견하지 못했다. 1987년 6월 항쟁 기간 동안 강력한 파업(노동자 대투쟁)을 벌여 경영인들과의 담판에서 승리한 뒤, 의식화된 대학생 출신이 아닌 노조 지도자들은 지식인 계층이 노동조합에 영향력을 행사하는 걸 반기지 않았고 이런 경향 때문에 노동운동의 대변인으로 활동하던 많은 지식인들이 노동운동을 등졌다. 대학 내 민주화로 초점을 돌린 학생 운동가들은 사립 대학의 지배 구조를 투명화하라고 요구했고, 학생 대중의 지지를 유지하기 위해 등록금 인상을 저지했다. 초점을 달리 했음에도 학생운동 세력은 차세대 구성원 확보가 쉽지 않았다. 이는 학생 운동가들에 대한 국가 폭력이 사라진 게 아닌데도, 거리 시위가 불필요하게 폭력적이고 지나치게 대립각을 세운다는 입장들이 대학생들 사이에서도 팽배해졌기 때문이다.[2] 따라서 민주화 이후에는

---

2) 그러나 1996년 연세대학교에서 벌어진 학생 시위에 대해 폭력적인 진압이 이뤄졌다. 학생 운동가들에게는 국가의 폭력에 맞설 이유가 여전했지만 폭넓은 지지를 이끌어 내지는 못했다.

학생운동과 노동운동이 지지를 받기 어렵게 되었다.

새로 들어선 시민 정부는 대중매체에 대한 감시를 줄였고 그 결과 광주항쟁이나 반공산주의를 내세운 정치적 탄압처럼, 과거 검열로 인해 숨겨졌던 역사들이 만천하에 드러났다. 송지나가 극본을 쓴 〈모래시계〉(서울방송, 1995)와 〈여명의 눈동자〉(문화방송, 1991) 같은 텔레비전 드라마는 집합적 기억의 숨겨진 과거사를 그려 냈다. 〈모래시계〉는 광주항쟁 기간 동안 사람들에게 정신적 외상을 남긴 경험에 관한 드라마다. 반독재 운동에 참여한다 하여 '빨갱이'로 몰린 이들뿐 아니라 이런 정치적 의식화와 전혀 상관없었던 대부분의 광주 시민들이 얼마나 어이없이 국가 폭력에 의해 목숨을 잃거나 정신적·육체적 상해를 입었는지를 정치·멜로드라마 장르로 보여 주어 광주의 희생에 대한 대중적 공감을 크게 얻어 냈다.

〈여명의 눈동자〉는 제주 4.3 항쟁을 다룬 드라마다. 한반도가 일본 제국주의 지배에서 미 군정기로 넘어가는 시기에, 일제 하 일본군으로 징집된 한인들이나 항일운동가들이 미 군정기 역시 일제와 다르지 않음을 발견하며 자생적 공산주의자들이 되어 가는 과정을 보여 주었다. 또한 이들이 한반도 최남단 제주도에서 벌인 투쟁(1948년에서 1954년), 그리고 미군과 국군에게 몰살 당하는 결과를 실감 있게, 멜로드라마 장르로 그려냈다. 대한민국의 자생적 공산주의는 신유교주의적 계급제도 하에서 자행된 하위 계급에 대한 사회경제적 차별과 관련해 이뤄진 반봉건 투쟁으로 등장했다. 그러므로 중국과 소비에트 연방을 통해 대한민국에 들어온 마르크스주의와는 다르다고 알려졌

다.(Cumings, 1997. 백낙청, 1992, 서대숙, 1967. 1970. 1981)

　대중의 정서에 호소하는 내용을 내보낸 대중매체 때문에 과거 군사 정권이 자행했던 억압에 대한 집합적 기억이 더 많이 되살아나고 공개적으로 인지될수록 아이러니하게도 국민 대부분은 민주화 이후 시대에 이뤄지는 급진적인 운동에 더 무관심하게 되었다. 이런 대중매체의 파격적 역사 드러내기 작업이 마치 민주주의가 도래한 것의 증거로서 인식되고, 과거 학생운동에 참여한 이들에게조차 이런 멜로드라마가 망자들을 위한 슬픔을 드러낼 수 있는 의례로 작용한 감이 없지 않다. 불의에 대한 이들의 분노와 절망감은 어느 정도 위안을 받고 승화시켜야 하는 것이라는 사회적 분위기가 조성되었고, 격렬한 대중 시위는 대의를 막론하고 국가와 국민, 고용주와 노동자 사이의 조화로운 관계를 훼손하며 상업 활동을 위축시키고 기업의 수입을 줄어들게 만드는 요인으로 여겨졌다. 이는 더 이상 폭력적 정권에 대한 두려움 때문이 아닌 시민들의 자유 의지로 사회적 잡음을 견제하는, 자유 민주주의의 사회적 통치가 시작되었음을 알 수 있다.

　사회를 통치하는 방식에 대한 자유주의적 태도가 정치적 힘을 확보해 가는 사이 군사정부로부터 사회를 구해야 한다는 과격 좌파의 태도는 정치적 힘을 잃어 갔다. 조화로운 관계의 촉진은 사회 구성원에게 세련된 태도 내지 협력적인 관계 맺음을 장려하며 사회 통제에 대한 책임을 강조했다.(Hindess, 2004) 이와 같은 사회적 매트릭스를 바탕으로 의식화된 지식인들은 두 가지 갈래의 사회 정치 운동으로 옮겨 갔다. 한편에서는 시민사회 운동이 촉진되었다. 더 안전하고 모두를 포용하는 사회를 만들어 간다는 모토로 시민사회 운동은 다양한 사회 성원들의 정당한 요구와 평등한 대우를 위해 정부 비리 부패 고발, 소비자 보호, 장애인 인권, 성적 소수자 인권, 해외 입양인 연대 , 중국 · 러시아계 한인 연대, 청소년 아동보호와 지역 운동 등을 펼쳐 나갔다.

다른 한편에는 반독재 국가 운동에 성공했어도 자본주의가 발생시키는 계층적 갈등과 분배 불평등은 여전히 남아 있다고 주장하는 민중운동의 갈래가 있었다.

하지만 개인의 권리를 중심으로 자유주의적인 입장에 허용적인 시민사회 운동이 성황을 이루는 것에 비해, 비록 용감하게 대의명분을 위해 자기 삶을 희생했어도 과거 학생운동 세력들은 교조적이고 대립을 강조하는 집단주의로 공격받으며 사회적 지지를 잃었다. 시민사회 운동이 부상함에도 좌파 운동(민중운동)이 계속 성장할 수 있을 것인지 여부에 대한 논쟁이 있었지만(손호철, 1999) 집합적인 사회 변화라는 급진적인 이상이 개인의 자유와 개인의 안전을 추구하는 자유주의적 이상에 의해 대체되어 감에 따라 민주화 운동에 참여했던 유기적 지식인으로서의 학생 운동가들은 존재의 이유를 상실하거나 변화된 현실을 받아들이기 힘들어 했다.

당시에 이런 변화를 회상하는 소설과 연구들이 다수 출간되었는데, 여기서는 공지영의 소설『인간에 대한 예의』에서 화자의 회상을 통해 과거 학생 운동가였던 한 선배의 삶이 얼마나 극적으로 변했는지 묘사한 장면을 인용해 보고자 한다.[3]

우리 주변 우리 내부, **사소하게 보이는 작은 일**들부터 청소를 해 나가는 거…… 알겠니?

라고, 선한 눈매를 어글거리며 웃던 그를, 그 작은 일을 가지고 싸우다가 감옥에 가고, 재판정에서 하얀 한복을 입고 교도관에게 입이 틀어막힌 채 질질 끌려나와 우리 모두를 울게 만들던 그를, 윤석이 내게 소주를 끼얹었을 때, 윤석과 나를 번갈아가며 달래던 그를……노동자가 되고 역시, 중학교만 졸업한 노동자하고 결혼을 했던 그를 말이다. 하지만 지금 나는 오년 후의 그를 만나러 간다. **사소한 일 가지고 목숨 걸 필요 뭐 있어,** 라고 말한다는 그를, 아버지가 경영하는 버스회사의 사장이 되었다는 그를, 딸 둘 낳고 살던 노동자하고 헤어진 그를, 그와 헤어진 후 정신병원에 갇힌, 중학교만 졸업한 노동자의 남편이었던 그를.

(강조는 추가)

이 인용문에서 **사소한 일**이라는 말이 지니는 이중적 의미는 무엇인가? 억압적인 파시즘적 자본주의 국가(1960년대~1980년대)에서 **사소한 일**이란 불평등과 억압을 인정하는 모든 것을 의미했다. 가령 학생들의 반국가 활동을 부정하고 경찰에 쫓기는 활동가나 거리 시위

---

3) 최윤의 『회색 눈사람』(1992)도 참고하라. 에이블먼(1996)은 1980년대의 과격 좌파 운동에서 1990년대의 시민사회 운동으로 이행하는 과정에서 반체제 지식인 또는 농민 활동가들이 치른 개인적인 비용에 대해 묘사한다. 특히 최윤에 대한 논의를 참고하라. 최윤은 자본주의적 토지소유 회사(농민의 노동력과 농산물 착취)에 맞선 논쟁을 이끌었고 해당 회사로부터 토지를 매입하는 데 동의했던 인물이었다. 김승경(1997)과 구해근(2001)도 해당 이행기에 여성 노동 운동가들이 개인과 가족의 욕구를 어떻게 충족시켰는지 묘사한다.

참여자들을 돕기를 주저하거나 부르주아적 삶에 대한 열망을 지닌 교사나 부모의 설득에 따르는 일 같은 것 말이다. 공지영의 소설 속 주인공처럼 1980년대에 학생운동을 했던 사람들에게는 이와 같은 사소한 일이 그들을 '학사 학위, 직업 전망, 중간계급의 삶을 포기하고 공장 노동자의 세계로 추락하게 만든' 원동력이었다.(이남희, 2005. 912)

그러던 것이 1987년 민주화가 이뤄지고 나서 십 년도 채 지나지 않아 과거의 혁명을 위한 헌신적 활동은 더 이상 인생을 걸 만큼의 가치가 있는 일은 아니라는, 다른 의미에서의 '사소한 일'로 간주되어 버렸다. 일부 좌파와 학생 운동가들은 급진적 사회 변화에 대한 희망을 잃은 뒤 개인의 자유와 부를 추구하는 평범한 월급쟁이나 공지영의 소설에 등장하는 남자처럼 꽤 잘나가는 중소기업 사업가나 대기업 직원이 되었다. 또 다른 지식인들은 혁명을 위한 헌신적 활동을 감히 '사소한 일'로 묻어 버리지 못함과 동시에, 급진적 사회 변화의 가능성에 대한 희망은 어느 정도 접은 차원에서 풀뿌리 운동, 정당정치, 행정에 뛰어들었다. 더 나은 사회와 더 안전한 사회를 만들겠다는 공동의 목표를 지닌 시민운동과 단결하는 일도 많았다.

이와 같이 변화된 전망을 어떻게 이해해야 할 것인가? 만일 계층적 재분배적 불평등을 문제 삼았던 사회 정치 운동이 급진적이란 명패를 달게 되고 지지 기반을 상실하게 된 이유가 자유화라면 급진적 사회 변화를 여전히 꿈꾸는 사람들은 어떤 반응을 보였는가? 민주화 시대 (1987년~1996년)에 나타난 변화와 IMF 위기를 거치는 동안 사회 통치의 신자유주의화는 무슨 관계인가? 만일 시민운동이 민주화 이후에 보수화되고 자본주의화되었다면(손호철, 1999) 민주화 운동을 통해 좌파적 이상을 전파한 사람들은 자유주의, 또는 좌파라는 두 범주 어디에도 쉽게 들어맞기 어려웠을 것이다. 이 장은 이와 같이 모호하고 불분명한 유기적 지식인의 행보가 민주화 이후 시대와 특히 IMF 위기를 거치는 시기에 만연해 있었다고 상정한다. 이런 모호함 속에서도 한 가닥의 지속성을 찾아볼 수 있는 것은, 이들이 사회경제적 기반이 취약한 계층을 실질적인 차원에서 지원할 방법을 계속 찾아 나섰다는 것이다.

질 좋은 자유주의와 질 나쁜 신자유주의의 이분법

'자유주의' 라는 용어의 뜻은 단일하지 않다. 오히려 정부가 추진하는 자유무역이 어떤 맥락에서 선호되는가를 따져 보는 방법만큼이나 자유주의의 종류는 각양각색이다. (…) 그러나 사실 그 많은 자유주의가 세부 사항에 있어 때로는 매우 상당한 수준으로 다르다 해도 그 많은 서로 다른 자유주의를 현대사의 오염된 습지를 굽이치며 통과하면서 나뉘었다가 재결합하는 몇 개의 흐름으로 묶어 내는 일은 그리 어렵지 않다. 그런 흐름 가운데 지금까지 가장 큰 영향을 미치고 있는 흐름은 계몽적 합리주의라는 비옥한 토양을 거쳐 온 흐름으로, 인류의 절대다수는 여전히 상당한 개선을 필요로 한다는 역사적 · 발전적 견해라는 색채를 아직도 지니고 있다. 그 흐름 속에는 시장 방임 자유주의, 19세기에 새롭게 등장한 사회적 자유주의와 그 유산인 복지주의, 다양한 민족국가적 자유주의가 들어 있는데, 이 셋은 모두 시장 관계의 효과를 통제하기 위한 국가 개입을 선호한다. 또한 식민지 시대의 반제국주의적 자유주의 역시 이 흐름에 속한다.

배리 힌데스, 「자유주의: 그 이름 안에는 무엇이?」

국내외를 떠나 신자유주의에 대한 비판적 언설 속에는 '질 좋은' 자유주의와 '질 나쁜' 자유주의가 대조적으로 등장하는데, 신자유주의가 '질 나쁜' 자유주의를 대변하는 단골 주자로 나타나면서 마치 기존의 다른 자유주의들은 '질 좋은' 것으로 추켜진다. 웬디 브라운과 자넷 핼리Janet Halley는 『좌파 법치주의 / 좌파 비판 *Left Legalism · Left Critique*』(2002)에서 자유주의의 서로 다른 두 가지 의미를 구분했다. 하나는 정치적 진보를 의미하는 자유주의이고, 다른 하나는 정치적으로 보수적이고 경제적으로 시장 중심적인 자유주의다. 브라운과 핼리 저술의 초점은 좌파 자유주의(흑인계 미국인의 시민권 운동과 동성결혼의 법제화 운동 같은 합법적·제도적 투쟁에 관련된 좌파)다. 이론적 도시지리학자로서 신자유주의 비판에 앞장선 좌파 사상가 데이비드 하비(2005) 역시 자유주의가 본래부터 신자유주의와 대립하는 존재이기라도 한 것처럼 배태된 자유주의를 긍정적인 의미로 사용한다. 자유주의의 계보와 한계를 탐구한 좌파 지리학자 캐서린 미첼(2004)도 밴쿠버에 존재하던 다양한 자유주의의 복잡한 지형을 바탕으로 '질 좋은' 자유주의를 구축함으로써 '신자유주의라는 환상'에 맞서 싸울 것을 주장한다.

미첼의 사례 연구를 보면, 홍콩에서 이민 온 금융 자본가와 캐나다 정치인이 힘을 합쳐 구성한 신자유주의 세력은 대도시 신개발 교외지에 '괴물같이 큰 저택' 단지를 구축하는 데 앞장서는 반면, 밴쿠버 토착 세력인 백인 자유주의자들은 교외지를 환경 친화적으로 보존할 것을 주장하며 이주민 금융자본과 캐나다 정치인 협력에 힘입은 신개발 지역 프로젝트를 반대했다. 캐서린 미첼은 이렇게 기록한다.

"보편주의의 약속에 부응하지 못하는 자유주의의 끊임없는 '실패'는 이행 과정에서 일어난 단순한 사고가 아니다. (…) 역사적으로 시민권과 자유주의는 평등과 포괄성을 장려한 것이 아니라 내부적인 위계질서를 구축하고 차별해 왔다. (…) 그러나 사회적 자유주의라는 '약속'도 존재한다. (…) 아마 보편성의 원칙을 향해 간다고 자처하는 사회적 자유주의와 계몽된 근대성은 '식민 공간이라는 자궁 안에서 수정이 이뤄진 순간부터 구멍이 뚫리면서' 돌이킬 수 없을 만큼 손상을 입었을 것이다. 그럼에도 나는 그 약속의 자취가 남아 있다는 희망을 버리지 않는다."(2004. 219~220)

여기서 신화에 휩싸인 것이 단지 신자유주의뿐인 것인지, 하는 질문을 던져볼 수 있겠다. 자유주의는 어떠한가? 자유주의야말로 신화 투성이가 아닐까? '질 좋은' 자유주의, 또는 자본주의적 가치나 이익을 촉진하지 않는 '착한' 시장을 구축하려는 바람이 가능한 자유주의라는 상상은 위험한 환상이 아닐까? 푸코와 푸코의 통치성 개념에 힘입은 저술가들은 신자유주의를 정치적 자유와 사유재산의 자유라는 핵심 특성을 자유주의와 공유하는 진전된 자유주의로 이해할 수 있도록 도움을 준다. 그렇다면 '질 좋은' 자유주의가 모든 걸 해결해 줄 것 같은 환상이 잘 깨지지 않는 이유는 무엇인가?

대한민국이라는 맥락에서 볼 때 민주화 이후 시대, 그중에서도 특히 IMF 위기를 거치는 동안 좌파 지식인과 진보적 지식인은 시장경제와 사유재산 구조로부터 자유민주주의적 사고와 행동을 분리해 내는 일이 어렵다는 사실을 깨달았다. 〈참여민주사회시민연대〉(참여연대)가 주도했던 '소액 주주 운동'이 그 좋은 사례다. 〈참여연대〉는 〈경제정의실천시민연합〉(경실련)과 함께 1990년대 초에 출범한 대표적 시민사회 운동 조직이었는데, 〈경실련〉이 엘리트 중간계급을 위주로 윤리 개선 캠페인이나 공정 선거 운동, 소비자 운동 등에 힘쓴 반면, 〈참여연대〉는 저소득층의 생활 안정, 사법 개혁, 재벌 구조 개선 등의 근본적인 사회 개선에 힘쓴 것으로 알려졌다.(Nelson, 2000. 손호철, 1999. 김승경, 2004) 소액 주주 운동은 대기업의 주식 독점을 막기 위해 일반인이 소액만으로도 주주가 되어 기업 운영에 개입할 여지를 만들어 기업 구조 민주화에 참여하려는 운동이었다. 앞 장들에서 자세히 소개했듯이 군사정권의 지원을 받으며 성장한 대한민국 대기업은 국가 경제성장과 자본주의적 착취의 주역이었다. 특히 친족이 중심을 이루는 소유자들이 기업을 독점하는 대기업의 지배 구조는 민주화 이후 시대에도 비교적 큰 도전에 직면하지 않은 채 유지되어 왔다. 그러다가 IMF 위기가 닥치자 대기업의 취약한 금융 구조(친족 위주의 경영진과 은행 대출의 남용)가 국가 부채의 주요 원인이라는 사실이 드러났다. 이에 〈참여연대〉는 1997년부터 대기업의 주식을 보유한 주주가 됨으로써 대기업의 비민주적인 경영을 개선하는 일에 매진했다.

소액 주주 운동은 진보 세력과 좌파 세력으로부터 광범위한 지지를 받았는데, 소액 주주 운동이 민주화 운동의 반독재·반독점 정신을 이어받아 민주 정권이 건드리지 않았던 대기업의 독점적 지배 구조 개혁이라는 영역에 도전했기 때문이었다. 대기업에게는 어려운 시기인 것처럼 보였다. IMF 위기를 거치는 동안 김대중 정부가 구조 조정과 규모 축소를 요구하자 자산을 매각해야 했던 대기업은 주식시장을 통해 새로운 가치를 창출할 수밖에 없었다.

소액 주주 운동은 캠브리지 대학교에 재직 중인 저명한 경제학자 장하준이 이 운동을 '신자유주의적 행위'라 비판하면서 논란에 휩싸였다.(장진호, 2006. 장하준·정승일·이종태, 2005)[4] 장하준은 소액 주주 운동이 반국가 반재벌을 요구할수록 친시장적인 활동이 될 수밖에 없으며, 결과적으로 신자유주의적 금융시장을 돕는 활동이라고 지적했다. 한국 경제의 이해관계에서 따지자면, 소액 주주 운동을 통해 재벌의 독점적 주주권 구조를 무너뜨리는 것은, 자산 관리 및 이윤 창출을 통제할 소유권이 결과적으로 외국 투자자의 손으로 옮겨 가게 함으로써 국부에 손실이 된다는 것이다. 장하준의 입장은 기본적으로 개발도상국 옹호론인데, 선진 자본국들이 지배해 온 글로벌 개방 시장경제 속에서 생존하고 경제성장을 달성하기 위해 대한민국이 선택할 수

---

4) 소액 주주 운동에 대한 논의에서 대한민국 금융자본에 대해 자세히 설명해 준 장진호의 노고에 감사드린다.

있는 방법은 국가 차원에서 대기업을 보호하고 대기업과 손을 잡는 일이라는 것이었다. 따라서 국가 개입 축소와 재벌의 소유권·경영권 파괴를 지지하는 것은 선진 자본국의 주도하에 전 세계를 개방 시장화하려는 신자유주의적 경제 침투를 적극적으로 돕는다는 의미라는 것이다.

장하준은 당시 소액 주주 운동의 상황을 빌려 국내 소액 주주들과 외국인 투자자들이 한데 뭉친 이후 재벌의 거대 주주로 나서고 재벌의 경영에 입김을 불어넣게 된 것이 왜 문제인가를 설명했다.(장하준·정승일·이종태, 2005) 대기업의 주식을 매입하고 개인과 외국인 투자자들의 이익을 창출하는 방향으로 기업을 운영하는 일은 어이없게도 국가의 번영이라는 이해관계에 반대되는 방향으로 작용한다는 것이다. 그는 금융자본의 부상을 산업자본이 지배하던 자유주의 체제와 신자유주의를 가르는 특성이라 볼 때, 특히 단기 대출, 헤지 펀드, 주식시장 같은 다양한 금융시장의 구축은 국가 부채와 개인 파산을 유발할 수밖에 없다고 설명했다. 금융 위기에 처한 개인은 신자유주의로 인한 희생자인 동시에 자기 삶을 풍족하고 자기 충족적인 것으로 만들기 위해 기꺼이 자기 삶을 관리하는 기업가가 되는 방식으로 국부에 반하더라도 신자유주의에 적극 기여하는 존재라고 본 것이다.

장하준의 소액 주주 운동 비판은 개발도상국의 국부론 입장에서 매우 설득력이 있다. 하지만 장하준이 상정하는 신자유주의의 개념은 서구자본주의의 정치경제 철학으로 자리 잡아 온 자유주의에 대한 환상을 벗기지 않은 채 신자유주의만 '질 나쁜' 자유주의로 비판하는 입장으로 보인다. 자유주의가 국가 개입을 축소하려는 경제적 지침이라 여기는 가정부터 살펴보자. 고전적 자유주의 정치경제 체제와 신자유주의적 체제는 둘 다 모두 애덤 스미스가 시장을 만병통치 내지 신격화하여 표현한 '보이지 않는 손'과 국가 개입을 당근과 채찍으로 함께 적용해 왔다.(Hindess, 2004) 고전적 자유주의 체제의 국가 개입의 사례로는 농민을 임금노동자로 탈바꿈시키기 위해 공유지를 사유화하는 영국의 인클로저 운동이나 식민지 점령이 대표적이다.(Perelman, 2000) 신자유주의 체제의 사례로는 최근의 2008년 대금융 위기 상황에서 보면, 그전까지 국가의 본임인 양 금융자본의 범법적 축적에 전혀 개입하지 않던 미국 정부가 대금융 기업 파산에 막대한 국비를 들여 개입하는 과정이나 국내에서는 IMF 외환 위기 동안 정부 구조 조정이라 하여 행정 개입을 줄여 가는 중에도 노숙인과 청년 실업자를 취업이 가능한 유연한 노동자로 만드는 정책을 적극적으로 편 일을 들 수 있다.

요약하면 국가와 시장, 자본의 관계는 단순하게 대립되는 것이 아니어서, 어떤 행위가 반국가적이면 (신)자유주의를 도와주는 것이고, 반대로 친국가적이거나 국가의 개입을 증가시키는 것이기만 하면 (신)자유주의를 반하는 것이라 말할 수 없다는 것이다.

소액 주주 운동은 민주화를 위한 '질 좋은' 자유주의적 행동과 신자유주의화라는 '질 나쁜' 자유주의적 행동을 구분하는 것이 그리 쉽지 않음을 보여 주는 극명한 사례다. 재벌 독점을 제재하는 것이 민주적이라는 분명한 목적과 시민의 자유의지적 행동임에도 재벌을 해체하는 것이 외국 금융자본에 힘을 실어 준다는 차원에서 신자유주의를 도와준 셈이 되기도 하고, 외국 자본가나 국내 자본가나 다 민생에 관심 없는 자본가란 차원에서는 자국 자본을 따지는 것 자체가 자본가들 간의 각축에서 이기고자 하는 기술로서의 신자유주의와 별다르지 않다는 점도 맞다. 여기서 어떤 것이 신자유주의보다 나은 자유주의라 명명하는 게 얼마나 무의미한지, 또한 그 신자유주의를 비판한다는 것이 얼마나 자유주의적 자본주의 안에서 제자리 돌기가 되는지의 딜레마가 드러난다.

마찬가지로 사회복지 국가가 자본주의 사회와 함께 가는 차원을 볼 수 있겠다. 복지란 국부를 보호하고 증진하는 데 제 역할을 하는 것이며, 경제 발전 없이 복지를 생각할 수 없는 것 또한 그런 부분이다. 한국의 근현대 정치사 측면에서, 개발 국가에서 신자유주의적 복지국가로 이행했다고 해서 부의 극대화라는 자본주의 국가의 목적이 변하는 것은 아니라는 사실을 강조하는 것이 중요하다. 생산적 복지는 노동력을 증진하고 착취함으로써 번영을 추구하는 것을 통치 전략으로 삼았던 개발 국가의 연장선에 서 있었다.

바로 이런 맥락을 근거로 이 책은 친국가적 입장이 곧 반反신자유주의를 가늠하는 척도는 아니라고 주장한다. 민주주의 하에서 반국가세력으로 남은 사람들은 자유라는 신자유주의적 이데올로기를 강화함으로써 자유시장에 힘을 보태고 마는 덫에 걸렸고, 민영화로부터 공공 영역을 유지하기 위해 국가권력이 필요하다고 옹호하는 사람들은 자본주의 세계에서 국부를 극대화하기 위해 국가권력을 포용하면서 국가주의를 통해 신자유주의에 맞설 수 있다고 가정해야 하는 딜레마에 빠졌다.

따라서 국가 대 (시민)사회 또는 국가 대 시장이라는 대결 구도는 신자유주의를 비非신자유주의로부터 구분해 내기 위한 건설적인 방법이 아니다. 부의 촉진이나 경제성장 촉진의 시급성은 자본주의 이해뿐 아니라 (신)자유주의 국가 사회 통치 차원에서도 중요성을 지닌다. 신자유주의를 국가기구, IMF 및 세계은행 같은 국제 금융 기구나 금융 자본가 또는 금융 엘리트 같은 거시적 힘에만 관련되는 무엇으로서 인식하는 것은 한계가 있다는 말이다.

이 책은 한국의 외환 위기와 생산적 복지국가의 탄생이, 일상적인 실천이나 사고의 주체화 과정으로 신자유주의를 이해하는 것과 정치경제적 제도로 신자유주의를 이해하는 방식의 연관성을 고찰해 볼 수 있는 중요한 계기였음을 바탕으로 한 연구서다. (신)자유주의적 사회 통치상, 노동자를 장려하는 일이 국가의 번영에 기여하는 일(취업 가능성을 통해 노숙인과 실업자의 가치 측정을 수용하게 만드는 논리)로서 정당화되고 복지는 자본주의적 국부 축적 과정에 노동을 관장하고, 계급 갈등의 적대 세력으로 만들지 않기 위해 필연적으로 제공해야 하는 국가의 역할이 된 것이다.

한국의 사례가 특이하거나 이전에 없는 경우라 할 수 없다. 서구의 사회 국가, 사회복지 국가 형성의 역사 또한 다르지 않기 때문이다.(Donzelot, 2005〔1994〕. 서동진, 2014) 하지만 국가의 존속을 위해 노동의 근원적 중요성을 부추기고 숭고하게까지 만드는 것은, 자유민주주의란 미명 아래 자본주의 국가에서 일상적으로 치러지는 의례임을 간과하기 쉽다. 카트리나 밴던 후벨Katrina vanden Heuvel이 노동절과 관련해 『네이션The Nation』에 기고한 글을 예로 들어 보겠다.

"부유층과 노동하는 빈곤층의 격차가 점점 더 벌어져 가는 현실을 타개하기 위해 미국인들은 미국 경제가 미국의 부를 창출하는 데 기여한 사람들을 위해 돌아가도록 만드는 정책과 사상을 지지해야 한다."(vanden Heuvel, 2006.)

밴던 후벨은 노동자들이 국부의 뼈대를 이루는 존재이기 때문에 지금보다 더 많은 지원을 받을 자격이 있는 가치로운 존재라고 지적한다. 언뜻 보면 빈부의 격차를 논하고 노동자들을 옹호하는 것 같지만, 이는 자유주의적 국부론에서 추구하는 낭만주의적 담론이다. 다시 말해 노동계급과 자본가는 서로 다른 위치에 있음에도 노동자의 가치는 자본가의 이해 관계와 동일해진다. 생계와 재생산을 목적으로 하는 노동과, 부를 극대화하는 목적의 노동이 마치 이해관계를 가지게 되는 것처럼 개인과 사회 복리의 전제조건으로 받아들여지는 것이다. 자본가가 노동자를 착취한다고 비판하는 상황에서도, 자본이 인정하는 노동의 가치를 통해서만 노동의 의미를 측정하게 되었다는 사실은 자본주의 체제의 노동의 한계를 보여 준다. 자본을 통한 노동 가치 측정은 자본주의적 가치를 확인하고 재생산한다.(이진경, 2004. 2005. 61~76. 서동진, 『변증법의 낮잠』 참고)

이 모순은 부를 창조하기 위해 구축한 인프라가 흔들리는 상황 속에서 생생하고도 전형적인 사례가 된다. 곧 대한민국의 대량 실업을 야기했던 국영 은행이나 대기업 파산 같이 예측할 수 없는, 그러나 동시에 내재되어 있는 자본의 운동이 일어나는 경우를 말한다. 자본의 운동, 즉 축적을 위한 축적을 위해 끝없이 움직이는 자본의 순환은 위기를 필연적으로 불러일으킨다. 그 위기야 말로 정형화되어 순익을 감소시키는 기존 생산/유통 구조를 언제든지 파괴하고 새로운 시장과 자본축적의 방식을 찾아내는 데 필연적이기 때문이다.

그와 같은 자본의 운동은 우선 사회적 혼란을 야기할 수 있고 개인의 삶에 극적인 변화를 가져올 수 있다. 그리고 나면 사회의 모든 부분이 재난으로부터 회복하기 위해 노력을 기울이게 된다. 그런 노력은 노동하는 빈곤층, 실업자, 노숙인을 비롯한 빈곤층에게 연민 어린 손길을 내밀면서 국가와 개인의 번영을 재건하려는 공동의 목적이 있기 때문에 가능하다. IMF 기간 동안 많은 사회 혼란을 야기했고, 개인들의 삶에 극적인 변화를 가져왔다. 하지만 그런 것을 재난으로 규정짓고 극복을 위해 위기 담론을 매개하는 과정에서, 노숙인이나 가족해체 같은, 약자를 위한다는 이름으로, 국가를 재건한다는 명목으로 전 사회적 단결을 이루어 가며, 신자유주의적 생산적 복지 체제와 정보 지식 산업의 대계와 금융자본의 황금기를 이루었다.

자본가와 노동자가 지닌 자원, 생활 조건과 삶의 질에 영향을 미치는 자원이 다른 것은 사실이지만 자본주의 세계에서 살아가는 우리가 놓치기 쉬운 측면이 있다. 바로 부와 번영이 복지의 전제조건이라는 합의와 노동자가 국부를 생산한다는 이유로 노동자의 가치를 낭만화하는 것이다. 개인, 가족, 국부의 형성을 복지의 전제조건으로 인정해

버리면 우리는 자본주의적 가치와 이윤 창출에 포섭 체화하게 되며, 동시에 상품화와 축적을 통한 자본주의적 가치는 결국 개인의 삶과 사회적 삶을 관리하고 지배하는 기초가 된다.

자본의 추구를 정당화하는 좋은 자본주의 같은 것은 없다. 나아가 좋은 자유주의가 자본의 운동에 맞설 수 있고 맞서야만 한다는 생각은 교묘한 사기다. 자유주의의 기초는 임노동, 원시적 축적, 보이지 않는 손, 시민사회, 지역의 자율성, 개인의 자유 같은 다양한 구성물을 자본주의적 생산 이면에 숨기기 위해 정치적·경제적으로 일관성 없이 구성된 것이다. 특히 신자유주의적 체제에서 복지를 통한 사회적 통치(복지국가의 통치성)를 통해 표현된 자유주의적 사고는 '좋은' 자유주의라는 희망을 추구하는 일에 문제가 있다는 사실을 드러낸다.

자본주의와 신자유주의를 제대로 파악하기 위해서는 신자유주의가 작동하는 영역과 권력의 원천이 초국적 금융기관이나 국가 정부 기구에만 있는 것이 아니라, 우리 일상의 자기 계발 의식, 자발적 삶의 추구, 효율적 삶의 지향 등이 담론으로 만들어지고 실세를 갖게 되는 사회 통치 과정에 있다는 사실을 깨닫는 것이 중요하다. 자본가와 자본주의 국가는 개개인을 자기 통치 가능한 존재로 만듦으로써 최소한의 비용으로 노동력을 돌보고 다듬어 부의 극대화를 추구한다. 생명권력에 대한 푸코의 이해는 그들이 부를 극대화하는 방식을 이해하는 데 유용하다. 그러나 놓치기 쉬운, 또는 우리가 직면하고 싶지 않은 현실은 자유민주주의적 가치를 인정하는 사람들이 자기 증진적이고 자기 통치적인 나날의 실천을 수행하면서 통치 논리에 대한 지지를 용인한다는 점이다. 비단 통치자만이 그런 것이 아니라 노동자, 노조 지도부, 좌파 개혁가들도 의도하지 않게 함께 갈 수 있다는 것이다.

이를 잘 보여 주는 한국의 외환 위기 과정에 대해 이렇게 요약해 볼 수 있겠다. 아시아 외환 위기와 더불어 김대중 대통령이 취임한 역사적으로 특수한 시기는, 정부 정책에서 비정부기구의 활동, 개인적인 의사 결정에 이르는 대한민국 사회의 다양한 수준과 다양한 영역에서 자유주의적 에토스와 신자유주의적 정치경제가 심화되도록 부추겼다. IMF 위기로 인해 실직해 소득을 잃은 사람들이 끔찍한 충격에 시달리는 사이, 물질적 충격과 IMF 위기 담론은 신자유주의적 복지 원칙의 도입을 촉진했다. 그 과정에서 취업 가능성, 재활 능력, 유연성 같은 신자유주의적 복지 원칙은 국가의 번영을 회복하고 재구축하는 데 실업자들이 참여하도록 유도하는 최적의 방법으로 소개되었다.

IMF 위기를 거치는 동안 김대중 정부 단독으로 나서서 신자유주의적 수단이 사회 통치에 있어 가장 유용한 수단이라고 합리화한 것은 아니었다. 민주적 사회와 삶의 질을 증진하기를 원했던 시민사회 지도자들과 시민사회 단체도 그와 같은 합리화를 수용하고 협력했다. 대한민국 정부와 시민사회 지도자들은 과거에는 빈곤층이 아니었으나 IMF 위기 이후 모든 것을 잃어버리고 박탈당한 계층에 대한 국가의 책임을 확립함과 동시에 자기 충족적인 개인을 창조해 국가에 종속되지 않고 독립적인 주체로서의 자유주의적 시민으로 기능할 수 있게 했다. 따라서 자기 충족적 주체의 형성은 국가에 종속되지 않는 민간의 자율성을 민주주의의 일차적 기준으로 여기고 큰 가치를 부여하는 시민들의 바람인 동시에 신자유주의적 정책을 추진하고자 하는 국가 엘리트의 바람이었고 이는 신자유주의적 사회 통치의 근간이 되었다.

이와 같은 (신)자유주의적 사회공학 실행자나 IMF 위기에 대한 지식 전달자들은 사회 통치 대리인으로 작동했다. 그들이 참여한 통치 기술에는 정부 기구와 비정부기구의 협력 관계라는 구호, '가족해체' 담론, 보수적 성 규범과 실천의 부활, 자유주의적인 선구자적 가치와 생존의 조건이라며 '벤처'와 '창의성' 홍보 등이 포함된다. 위기 지식 전달자들은 또한 이런 통치기술에 참여함으로써 복지 혜택을 받을 '자격이 있는' 이들과 '자격이 없는' 이들을 구분해서 통치 가능한 대상을 형성하는 데 기여했다. 노숙인은 'IMF 노숙자'와 '정처 없이 떠도는 노숙인'으로 구분되고, 청년 실업자는 '신지식인'과 '백수'로 구분되었다.

(신)자유주의적 사회 통치가 다양한 실행자를 동반하고 있었다 해도 생산적 복지 체제를 만들어 낸 김대중 정부의 역할이 작았다고 볼 수는 없다. 김대중 정부의 국가 복지 시스템 도입은 IMF 위기의 여파를 해결할 불가피한 수단으로 여겨졌기 때문에 지지를 받았다. 그러나 생산적 복지는 IMF 위기에 대한 대응 이상의 광범위한 의미를 지니고 있었고 폭넓은 결과를 야기했다. 자본주의 국가인 대한민국의 발전사에서 생산적 복지, 곧 신자유주의적 복지가 개발 국가를 대체하는 순간이었다. 민주화를 자유시장의 기초로 이해했던 김대중과 그 밖의 정치 엘리트들은 '복지'에 모든 것을 걸고 신자유주의로 국가의 미래를 전망했다. 복지는 모든 사람이 참여할 수 있는 사회적 영역이

자 국가 개입이 기꺼이 수용될 수 있는 영역이었다. 복지는 노동이 정치운동과 사회운동의 주요 영역이었던 시대에 일어났던 계급 갈등과 노동 분쟁의 '상처'와 '피해'를 극복했음을 비유하는 것이었다. 복지국가는 노동 문제를 극복하기 위해 회유의 손길을 내밀었지만, 그럼에도 생산적 복지에서 '복지'는 항상 '노동'과 연계되었다. 국가는 임시 일자리(공공 근로 사업)와 임시 쉼터를 제공해 실업자와 노숙인을 지원했다. 물론 그 지원은 복지 혜택을 받을 '자격이 있는' 시민 범주로 분류된 운 좋은 사람들에게 한정되었다.

그러나 전례 없이 너그러운 국가의 복지 혜택은 삶의 질을 증진(곧 생명권력)하는 데 그치지 않고, 특정한 잉여 노동력을 새롭게 등장한 자본주의적 노동시장의 요구에 걸맞게 형성하기에 이르렀다. 다시 말해 복지는 부를 위해 존재하고 부는 복지의 전제조건이다. 바로 여기에서 푸코의 통치성과 생명권력이 잉여 인구에 대한 마르크스의 해석과 만난다. 복지와 사회적 통치 연구는 이론적 설명을 위한 풍요로운 장이 된다. 과거 어떤 형태로도 복지국가가 존재하지 않았던 대한민국에 도입된 신자유주의적 복지국가는 개발 국가의 국가 계획경제에서 신자유주의적 국가의 자유시장 경제로 갑작스레 이행한 것처럼 보이는 자본주의 발전의 논리를 부각시킨다.

참고 문헌

강미원, 「가출 노숙 청소년의 가출과 약물 남용 심화에 관한 연구」, 서강대학교 석사 논문, 1999.

강세준·김경호, "서울역 100년 만에 새 단장", 한겨레신문, 2004년 1월 2일.

경향신문 특별 취재팀, 『민주화 20년, 지식인의 죽음 – 지식인, 그들은 어디에 서 있나』, 후마니타스, 2008.

고웅석, "합리적 방안 갖춘 '부부 사원' 명퇴 정당", 연합뉴스, 2002년 11월 8일.

공지영, 『도가니』, 창비, 2009.

구해근, 『한국 노동계급의 형성』, 신광영 옮김, 창비, 2002.

권영수, "'평생 직장' 옛말…우량 중소 벤처 기업으로 대기업 20, 30대 이직 열풍", 경향신문, 1999년 11월 16일. 경제 1면.

권혁철, "왜 사진 찍는가… 빚 갚아 달라/ 고건 시장 서울역 노숙자와 만남서 머쓱해져", 한겨레신문. 1998년 9월 22일.

김경동, 「한국의 중산층 위기와 가족해체: 그 원인과 대책 모색」, 한국사회문화연구원 제27차 공개토론, 1999년 5월 13일.

김광례, 「여성 노숙자 실태에 관한 연구: 서울특별시를 중심으로」, 서울대학교 석사 논문, 2001.

김대중, "국난 극복의 길: 김대중 대통령 취임 6개월 연설문", 대통령 비서실.

김선희, 「쪽방 거주자의 사회적 지지와 자기 효능감 간의 관계 연구」, 가톨릭대학교, 2001a.

김수현 외, 「노점상 관리 방안 중장기 대책 모색」, 서울시정개발연구원, 2001.

김수현, 「서울시 중장기 노숙자 정책 연구」, 서울시정개발연구원, 2002.

김수현, 「서울시 홈리스 여성 실태와 대책」, 서울시정개발연구원, 2001.

김영도, 「무주택자의 주거 생활보호를 위한 법적 고찰」, 원광대학교 석사 논문, 1995.

김용창, 『한국의 토지 주택 정책』, 부연사, 2004.

김우석·이현범·정채원, "무너지는 가정", 중앙일보, 1998년 8월 18일.

김우창 외, 『우리는 무엇을 할 것인가?─민주화 20년, 한국 사회를 돌아보다』, 프레시안북, 2008.

김은희·함한희·윤택림 외, 『문화에 발목 잡힌 한국 경제』, 현민시스템, 1999.

김학진·박정훈, "대기업, 더이상 평생 직장 아니다", 동아일보, 1999년10월 4일. 사회 40면.

김현미, 「한국의 근대성과 여성의 노동권」, 여성학논집 16(1), 2000, 37~64.

김효근, 『신지식인』, 매일경제신문사, 1999.

남기철, 「노숙 기간에 따른 심리 사회적 외상이 보호시설 퇴소에 미치는 영향」, 서울대학교, 2000.

남정현, 「부주전상서」, 남정현, 천승세, 『분지 황구의 비명 외』, 동아출판사, 1995(1964), 142~168.

노숙인다시서기지원센터, 「노숙의 원인과 양상」, 노숙인다시서기지원센터, 2008.

노숙인다시서기지원센터, 「노숙인 쉼터 이용자의 재활 실태」, 노숙인다시서기지원센터, 2000.

당대비평 기획위원회, 『광장의 문화에서 현실의 정치로—민주화 20년, 민주주의는 누구의 이름인가』(당비의 생각 1), 산책자, 2008.

당대비평 기획위원회, 『그대는 왜 촛불을 끄셨나요—폭력과 추방의 시대, 촛불의 민주주의를 다시 묻는다』(당비의 생각 2), 산책자, 2009.

문유경, 「우리나라의 성 인지 통계 발전 방안」, 젠더리뷰 31호 기획 특집 "성평등 의식에 대한 현실과 개선 방안", 여성개발원, 2013, 4~15.

문종임, 「노숙자 자활을 위한 원불교의 지원 방안에 관한 연구」, 한성대학교 석사 논문, 2002.

박경태, 『소수자와 한국 사회』, 후마니타스, 2008.

박근애, "노숙자 재활 돕기 본격화", 한겨레신문, 1998년 9월 18일.

박병수, "통일 '우', 교육 환경 '가' ", 한겨레21, 2001년 6월 7일. 362.

박용현, "아이엠에프가 뚫어 놓은 죽음의 터널" 한겨레21, 1999년 3월 18일. 249.

박정훈, " '나도 제리양처럼…' 대학가 벤처 열풍", 동아일보, 1999년 5월 24일. 경제 25면.

박창영, 「노숙인의 안정된 주거 공간으로서 공동체에 관한 연구: 가족 노숙인 중심으로」 중앙대학교 석사 논문, 2002.

백영경, 「미래를 위협하는 현재: 시간성을 통해 본 재생산의 정치학」, 여성이론 14(여름), 2006, 36~55.

변화순 외, 『한국 가족 기능의 결손과 대책 방안 모색』, 한국여성정책연구원, 2000.

서동진, 「소송하는 사회, 불평하는 정치-정치적인 저항을 어떻게 주체화할 것인가?」, 『광장의 문화에서 현실의 정치로-민주화 20년, 민주주의는 누구의 이름인가』(당비의 생각 1), 산책자, 2008.

서동진, 『누가 성 정치학을 두려워하랴?』, 문예마당, 1996.

서동진, 『자유의 의지 자기 계발의 의지』, 돌베개, 2009.

서동진, 『변증법의 낮잠』, 꾸리에북스, 2014.

서울 청년여성실업대책 모니터링 팀(서울시 청년여성실업분과위원회 산하), 「여성 노숙자 쉼터 모니터링 보고서」, SCCUP, 1999a.

서울 청년여성실업대책 모니터링 팀, 「청년 자구 모임 모니터링 보고서」, SCCUP, 1999b.

서종권, "노숙자 대책 재활 중심으로". 세계일보, 1999년 9월 14일.

선태인, "장관 노숙자의 심야 대화", 동아일보, 1999년 7월 22일.

손병돈, 「가족 간 소득 이전의 결정 요인: 부모와 기혼 자녀 간을 중심으로」, 서울대학교 박사 논문, 1997.

선우철, 「행려 정신 장애인의 사회적 지지망에 관한 연구」, 부산대학교 석사 논문, 2002.

손호철, 『신자유주의 시대의 한국 정치』, 푸른숲, 1999.

송창석, "봄… 노숙자가 다시 온다", 한겨레21, 1999년 4월 1일.

신광영, 『한국의 계급과 불평등』, 을유문화사, 2004.

신광영·조돈문·이성균, 『경제 위기와 한국인의 복지의식』, 집문당, 2003.

신상영, 「서울시 정보화 사업 타당성 검토에 관한 연구」, 서울시정개발연구원, 2004.

신원우, 「노숙인의 심리 사회적 특성과 노숙 경험이 노숙 전후의 음주 문제에 미치는 영향」, 서울대학교 박사 논문, 2003.

신정선, "여성 노숙자 쉴 곳이 없네", 한겨레신문, 2000년 3월 23일.

안용준, "고난 속의 남쪽에도 재미 동포, '조국은 하나'", 한겨레신문, 1998년 4월 15일.

안창현, "김모임 장관 노숙자 현장 '잠행' 서소문 급식소 찾아 서울역에서 야식도 나눠 줘", 『한겨레신문』, 1998년 6월 3일. 사회면.

오문길, "대기업 샐러리맨 '대탈출': 인터넷 업체로 옮기거나 벤처 창업 열풍", 매일경제, 1999년 12월 20일.

오상석, "공공 근로 사업 실업률 처리였다", 한겨레신문, 2000년 6월 9일.

원숙연, 「국방 조직에서의 성-고정관념과 여성 군무원에 대한 평가: 남녀 시각 차이를 중심으로」, 여성학논집 29집, 2012, 13~39.

원정숙, 「노숙자의 삶의 경험: 시설 노숙자를 중심으로」, 경희대학교 박사 논문, 2001.

유상건, "여가장 창업 5천만 원 지원", 매일경제, 1998년 12월 21일. 사회 30면.

유철규 외, 『박정희 모델과 신자유주의 사이에서』, 함께읽는책, 2004.

윤택림, 「경제 위기와 가족」, 김은희·함한희·윤택림, 『문화에 발목 잡힌 한국 경제』, 현민시스템, 1999.

이나미, 『우리가 사랑한 남자』, 해냄, 1999.

이득재, 『가족주의는 야만이다』, 소나무, 2001.

이미경, 『신자유주의적 '반격' 하에서 핵가족과 '가족의 위기'』, 공감, 1999.

이용훈, "벤처기업 흥망성쇠…한때 일확천금 황금알 결국 패가망신 오리알", 국민일보, 2004년 12월 24일.

이정호, "1998~2000년 설립 벤처 전체 절반 넘어", 한국경제, 2001년 7월 10일.

이진경, 『미-래의 맑스주의』, 그린비, 2006.

이진경, 『자본을 넘어선 자본』, 그린비, 2004.

이창곤, "저소득 실직자 월 32만 원까지 지원", 한겨레신문, 1998년 4월 17일.

이재은, "황혼 이혼 승소 그후", 오마이뉴스, 2004년 10월 20일.

이태희, "아저씨가 아니에요, 돈이에요: 15살의 원조 교제 충격", 한겨레신문, 1999년 11월 18일.

이혜영, 「교육 복지 투자 우선 지역 지원 사업 활성화를 위한 가정, 학교, 지역사회 연계 협력 강화 방안 연구」, 한국교육개발원, 2006.

임범, "이혼 1990년의 2배", 한겨레신문, 1998년 11월 6일.

임인숙, "실업과 가족 불안정성", 여성학 학회, 1999년 5월 10일.

장하준·정승일 지음. 이종태 엮음, 『쾌도난마 한국 경제』, 부키, 2005.

정성진, "케인즈주의인가, 21세기 사회주의인가", 마르크스주의 연구 3 (1), 2006, 107~135.

정영오, 「'정보화 사회' 담론 분석을 통한 이데올로기 연구」, 연세대학교 사회학과 석사 논문, 1992.

정용관, "실직 여성 가장 창업 지원 점포 임대료 5천만 원까지", 동아일보, 1999년 1월 12일. 사회 45면.

정원오, 한국의 노숙 원인에 관한 연구, 서울시정개발연구원, 1999.

정태웅, "흔들리는 사회: 중산층의 몰락", 한국경제. 1998년 6월 1일.

조문영, 「'가난의 문화' 만들기: 빈민 지역에서 '가난'과 '복지'의 관계에 대한 연구」, 서울대학 석사 논문, 2001.

조성진, 「정신 요양 및 부랑인 시설 입소자의 정신질환 유병률 분포 및 의료 추구 행위」, 서울대학교 박사 학위 논문, 2004.

조순경, 「민주적 시장경제와 유교적 가부장제」, 경제와사회 38, 1998, 169~188.

조순경, 「여성 해고의 실태와 정책 과제」, 여성특별위원회, 1999.

조창인, 『가시고기』, 밝은세상, 2000.

조혜정, 『한국의 여성과 남성』, 문학과지성사, 1988.

주덕한, 『백수도 프로라야 살아남는다』, 인화출판사, 1998

주덕한, 『캔맥주를 마시며 생각해 낸 인생을 즐기는 방법 170』, 새로운 사람들, 1997.

주종국, "빈곤률이 외환 위기 이전 수준 회복 못 해", 연합뉴스, 2003년 1월 7일.

참세상 뉴스 편집부, "실익 없는 물량 빼기식 노숙인 등 지원 조례", 홈리스뉴스 16호-특집, 2013년 10월 18일.

최경휘, 「부랑인의 열정과 자아 개념과의 관계 연구; 부랑인 복지시설 생활인을 중심으로」, 인하대학교 석사 논문, 2001.

최윤, 『회색 눈사람』, 조선일보사, 1992.

최윤순, 「정신질환 노숙인의 지역사회 정착 방안에 관한 연구」, 명지대학교 석사 논문, 2002.

최인훈, 『광장』, 문학과지성사, 1976 (1960).

최준영, 「실직 노숙자 문제 해결을 위한 교회의 역할: 대한예수장로회(통합 측)의 경우」, 장로회신학대학교 석사 논문, 2000.

한국도시연구소, 「노숙자 재활을 위한 각계의 과제」, 1999.

한국여성민우회, 「예산에도 성이 있다: 선인지적 관점에서 바라본 지방자치제 여성 정책과 예산. 분석」, 2005.

함석진, "농협 831명 명퇴 신청 '사상 최대'" 한겨레신문, 1998년 4월 3일.

황운성, 「노숙인 복지 10년 새로운 전환의 모색」, 서울시 노숙인 정책 토론회, 한국 성공회 비전 트레이닝 센터, 2007.

＊한국 학자의 영문 논문도 영문 이름 알파벳 순으로 정리했으며 영문 이름 옆에 한글 이름을 함께 써 주었다.

Abelmann, Nancy. *Echoes of the Past, Epics of Dissent: A South Korean Social Movement.* Berkeley: University of California Press. 1996.

――――. "Reorganizing and Recapturing Dissent in 1990s South Korea: The Case of Farmers." In Between Resistance and Revolution: Cultural Politics and Social Protest, ed. Richard Gabriel Fox and Orin Starn. New Brunswick, N.J.: Rutgers University Press. 1997a.

――――. "Women's Class Mobility and Identities in South Korea: A Gendered, Trans-generational, Narrative Approach." The Journal of Asian Studies 56 (2): 398~420. 1997b.

――――. Honolulu: University of Hawai'i Press. 2003.

Althusser, Louis. 1971. *Lenin and Philosophy and Other Essays.* Trans. Ben Brewster. New York: Monthly Review.

――――. 1990 (1969). "Contradiction and Overdetermination." In For Marx. Trans. Ben Brewster, 89~128. New York: Verso.

Anagnost, Ann. 2000. "Scenes of Misrecognition: Maternal Citizenship in the Age of Transnational Adoption." positions: east asia cultures critique 8 (2): 389~421.

――――. 2004. "The Corporeal Politics of Quality (Suzhi)." Public Culture 16 (2): 189~208.

――――. 2006. "Strange Circulations: The Blood Economy in Rural China." Economy and Society 35 (4): 509~529.

Appadurai, Arjun. 1996. *Modernity at Large: Cultural Dimensions of Globalization.* Minneapolis: University of Minnesota Press.

Arai, Andrea G. 2005. "The Neo-Liberal Subject of Lack and Potential: Developing 'the Frontier within' and Creating a Reserve Army of Labor in 21st century Japan." Rhizomes: Cultural Studies in Emerging Knowledge (10). http://www.rhizomes.net/issue10/arai.htm.

Arrighi, Giovanni. 1994. *The Long Twentieth Century.* London: Verso.

Aslanbeigui, Nahid, and Gale Summerfield. 2000. "The Asian Crisis, Gender, and the International Financial Architecture." Feminist Economics 6 (3): 81~103.

Barry, Andrew, Thomas Osborne, and Nikolas Rose, eds. 1996. *Foucault and Political Reason:*

Liberalism, NeoLiberalism, and Rationalities of Government. Chicago: University of Chicago Press.

Berdahl, Daphne, Matti Bunzl, and Martha Lampland, eds. 2000. *Altering States: Ethnographies of Transition in Eastern Europe and the Former Soviet Union.* Ann Arbor: University of Michigan Press.

Borofsky, Robert, and Bruce Albert. 2005. *Yanomami: The Fierce Controversy and What We Might Learn from It.* Berkeley: University of California Press.

Brown, Wendy. 1995. *States of Injury: Power and Freedom in Late Modernity.* Princeton: Princeton University Press.

———. 2003. "Neo-Liberalism and the End of Liberal Democracy." Theory and Event 7 (1). http://muse.jhu.edu/journals/theory_and_event.

Brown, Wendy, and Janet Halley, eds. 2002. *Left Legalism/ Left Critique.* Durham: Duke University Press.

Brunhoff, Suzanne de. 1976. *The State, Capital, and Economic Policy.* Trans. Mike Sonenscher. London: Pluto Press.

Bryan, Dick. 2010. "The Duality of Labour and the Financial Crisis" *The Economic and Labour Relations Review* 20(1): 49~60

Burawoy, Michael, and Katherine Verdery, eds. 1999. *Uncertain Transition: Ethnographies of Change in the Postsocialist World.* Lanham, Md.: Rowman and Littlefield.

Burchell, Graham. 1996. "Liberal Government and Techniques of the Self." In Foucault and Political Reason: Liberalism, Neo-Liberalism, and Rationalities of Government, ed. Andrew Barry, Thomas Osborne, and Nikolas S. Rose, 19–36. Chicago: The University of Chicago Press.

Burchell, Graham, Colin Gordon, and Peter Miller, eds. 1991. *The Foucault Effect: Studies in Governmentality.* London: Harvester Wheatsheaf.

Buswell, Robert E., and Timothy S. Lee, eds. 2006. *Christianity in Korea.* Honolulu: University of Hawai'i.

Butler, Judith. 1990. *Gender Trouble: Feminism and Subversion of Identity.* New York and London: Routledge.

Chang, Ha-Joon(장하준). 2002. *Kicking Away the Ladder: Development Strategy in Historical Perspective.* London: Anthem.

Chang, Kyung-sup(장경섭). 1997. "The Neo-Confucian Right and Family Politics in South Korea: The Nuclear Family as an Ideological Construct." Economy and Society 26 (1): 22~42.

———. 1999. "Compressed Modernity and its Discontents: South Korean Society in Transition." Economy and Society 28 (1): 30~55.

Chang, Phil-hwa(장필화). 1998. "Impact of Economic and Financial Crisis on Women in South Korea." In Asia Pacific Economic Cooperation (APEC) Ministerial Meeting on Women. Manila: Philippines.

Chin, Soo Hee(진수희). 1998. "Recent Trend of Women's Unemployment and Desirable Policy Measures." Yonsei Journal of Women's Studies 4: 13~35.

Cho, Hae-Joang(조혜정). 1986. "Male Dominance and Mother Power: The Two Sides of Confucian Patriarchy in Korea." In The Psycho-Cultural Dynamics of the Confucian Family: Past and Present, ed. Walter H. Stote. Seoul: International Cultural Society.

Cho, Hee-Yeon(조희연). 2000a. "Democratic Transition and Changes in Korean NGOs." Korea Journal: 275~304.

———. 2000b. "The Structure of the South Korean Developmental Regime and Its Transformation—Statist Mobilization and Authoritarian Integration in the Anticommunist Regimentation." Inter-Asia Cultural Studies 1 (3): 408~426.

———. 2002. "Sacrifices Caused by State Violence Under Military Authoritarianism and the Dynamics of Settling the Past During the Democratic Transition." Korea Journal (Autumn): 163~193.

Chow, Rey. 1992. "Between Colonizers: Hong Kong's Postcolonial Self-Writing in the 1990's." Diaspora: A Journal of Transnational Studies 2 (2): 151~170.

Chun, Bong Hyun(전봉현) (Simone). 2005. "Globalization and the New Left Party in the Periphery: The Korean Democratic Labor Party (KDlP), 2000~2004." Ph.D. diss., University of California, Santa Barbara.

Chun, Soonok(전순옥). 2003. They are Not Machines: Korean Women Workers and Their Fight for Democratic Trade Unionism in the 1970s. Alder Shot, UK: Ashgate.

Clarke, John. 2004. Changing Welfare, Changing States: New Directions in Social Policy. London: Sage.

Comaroff, Jean, and John Comaroff. 2000. "Millennial Capitalism: First Thoughts on a Second Coming." Public Culture 12 (2): 291~343.

Cumings, Bruce. 1997. Korea's Place in the Sun: A Modern History. New York: W. W. Norton.

———. 1999. "Webs with No Spiders, Spiders with No Webs?" In The Developmental State, ed. Meredith Woo-Cumings, 61–92. Ithaca: Cornell University Press.

Dean, Mitchell. 1999. Governmentality: Power and Rule in Modern Society. London: Sage Publications.

Deuchler, Martina. 1992. The Confucian Transformation of Korea: A Study of Society and Ideology. Cambridge: Harvard University Press.

Donzelot, Jacques. 1979. The Policing of Families. Trans. R. Hurley. New York: Pantheon Books.

Eckert, Carter J. 1991. *Offspring of Empire: The Koch'ang Kims and the Colonial Origins of Korean Capitalism, 1876~1945.* Seattle: University of Washington Press.

Eckert, Carter J., Ki-baik Lee(이기백), Young Ick Lew, Michael Robinson, and Edward W. Wagner. 1990. *Korea Old and New: A History.* Massachusetts: Harvard University Press.

Esping-Anderson, G ø sta. 1990. *The Three Worlds of Welfare Capitalism.* Princeton: Princeton University Press.

Ezawa A. E. 2007. From Welfare to Work: The Conditions of Single Mothers' 'Independence', *Journal of Political Science and Sociology* 7:81.

Farmer, Paul. 2003. *Pathologies of Power: Health, Human Rights, and the New War on the Poor.* Berkeley: University of California Press.

Farquhar, Judith, and Quicheng Zhang. 2005. "Biopolitical Beijing: Pleasure, Sovereignty, and Self-Cultivation in China's Capital." Cultural Anthropology 20 (3): 303~327.

Ferguson, James. 1994. *The Anti-Politics Machine: 'Development,' Depoliticization, and Bureaucratic Power in Lesotho.* Minneapolis: University of Minnesota Press.

Flora, Peter, and Arnold J. Heidenheimer, eds. 1987. *The Development of Welfare States in Europe and America.* New Brunswick: Transaction Books.

Foucault, Michel. 1977. "Intellectuals and Power." In Language, CounterMemory, Practice: Selected Essays and Interviews by Michel Foucault, ed. Donald F. Bouchard. Trans. Sherry Simon, 205~217. Ithaca: Cornell University Press.

———. 1988. *Technologies of the Self: A Seminar with Michel Foucault, ed. Luther H. Martin, Huck Gutman, and Patrick H. Hutton.* Amherst: University of Massachusetts Press.

———. 1990. *History of Sexuality I: An Introduction.Trans.* Robert Hurley. New York: Vintage Books.

———. 1991. "Governmentality." In The Foucault Effect: Studies in Governmentality, ed. Graham Burchell, Colin Gordon, and Peter Miller. Trans. Colin Gordon, 87~104. Chicago: The University of Chicago.

———. 1995. *Discipline and Punish: The Birth of the Prison.* Trans. Alan Sheridan. New York: Pantheon Books.

———. 1997. *Ethics, Subjectivity and Truth, ed. Paul Rabinow.* Trans. Robert Hurley and others. New York: New Press.

———. 2003. *Society Must be Defended: Lectures at the College de France, 1975~1976.* Trans. David Macey. New York: Picador.

———. 2008. *The Birth of Biopolitics, ed. Michel Senellart.* Trans. Graham Burchell. New York: Palgrave Macmillan.

Fowler, Edward. 1996. *San'ya Blues: Laboring Life in Contemporary Tokyo.* Ithaca: Cornell

University Press.

Fraser, Nancy. 1989. *Unruly Practices: Power, Discourse, and Gender in Contemporary Social Theory*. Minneapolis: University of Minnesota Press.

———. 1990. "Struggle over Needs: Outline of a Socialist-Feminist Critical Theory of Late-Capitalist Political Culture." In Women, the State, and Welfare, ed. Linda Gordon, 199~225. Madison: The University of Wisconsin Press.

Gal, Susan, and Gail Kligman. 2000a. *The Politics of Gender: After Socialism*. Princeton: Princeton University Press.

———, eds. 2000b. *Reproducing Gender: Politics, Publics, and Everyday Life After Socialism*. Princeton: Princeton University Press.

Giddens, Anthony. 1998. *The Third Way: The Renewal of Social Democracy*. Malden, Mass.: Polity.

Gill, Lesley. 2000. *Teetering on the Rim: Global Restructuring, Daily Life, and the Armed Retreat of the Bolivian State*. New York: Columbia University Press.

Goldman, Michael. 2000. "The Birth of a Discipline: Producing Authoritative Green Knowledge, World Bank-style." Workshop on Transnational Ethnography, University of Illinois.

Goode, Judith. 2001. "Let's Get Our Act Together: How Racial Discourses Disrupt Neighborhood Activism." In The New Poverty Studies: The Ethnography of Power, Politics, and Impoverished People in the United States, ed. Goode and Jeff Maskovsky, 364~398. New York: New York University Press.

Goode, Judith, and Jeff Maskovsky, eds. 2001. *The New Poverty Studies: The Ethnography of Power, Politics, and Impoverished People in the United States*. New York: New York University Press.

Gordon, Colin. 1991. "Governmental Rationality: An Introduction." In The Foucault Effect: Studies in Governmentality, ed. Graham Burchell, Colin Gordon, and Peter Miller, 1~52. Chicago: The University of Chicago.

Gordon, Linda, ed. 1990. *Women, the State, and Welfare*. Madison: The University of Wisconsin Press.

———. 1993. "Gender, State and Society: A Debate with Theda Skocpol." Contention 2 (3): 139~156.

———. 1994. *Pitied But Not Entitled: Single Mothers and the History of Welfare, 1890~1935*. New York: Free Press.

Gowan, Teresa. 2000. "Excavating 'Globalization' in Street Level: Homeless Men Recycling Their Pasts." In Global Ethnography, ed. Michael Burroway et al., 74~105. Berkeley: University of California Press.

Gramsci, Antonio. 1971. *Selections from the Prison Notebooks.* Trans. Quintine Hoare and Geoffrey N. Smith. New York: International Publishers.

Guala, Francesco. 2006. "Critical Notice." Economics and Philosophy 22: 429~439.

Gupta, Akhil. 2001. "Governing Population: The Integrated Child Development Services Program in India." In State of Imagination: Ethnographic Explorations of the Postcolonial State, ed. Thomas Blom Hansen and Finn Stepputat, 65~96. Durham and London: Duke University Press.

Haboush, JaHyun Kim(김자현). 1991. "The Confucianization of Korean Society." In The East Asian Region: Confucian Heritage and Its Modern Adaptation, ed. Gilbert Rozman, 84~110. Princeton: Princeton University Press.

Haggard, Stephan, Daniel Pinkston, and Jungkun Seo. 1999. "Reforming Korea Inc.: The Politics of Structural Adjustment under Kim Dae Jung." Asian Perspective 23 (3): 201~235.

Hall, Stuart. 1984. "The State in Question." In The Idea of the Modern State, ed. Gregor McLennan, David Held, and Stuart Hall, 1~28. Milton Keynes, UK: Open University Press.

Hall, Stuart, David Held, Don Hubert, and Kenneth Thompson, eds. 1996. *Modernity: An Introduction to Modern Societies.* Cambridge: Blackwell Publishers.

Han, Jongwoo(한정우), and L. H. M. Ling. 1998. "Authoritarianism in the Hypermasculinized State: Hybridity, Patriarchy, and Capitalism in Korea." International Studies Quarterly 42: 53~78.

Haney, Lynne. 1998. "Engendering the Welfare State: A Review Article." Comparative Study of Society and History: 749~767.

———. 1999. "'But We are Still Mothers': Gender, the State, and the Construction of Need in Postsocialist Hungary." In Uncertain Transition: Ethnographies of Change in the Postsocialist World, ed. Michael Burawoy and Katherine Verdery, 151~187. Lanham, Md.: Lowman and Littlefield.

———. 2000. "Global Discourses of Need: Mythologizing and Pathologizing Welfare in Hungary." In Global Ethnography: Forces, Connections, and Imaginations in a Postmodern World, ed. Michael Burawoy et al., 48~73. Berkeley: University of California Press.

Harvey, David. 2005. *A Brief History of Neoliberalism.* Oxford: Oxford University Press.

Hertzfeld, Michael. 1992. *The Social Production of Indifference: Exploring the Symbolic Roots of Western Bureaucracy.* Chicago: University of Chicago Press.

Hindess, Barry. 1993. "Liberalism, Socialism and Democracy: Variations on a Governmental Theme." Economy and Society 22 (3): 300~313.

———. 2004. "Liberalism: What's in a Name?" In Global Governmentality: Governing International Spaces, ed. Wendy Larner and William Walters, 23~39. London: Routledge.

Hoffman, Lisa. 2006. "Autonomous Choices and Patriotic Professionalism: On Governmentality in Late-Socialist China." Economy and Society 35 (4): 550~570.

Hoffman, Lisa, Monica DeHart, and Stephen J. Collier. 2006. "Notes on the Anthropology of Neoliberalism." Anthropology News September 2006: 9~10.

Hort, Sven E. O., and Stein Kuhnle. 2000. "The Coming of East and South-East Asian Welfare States." Journal of European Social Policy 10 (2): 162~184.

Hughes, Theodore. 2002. "Reconstructing the 'Revolution' and the Specter of Coloniality: Ch' oe In-Hun's The Square and Voice of the Governor—General." A paper presented at the speakers' series "Korea Workshop 2002~2003," University of Illinois, Urbana-Champaign.

Hyatt, Susan Brin. 2001. "From Citizen to Volunteer: Neoliberal Governance and the Erasure of Poverty." In The New Poverty Studies: The Ethnography of Power, Politics, and Impoverished People in the United States, ed. Judith Goode and Jeff Maskovsky, 201~235. New York: New York University Press.

Jager, Sheila Miyoshi. 2003. Narratives of Nation-Building in Korea: A Genealogy of Patriotism. Armonk, N.Y.: M.E. Sharpe.

Janelli, Roger L., with Dawnhee Yim(임돈희). 1993. Making Capitalism: The Social and Cultural Construction of a South Korean Conglomerate. Stanford: Stanford University Press.

Janelli, Roger L., and Dawnhee Yim Janelli(임돈희). 1982. Ancestor Worship and Korean Society. Stanford: Stanford University Press.

Jang, Jin-ho Steven(장진호). 2006. "Approaching Neoliberalism as Financial Hegemony: Its History and Dynamics in South Korea." A paper presented at "The States and Spaces of Neoliberalism," the seventh transnational sociology workshop, Department of Sociology, University of Illinois, Urbana-Champaign, April 15, 2006.

Jessop, Bob. 1994. "The Transition to Post-Fordism and the Schumpeterian Workfare State." In Towards a Post-Fordist Welfare State? ed. Roger Burrows and Brian Loader, 13~37. London: Routledge.

———. 2002. The Future of the Capitalist State. Cambridge: Polity.

Johnson, Chalmers A. 1982. MITI and the Japanese Miracle: The Growth of Industrial Policy, 1925~1975. Stanford: Stanford University Press.

Kawashima, Ken C. 2005. "Capital's Dice-Box Shaking: The Contingent Commodifications of Labor Power." Rethinking Marxism 17 (4): 609~626.

———. 2009. The Proletarian Gamble: Korean Workers in Interwar Japan. Durham: Duke University Press.

Kim, Byung-kook(김병국). 2000. "The Politics of Crisis and a Crisis of Politics: The Presidency of Kim Dae-Jung." In Korea Briefing 1997~1999, ed. Kong Dan Oh, 35~74. New York: M.

E. Sharpe.

Kim, Choong Soon(김중순). 1992. *The Culture of Korean Industry: An Ethnography of Poongsan Corporation*. Tucson: University of Arizona Press.

Kim, Dae Jung(김대중). 1996. *MassParticipatory Economy: Korea's Road to World Economic Power*. Cambridge: Center for International Affairs, Harvard University.

Kim, Eleana 2010. *Adopted Territory: Transnational, Korean Adoptees, and the Politics of Belonging*. Durham, NC: Duke University Press.

Kim, Eun Mee(김은미). 1997. *Big Business, Strong State: Collusion and Conflict in South Korean Development, 1960 ~ 1990*. Albany: State University of New York Press.

———. 1999. "Crisis of the Developmental State in South Korea." Asian Perspective 23 (2): 35 ~ 55.

Kim, Hosu(김호수). 2006. *Birth Mothers and Transnational Adoption Practice in South Korea*, Palgrave Macmillan.

Kim, Kyung-Hyun(김경현). 2004. *The Remasculinization of Korean Cinema*. Durham: Duke University Press.

Kim, Samuel, ed. 2000. *Korea's Globalization*. Cambridge: Cambridge University Press.

Kim, Seung-Kyung(김승경). 1997. *Class Struggle or Family Struggle?: The Lives of Women Factory Workers in South Korea*. Cambridge: Cambridge University Press.

———. 2004 "Consolidating Women's Rights in South Korea: The Role of Women's Movements in the Democratization." Korea Observer 35 (3): 463 ~ 483.

Kim, Seung-Kyung(김승경), and John Finch. 2002. "Living with Rhetoric, Living Against Rhetoric: Korean Families and the IMF Economic Crisis." Korean Studies 26 (1): 120 ~ 139.

Kim, Sunhyuk(김선혁). 2000. "The Politics of Reform in South Korea: The First Year of the Kim Dae Jung Government, 1998 ~ 1999." Asian Perspective 24 (1): 163 ~ 185.

Kim-Paik, Youngnan(김백영란). 2002. "Reconciling the Nation and Representing Motherhood: The Deployment of Gender During the Korean Separated Family Reunions." A paper presented at the Korea Workshop, 2002 ~ 2003, University of Illinois, Urbana-Champaign, October 2002.

Kingfisher, Catherine. 2002. *Western Welfare in Decline: Globalization and Women's Poverty*. Philadelphia: University of Pennsylvania Press.

Kittay, Eva Feder. 1999. *Love's Labor: Essays on Women, Equality, and Dependency*. New York: Routledge.

Kong Chi-yong(공지영). 1997. *Human Decency*. In Wayfarer: New Fiction by Korean Women, ed. and trans. Bruce Fulton and Ju-Chan Fulton. Seattle: Women in Translation.

Koo, Hagen(구해근), ed. 1993. *State and Society in Contemporary Korea*. Ithaca: Cornell

University Press.

―――. 2001. *Korean Workers: The Culture and Politics of Class Formation*. Ithaca: Cornell University Press.

Koven, Seth, and Sonya Michel, eds. 1993. *Mothers of a New World: Maternalist Politics and the Origins of Welfare States*. New York: Routledge.

Kwon, Huck-ju(권혁주). 1999. *The Welfare State in Korea: The Politics of Legitimation*. New York: St. Martin's.

―――. 2003. "Advocacy Coalitions and the Politics of Welfare in Korea After the Economic Crisis." Policy and Politics 31 (1): 69~83.

Kwon, Insook(권인숙). 2000. "Militarism in My Heart: Women's Militarized Consciousness and Culture in South Korea." Ph.D. diss., Clark University, Worcester, Mass.

Lamphere, Louise. 2004. "The Convergence of Applied, Practicing, and Public Anthropology in the 21st century." Human Organization 63 (4): 431~443.

Larner, Wendy, and William Walters, eds. 2004. *Global Governmentality: Governing International Spaces*. London: Routledge.

Lassiter, Luke Eric, Samuel R. Cook, and Les Field. 2005. "Collaborative Ethnography and Public Anthropology." Current Anthropology 46 (1): 83~106.

Lazzarato, Maurizio. 1996. "Immaterial Labor." In Radical Thought in Italy: A Potential Politics, ed. Paolo Virno and Michael Hardt, 133~146. Minneapolis: University of Minnesota Press.

―――. 2004. "From Capital-Labour to Capital-Life." Ephemera: Theory of the Multitude, Theory and Politics in Organization 4 (3):187~208.

Lee, Namhee(이남희). 2005. "Representing the Worker: The Worker-Intellectual Alliance of the 1980s in South Korea." The Journal of Asian Studies 64 (4): 911~937.

―――. 2007. *The Making of Minjung: Democracy and the Politics of Representation in South Korea*. Ithaca: Cornell University Press.

Lee, Soo-Jung(이수정). 2007. "Making and Unmaking the Korean National Division: Separated Families in the Cold War and Post-Cold War Eras." Ph.D. diss., University of Illinois, Urbana-Champaign.

Lemke, Thomas. 2001. "'The Birth of Bio-Politics': Michel Foucault's Lecture at the College de France on Neo-Liberal Governmentality." Economy and Society 30 (2): 190~207.

―――. 2002. "Foucault, Governmentality, and Critique." Rethinking Marxism 14 (3): 49~64.

Li, Tania M. 2007. *The Will to Improve: Governmentality, Development, and the Practice of Politics*. Durham: Duke University Press.

Lie, John. 1998. *Han Unbound: The Political Economy of South Korea*. Stanford: Stanford

University Press.

Lofel, Lisa. 1999. *Other Modernities: Gendered Yearnings in China After Socialism*. Berkeley: University of California Press.

——. 2007. *Desiring China: Experiments in Neoliberalism, Sexuality, and Public Culture*. Durham: Duke University Press.

Loic Wacquant 2009, Adam Harmes 2001, Eric Helleneiner 1994, Susanne Soederberg 2004

Lyon-Callo, Vincent. 2001. "Homelessness, Employment, and Structural Violence: Exploring Constraints on Collective Mobilizations against Systemic Inequality." In The New Poverty Studies: The Ethnography of Power, Politics, and Impoverished People in the United States, ed. Judith Goode and Jeff Maskovsky, 293 ~ 318. New York: New York University Press.

——. 2004. *Inequality, Poverty, and Neoliberal Governance: Activist Ethnography in the Homeless Sheltering Industry*. Peterbrough, Canada: Broadview.

Marx, Karl. 1990 (1976). *Capital: A Critique of Political Economy*, Volume I. Trans. Ben Fowkes. New York: Penguin.

——. 2004 (1963). *The Eighteenth Brumaire of Louis Bonaparte*. Trans. C. P. Dutt. New York: International Publishers.

Maurer, Bill. 2002. "Redecorating the International Economy: Keynes, Grant, and the Queering of Bretton Woods." In Queer Globalizations: Citizenship and the Afterlife of Colonialism, ed. Arnaldo Cruz-Malave and Martin F. Manalansan, 100 ~ 133. New York: New York University Press.

Mehta, Uday Singh. 1992. *The Anxiety of Freedom: Imagination and Individuality in Locke's Political Thought*. Ithaca: Cornell University Press.

——. 1999. *Liberalism and Empire: A Study in Nineteenth-Century British Liberal Thought*. Chicago: University of Chicago Press.

Miller, Peter. 1992. "Accounting and Objectivity: The Invention of Calculating Selves and Calculable Spaces." Annals of Scholarship: An International Quarterly in the Humanities and Social Sciences 9 (1 ~ 2): 61 ~ 86.

Miller, Peter, and Anthony G. Hopwood, eds. 1994. *Accounting as Social and Institutional Practice*. Cambridge: Cambridge University Press.

Mink, Gwendolyn. 1995. *The Wages of Motherhood: Inequality in the Welfare State, 1917 ~ 1942*. Ithaca: Cornell University Press.

Mitchell, Katharyne. 2004. *Crossing the Neoliberal Line: Pacific Rim Migration and the Metropolis*. Philadelphia: Temple University Press.

Mitchell, Timothy. 2002. *Rule of Experts: Egypt, Techno-Politics, Modernity*. Berkeley: University of California Press.

Moon, Seungsook(문승숙). 2002. "Carving Out Space: Civil Society and the Women's Movement in South Korea." The Journal of Asian Studies 61 (2): 473~500.

———. 2004. "Trouble with Conscription, Entertaining Soldiers: Popular Culture and the Politics of Militarized Masculinity in South Korea." Men and Masculinities 8 (1):64~92.

———. 2005. Militarized Modernity and Gendered Citizenship in South Korea. Durham: Duke University Press.

Morgen, Sandra. 2002. Into Our Own Hands: The Women's Health Movement in the United States, 1969~1990. New Brunswick, N.J.: Rutgers University Press.

Morgen, Sandra, and Jill Weigt. 2001. "Poor Women, Fair Work, and Welfare-to-Work That Works." In The New Poverty Studies: The Ethnography of Power, Politics, and Impoverished People in the United States, ed. Judith Goode and Jeff Maskovsky, 152~178. New York: New York University Press.

Morris-Suzuki, Tessa. 1988. Beyond Computopia: Information, Automation and Democracy in Japan. London: Kegan Paul.

Muraki, Noriko. 2008. "Citizen Professionals: College Women, Care Work, and the Transformation of Middle-Class Subjectivity in Post-Bubble Japan." Ph.D. diss., University of Illinois, Urbana-Champaign.

Muraki, Noriko, with Nancy Abelmann. 2003. "An Ambitious Counter-Interpretive Tale: Class and American Late Capitalism." [A review essay on Sherry B. Ortner's New Jersey Dreaming: Capital, Culture, and the Class of '58]. Anthropological Quarterly 76 (4): 749~760.

Nader, Laura. 1974 (1969). "Up the Anthropologist: Perspectives Gained From Studying Up." In Reinventing Anthropology, ed. Dell H. Hymes, 284~311. New York: Vintage Books.

Nelson, Laura C. 2000. Measured Excess: Gender, Status, and Consumer Nationalism in South Korea. New York: Columbia University Press.

———. 2006. "South Korean Consumer Nationalism: Women, Children, Credit, and Other Perils." In The Ambivalent Consumer: Questioning Consumption in East Asia and the West, ed. Sheldon Garon and Patricia L. Maclachlan, 188~208. Ithaca: Cornell University Press.

O'Connor, Julia, Ann Shola Orloff, and Shelia Shaver, eds. 1999. States, Markets, Families: Gender, Liberalism, and Social Policy in Australia, Canada, Great Britain, and the United States. Cambridge: Cambridge University Press.

Ogle, George E. 1990. South Korea: Dissent within the Economic Miracle. London: Zed.

O'Malley, Pat. 1996. "Risk and Responsibility." In Foucault and Political Reason: Liberalism, Neo liberalism and Rationalities of Government, ed. Andrew Barry, Thomas Osborne, and Nikolas S. Rose, 189~208. Chicago: The University of Chicago Press.

———. 1999. "Governmentality and the Risk Society." Economy and Society 28 (1): 138~148.

Ong, Aihwa. 1996. "Anthropology, China, and Modernities: The Geopolitics of Cultural Knowledge." In Future of Anthropological Knowledge, 60~92. London: Rout-ledge.

———. 1999. Flexible Citizenship: The Cultural Logics of Transnationality. Durham: Duke University Press.

———. 2003. Buddha is Hiding: Refugees, Citizenship, the New America. Berkeley: University of California Press.

———. 2006. Neoliberalism as Exception: Mutations in Citizenship and Sovereignty. Durham: Duke University Press.

Ong, Aihwa, and Donald Nonini, eds. 1997. Ungrounded Empires: The Cultural Politics of Modern Chinese Transnationalism. New York: Routledge.

Ong, Aihwa, and Stephen J. Collier, eds. 2005. Global Assemblages: Technology, Politics, and Ethics as Anthropological Problems. Malden, Mass.: Blackwell.

Orloff, Ann Shola. 1993. "Gender and the Social Rights of Citizenship." American Sociological Review 58 (3): 303~328.

Paik, Nak-chung(백낙청). 1992. "An interview with Bruce Cumings: From the Korean War to a Unified Korea." Korea Journal: 5~25.

Park, Hyon Ok(박현옥). 2007. "From National to Market Utopia: Spectacles of Unification and Neoliberal Democracy." Critical Korean Studies Workshop, October 26, 2007, Centre for the Study of Korea, Munk Centre, University of Toronto.

Park, Mi(박미). 2002. "Ideology and Lived Experience: A Case Study of Revolutionary Movements in South Korea, 1980~1995." A paper presented at "Making Social Movements: The British Marxist Historians and the Study of Social Movements," Edge Hill College of Higher Education, Lancashire, UK, March 1, 2002.

Park, So Jin(박소진), and Nancy Abelmann. 2004. "Class and Cosmopolitan Striving: Mother's Management of English Education in South Korea." Anthropological Quarterly 77 (4): 645~672.

Park, Sook Ja(박숙자). 1998. "Women's Unemployment in Economic Crisis: The Problems and Solutions." Yonsei Journal of Women's Studies 4: 36~64.

Passaro, Joanne. 1996. The Unequal Homeless: Men on the Streets, Women in Their Place. New York: Routledge.

Peck, Jamie. 2001. Workfare States. New York: Guilford.

Peck, Jamie, and Nik Theodore. 2001. "Exporting Workfare/Importing Welfare-to-Work: Exploring the Politics of Third Way Policy Transfer." Political Geography 20: 427~460.

Peng, Ito. 2003. "Gender, Demography, and Welfare State Restructuring in Japan." In New Social Policy Agendas for Europe and Asia: Challenges, Experience, and Lessons, ed. Katherine

Marshall and Oliver Butzbach, 215 ~ 234. Washington: World Bank.

———. 2004. "Postindustrial Pressures, Political Regime Shifts, and Social Policy Reform in Japan and South Korea." Journal of East Asian Studies 4 (3): 389 ~ 425.

Perelman, Michael. 2000. The Invention of Capitalism: Classical Political Economy and the Secret History of Primitive Accumulation. Durham: Duke University Press.

Polak, Jacques J. 1994. The World Bank and the IMF: A Changing Relationship. Washington D.C.: The Brookings Institution.

Poster, Winifred, and Zakia Salime. 2002. "Micro-credit and the Limits of Transnational Feminism: USAID Activities in the United States and Morocco." In Women' s Activism and Globalization: Linking Local Struggles and Transnational Politics, ed. Nancy A. Naples and Manisha Desai, 189 ~ 219. New York: Routledge.

Power, Michael. 1994. The Audit Explosion. London: White Dove.

Presidential Secretary Planning Committee to Improve the Quality of Life. 1999. DJ welfarism: Saech' onnyon ul hyang han saengsan chok pokchi ui kil (Kim Dae Jung' s welfare principles: The ways of productive welfarism toward a new millennium). Seoul: T' oesoltang.

Prey, Rob. 2004. "Visions of Democracy: The Communication and Transformation of Revolutionary Ideologies in South Korea." Global Media Journal 3(4). http://lass .calumet.purdue.edu/cca/gmj/index.htm.

Pun, Ngai. 2003. "Subsumption or Consumption? The Phantom of Consumer Revo—lution in 'Globalizing' China." Cultural Anthropology 18 (4): 469 ~ 492.

———. 2005. Made in China: Women Factory Workers in a Global Workplace. Durham: Duke University Press.

Quastel, N., 2009, Political ecologies of gentrification. Urban Geography, Vol. 30, 694 ~ 725.

Rapp, Rayna. 1992. "Family and Class in Contemporary America: Notes Toward an Understanding of Ideology." In Rethinking the Family: Some Feminist Questions, ed. Barrie Thorne and Marilyn Yalom, 49 ~ 69. Boston: Northeastern University Press.

Read, Jason. 2002. "Primitive Accumulation: The Aleatory Foundation of Capitalism." Rethinking Marxism 14 (2): 24 ~ 49.

Rose, Nikolas. 1990. Governing the Soul: The Shaping of the Private Self. London: Rout-ledge.

———. 1996. Inventing Our Selves: Psychology, Power, and Personhood. Cambridge: Cambridge University Press.

———. 1996b. "The Death of the Social? Refiguring the Territory of Government." Economy and Society. 25(3): 327 ~ 356.

———. 1999. Powers of Freedom: Reframing Political Thought. Cambridge: Cambridge University Press.

Rose, Nikolas, and Carlos Novas. 2005. "Biological Citizenship." In Global Assemblages: Technology, Politics, and Ethics as Anthropological Problems, ed. Aihwa Ong and Stephen J. Collier, 439～463. Malden, Mass.: Blackwell.

Sainsbury, Diane, ed. 1999. Gender and Welfare State Regimes. Oxford: Oxford University.

Salimt' o Newsletter. 1999. Fall issue.

Scheper-Hughes, Nancy. 2000. "The Global Traffic in Human Organs." Current Anthropology 41 (2): 191～211, 222～224.

―――. 2005. "The Last Commodity: Post-Human Ethics and the Global Traffic in 'Fresh' Organs." In Global Assemblages: Technology, Politics, and Ethics as Anthropological Problems, ed. Aihwa Ong and Stephen J. Collier, 145～167. Malden, Mass.: Blackwell.

Sedgwick, Eve Kosofsky. 1990. Epistemology of the Closet. Berkeley: University of California Press.

Shin, Gi-Wook(신기욱). 2002. "Marxism, Anti-Americanism, and Democracy in South Korea: An Examination of Nationalist Intellectual Discourse." In New Asian Marx―isms, ed. Tani E. Barlow, 359～384. Durham: Duke University Press.

―――. 2006. Ethnic Nationalism in Korea: Genealogy, Politics, and Legacy. Stanford: Stanford University Press.

Shin, Gi-Wook(신기욱), and Kyung Moon Hwang(황경문). 2003. Contentious Kwangju: The May 18 Uprising in Korea's Past and Present. Lanham, Md.: Rowman and Littlefield.

Shin, Gi-Wook(신기욱), and Kyung-Sup Chang(장경섭). 2000. "Social Crisis in Korea." In Korea Brief―ing 1997～1999, ed. Kong Dan Oh, 75～100. New York: M. E. Sharpe.

Shin, Kwang-Yeong(신광영). 2000. "The Discourse of Crisis and the Crisis of Discourse." Inter-Asia Cultural Studies 1 (3): 427～442.

―――. 2002. "Economic Crisis and Social Welfare Reform in South Korea." In Cornell University Korean Studies Workshop, 1～14.

Sigley, Gary. 2006. "Chinese Governmentalities: Government, Governance, and Socialist Market Economy." Economy and Society 35 (4): 487～508.

Skocpol, Theda. 1992. Protecting Soldiers and Mothers: The Political Origins Of Social Policy in the United States. Cambridge, Mass.: Belknap Press of Harvard University Press.

Smith, A. M., 2007, Welfare Reform and Sexual Regulation. Cambridge, UK: Cambridge University Press.

Smith, Anna Marie. 2007. Welfare Reform and Sexual Regulation. New York: Cambridge University Press.

Smith, Ruth L. 1990. "Order and Disorder: The Naturalization of Poverty." Cultural Critique 14: 205～229.

Snyder, Richard. 1999. "After Neoliberalism: The Politics of Re-regulation in Mexico." World Politics 51: 173~204.

Song, Ho Keun(송호근). 2003. "The Birth of a Welfare State in Korea: The Unfinished Symphony of Democratization and Globalization." Journal of East Asian Studies 3 (3): 405~432.

Song, Jesook(송제숙). 2003. "Shifting Technologies: Neo-liberalization of the Welfare State in South Korea, 1997~2001." Ph.D. diss., University of Illinois, Urbana-Champaign.

———. 2006. "Family Breakdown and Invisible Homeless Women: Neo-Liberal Governance During the Asian Debt Crisis in South Korea, 1997–2001." positions: east asia cultures critique 14 (1): 37~65.

Spivak, Gayatri. 1988. "Can the Subaltern Speak?" In Marxism and the Interpretation of Culture, ed. Cary Nelson and Lawrence Grossberg, 271–313. Urbana: University of Illinois.

Stacey, Judith. 2000. "Families Against 'the Family' : The Transatlantic Passage of the Politics of Family Values." Radical Philosophy 89 (May/June): 2~7.

Stevens, Carolyn. 1997. On the Margins of Japanese Society. London: Routledge.

Stiglitz, Joseph. 2000. "What I Learned at the World Economic Crisis: The Insider." The New Republic. http://www2.gsb.columbia.edu/faculty/jstiglitz/download/opeds/What_I_Learned_at_the_World_Economic_Crisis.htm.

———. 2002. Globalization and its Discontents. New York: W. W. Norton.

Strathern, Marilyn, ed. 2000. Audit Cultures: Anthropological Studies in Accountability, Ethics and the Academy. London: Routledge.

Suh, Dae-Sook(서대숙). 1967. The Korean Communist Movement, 1918~1948. Princeton: Princeton University Press.

———. 1970. Documents of Korean Communism, 1918~1948. Princeton: Princeton University Press.

———. 1981. Korean Communism, 1945~1980: A Reference Guide to the Political System. Honolulu: University of Hawai'i Press.

Suh, Doowon(서두원). 2003. "Korean White-Collar Unions' Journey to Labor Solidarity: The Historic Path From Enterprise to Industrial Unionism." Research in the Sociology of Work 11: 153~180.

Sunder Rajan, Kaushik. 2006. Biocapital: The Constitution of Postgenomic Life. Durham: Duke University Press.

Susser, Ida. 1999. "Creating Family Forms: The Exclusion of Men and Teenage Boys From Families in the New York City Shelter System, 1987~1991." In Theorizing the City: The

New Urban Anthropology Reader, ed. Setha M. Low, 67 ~ 82. New Brunswick, N.J.: Rutgers University Press.

Szemere, Anna. 2000. " 'We' ve Kicked the Habit' : (Anti)politics of Art' s Autonomy and Transition in Hungary." In Altering States: Ethnographies of Transition in Eastern Europe and the Former Soviet Union, ed. Daphne Berdahl, Matti Bunzl, and Martha Lampland, 158 ~ 180. Ann Arbor: University of Michigan Press.

Takeyama, Akiko. 2005. "Commodified Romance in a Tokyo Host Club." In Genders, Transgenders and Sexualities in Japan, ed. Mark McLelland and Romit Dasgupta, 200 ~ 215. New York: Routledge.

———. 2007. "Commodified Romance: Gender, Sexual, and Class Politics in a Tokyo Host Club." Ph.D. diss., University of Illinois, Urbana-Champaign.

Tang, Kwong-leung. 2000. "The Authoritarian Developmental State and Social Welfare in Korea." In Social Welfare Development in East Asia, ed. Kwong-leung Tang, 89 ~ 112. Hampshire, UK: Palgrave.

The Homeless Rehabilitation Center Report (Seoul: Homeless Rehabilitation Center, 1999)

Trifiletti, Rossana. 1999. "Southern European Welfare Regimes and the Worsening Position of Women." Journal of European Social Policy 9 (1): 49 ~ 64.

United Nations Development Program (UNDP). 1999. Human Development Report. New York: Oxford University Press.

Vanden Heuvel, Katrina. 2006. "Lessons for Labor Day." Nation, September 1, 2006. http://www.thenation.com.

Verdery, Katherine. 2003. The Vanishing Hectare: Property and Value in Postsocialist Transylvania. Ithaca: Cornell University Press.

Virno, Paolo. 2004. A Grammar of the Multitude. Trans. Isabella Bertoletti, James Cascaito, and Andrea Casson. London: Semiotext(e).

Visweswaran, Kamala. 1994. Fictions of Feminist Ethnography. Minneapolis: University of Minnesota.

Wade, Robert. 1998. "From 'Miracle' to 'Cronyism' : Explaining the Great Asian Slump." Cambridge Journal of Economics 22, 693 ~ 706.

Wang Hui. 2003. China' s New Order: Society, Politics, and Economy in Transition. Ed. and trans. Theodore Huters. Boston: Harvard University Press.

Warner, Michael, ed. 1993. Fear of a Queer Planet: Queer Politics and Social Theory. Minneapolis: University of Minnesota Press.

Weston, Kath. 1991. Families We Choose: Lesbians, Gays, Kinship. New York: Columbia University Press.

Won, Sook-Yeon(원숙연), 2014 "Rhetoric or Reality? Peripheral Status of Women's Bureaux in th Korean Gender Regime" in Gender and Welfare States in East Asia: Confuciansim or Gender Equality? Eds by Sirin Sung and Gillian Pascall pp.49~65

Wong, Joseph. 2004. *Healthy Democracies: Welfare Politics in Taiwan and South Korea*. Ithaca: Cornell University Press.

Woo-Cumings, Meredith. 1999. *The Developmental State*. Ithaca: Cornell University Press.

World Bank. 2000. "East Asia: Recovery Exhibits Greater Breadth and Depth, but Remains Uneven." http://www.worldbank.org/eapsocial/index.html.

Yan, Hairong. 2003. "Neoliberal Governmentality and Neohumanism: Organizing Suzhi/Value Flow Through Labor Recruitment Network." Cultural Anthropology 18 (4): 493~523.

Yoon, Bang-Soon(윤방순). 1998. "Korean Women in the Global Economy: Industrialization and Gender Politics in South Korea." Yonsei Journal of Women's Studies 4: 140~180.

Žižek, Slavoj. 2000. *The Fragile Absolute, or Why is the Christian Legacy Worth Fighting For?* London: Verso.

영상 자료

정지우 감독, 〈해피엔드〉, 명필름, 1999.
김인식 감독, 〈로드무비〉, 싸이더스 픽쳐스, 2002.
문화방송, 〈여명의 눈동자〉, 송지나 극본, 김종학 연출, 1991.
서울방송, 〈모래시계〉, 송지나 극본, 김종학 연출, 1995.
서울방송, 〈발리에서 생긴 일〉, 이선미, 김기호 극본, 최문석 연출, 2004.
서울방송, 〈슬픈 유혹〉 노희경 극본, 표민수 연출, 1999.
윤은정 감독, 〈평화란 없다〉, 〈한국여성민우회〉 고용평등 추진본부, 1999.

찾아보기

ㄱ

『가라오라 페미니스트 진』 39
〈가슴 달린 남자〉 152
『가시고기』 108
가정 폭력 105, 113, 120, 154,
175, 177, 179, 185, 188, 189,
199, 213, 216, 217, 231
가족
가부장제(정상가족, 규범적 가족주
의) 55, 77, 78, 87, 148,
150, 153, 154, 158, 163,
176~178, 180~183, 185~
187, 201, 214, 253, 255
가정 폭력 154, 185, 188,
189, 199, 213
감정 노동 183, 187
노동에서의 성차별 39, 41,
157, 159, 161, 187, 194,
196, 203, 206, 251, 252, 255
노숙자 쉼터 231
동성애(동성 커플) 104, 153,
156
모성 이데올로기 177, 184,

185, 187, 190, 238
복지 제도로서의 기능 77, 179
『가족의 치안』 148
가족해체
담론과 그 영향력 24, 35, 91,
124, 148, 150, 153, 156, 157,
165, 174, 177, 180, 189, 198,
202, 312
동성애 혐오 156
'무책임한' 아내 그리고 어머니
20, 153, 168, 169
외환 위기 28, 91
황혼 이혼 150, 153, 154
감정 노동 183, 187
개발 국가 57, 58, 60, 62, 70,
78~81, 83~85, 90, 91, 133,
144, 244, 290, 292, 294, 306,
308, 312, 313
개성 250
겨울나기 운동 187, 189
〈결혼 이야기〉 152
〈경제정의실천시민연합(경실련)〉
67, 302
고건 43, 106, 107, 115, 220

고든, 린다 178
고용보험 111, 197, 198
〈고용안정과〉 42, 43, 117, 278,
  279, 284
교육
  노숙자 자녀 213, 214, 236
  정보 통신 기술 81, 250, 252
  신지식 258
  정부 지원 81, 111, 117, 179,
  199, 252, 258
고학력 실업자 13, 28, 42, 46,
  89, 251, 253
공공 근로 사업
  고용 계약 13, 49
  고학력 실업 46, 257, 262,
  271~273
  쉼터 50, 116, 132, 139, 212,
  226, 237
  신지식인 33, 36, 45, 249,
  258, 260~262, 267~269
  IMF 노숙자 86, 89, 111, 126,
  127, 246, 313
  임금 246, 278
  정보화 사업 62, 88, 89, 246,
  249, 257, 259
  직업 교육 프로그램 259
공공 부조 90, 111, 197~202,
  270
공지영 296~298

『과거의 메아리, 반문화의 서사
  시 : 대한민국의 사회운동』
  290
과소비 추방 운동 80
관료제 34, 35, 232, 262
『광장』 109, 110, 195, 196
광주항쟁 100, 292, 294
구해근 9, 26, 67, 77, 78, 80,
  81, 122, 291, 292, 297
국민기초생활보장법 15, 199,
  221
국민연금 13, 49, 197
〈국제부흥개발은행(IBRD)〉 262
국채보상운동 58, 186
굽타, 아크힐 226, 248
권력 19, 32, 54, 69, 70, 72~
  75, 90, 103, 135, 233, 234,
  248, 310
권인숙 성고문 사건 292
근로 복지 제도 49
금 모으기 운동 57, 65, 186
금융자본(주의) 16, 30, 69, 71,
  84, 88, 242, 244, 276, 301,
  304~306, 309
〈그것이 알고 싶다〉 129, 130
그람시, 안토니오 54, 289~291
기도원 177, 197, 214~216, 232
기든스, 앤서니 82
기업형 교회 214~215

김경현 151
김대중 정부
　〈노사정위원회〉 63, 64, 75
　대통령 선거 56, 62
　생산적 복지 정책 62, 90,
　　141, 186, 197, 198, 221,
　　258, 312
　신지식인 257~259
　IMF 개혁 29, 43, 54, 56, 57,
　　59, 62~64, 89, 149, 242, 303,
　　311
　재통합 정책 67
　젠더 문제 41, 150, 151, 157,
　　190, 195
김모임 106
김승경 153, 297
김용창 113
김영삼 정부 59, 193, 195, 213
김인식 104, 108
김중순 78
김해철 157
〈꽃동네〉 175
〈꿈꾸는 사람들〉 269, 270
〈끼리끼리〉 39

ㄴ

나이, 푼 25, 71

남기철 113
남정현 151
넬슨, 로라 25, 104
노동
　감정 노동 183, 187
　계약직, 비정규직 13, 39,
　　127, 136, 159, 161, 163,
　　198, 247, 249, 264
　노동운동 66, 102, 133, 291~
　　294
　담론 97, 222
　상품화된 생명권력 135
　성차별 39, 41, 157, 159,
　　161, 187, 194, 196, 203,
　　206, 251, 252, 255
　유연화 260
　전태일 290
　정보 통신 기술 70, 87, 243,
　　272, 273, 280
　착취에 대한 마르크스적 관점
　　48
노동조합
　기능과 역할 61, 81
　〈노사정위원회〉 63, 64, 75,
　　122
　정부의 탄압 291
　파업과 시위 32, 122, 162,
　　288, 293
노무현 정부 45, 201

노숙자(노숙인)

　가족 회복(재활)　114, 121, 125

　규모　100, 112

　보건복지국　116, 117, 219, 220

　부랑인　21, 33, 112, 120, 123~125, 128~130, 168, 173, 199, 210, 211, 229, 234, 238, 239

　서울역 광장　100~104

　IMF 노숙자　28~30, 33, 73, 87, 91, 100, 107, 111, 118, 120, 121, 123~126, 131, 132, 135~141, 168, 170, 171, 179, 202, 221, 222, 228, 229, 238, 312

　위험성　117~123

〈노숙인다시서기지원센터〉　103, 106, 136, 139, 140, 141, 181, 182

〈노숙자대책반〉　116, 123

〈노숙자대책협의회〉　103, 115, 116, 211, 212, 220, 231

노점상　98, 108, 109

노희경　108

〈농협〉　21, 92, 150, 157~165, 194, 211, 255

뉴딜　89

〈늘푸른사람들〉　268

ㄷ

〈다음〉　280

다케야마 아키코　183

대기업(재벌)

　구조 조정　56, 58

　복지 제도로서의 기능　58, 77, 79~81, 111

　성차별　40

　소액 주주 운동　302~305

　정부 지원　58, 60, 78~80

　해고(정리 해고, 명예퇴직)　79, 81

〈대통령 직속 여성특별위원회〉　42, 43, 251

대통령 비서실 〈삶의질향상기획단〉　55

대중문화　91

독립 예술제(서울 프린지 페스티벌)　269, 270

〈돌꽃〉　39

동성애

　동성 결합　153, 300

　동성애 혐오　39

　홍석천 사건　154~156

동즐로, 자크　148

〈들꽃〉　39

ㄹ

〈라이코스〉 280
라자라토, 마우리치오 135, 188
라틴아메리카 60
랩, 라냐 149
〈레즈비언 상담 센터〉 39
〈로드무비〉 104
리드, 제이슨 245

ㅁ

명예퇴직 44, 151, 157, 158,
 159, 164, 172, 193, 262, 274
〈모래시계〉 295~296
모리스-스즈키, 테사 88, 243
모성 (이데올로기) 177~180,
 182, 184, 187, 190, 195, 201,
 235~238
『무당, 여성, 신령들: 1970년 한
 국 여성의 의례적 실천』 9
문승숙 67, 77
물산장려운동 58, 65
미국 16, 59, 61, 89, 142, 145,
 178, 183, 203, 204, 214, 242,
 302, 307, 309
〈미스터맘마〉 152
미첼, 캐서린 96, 300, 301

민관 협력 16, 55, 64, 67, 190,
 220, 232, 233
민족주의 운동 98
민주화 시기(1987~1997) 65
『민중 만들기: 한국의 민주화 운
 동과 재현의 정치학』 9
민중 신학 289

ㅂ

박종철 294
〈방림방적〉 32, 91, 96, 132,
 133, 134, 142
〈방송윤리위원회〉 156
〈발리에서 생긴 일〉 104
『배제로서의 신자유주의』 71
배태된 자유주의 302
백수 33, 87, 245, 261, 262,
 264, 273, 314
『백수도 프로라야 살아남는다』
 269
백영경 187
밴던 휴벨, 카트리나 307, 308
벌노, 파올로 135
범국민 결연 운동 187
벤처 사업 29, 62, 81, 88, 89,
 242, 244, 245, 279
벤처 열풍 272, 274, 281, 286

벤처 캐피털   29, 88, 91, 242,
  244, 249, 276, 278, 281~283
『변증법의 낮잠』   12, 17, 19, 310
복지국가   6, 14, 20, 30, 33, 42,
  54~58, 68, 74, 76, 77, 81~
  89, 91, 111, 114, 135, 141,
  143, 150, 168, 178, 179, 186,
  195, 197, 204, 211, 214, 221,
  249, 256, 262, 268, 271, 272,
  306, 307, 310, 313
복지사회   30, 37, 42, 48, 76,
  85, 91, 93, 198, 234, 242
부랑인(부랑형 노숙인)   21, 33,
  112, 113, 120, 123~125,
  128~130, 168, 170, 173, 199,
  202, 210, 211, 223, 228, 229,
  234, 235, 238, 239
『부주전상서』   151
〈Book4U〉   268
『분노의 포도』   183, 184
브라운, 웬디   183, 187, 300
블레어, 토니   82
비정부기구(NGO)   31, 34, 35, 46,
  51, 64, 72, 73, 91, 102, 105, 116,
  180, 190, 224, 233, 248, 259, 268,
  311, 312
〈비전트레이닝센터〉   142
빈민 구제   114
〈뽀뽀뽀〉   155

ㅅ

사내 부부(커플)   21, 150,
  157~159, 160, 161, 165
〈사랑의전화〉   105, 106, 207
4.19 혁명   98
사회 안전망   79, 83, 140
『사회이동과 계급, 그 멜로드라
  마』   9
사회(사회적) 통치
  통치 실행자   17, 32, 312
  푸코   16, 18, 19, 32, 74
  (신)자유주의적 사회 통치
    29, 48, 52, 56, 68, 69, 72,
    84, 110, 168, 220, 230, 234,
    256, 273, 307, 311
〈산업경제국〉   117, 278, 284
산업재해보험   197
『살림터 뉴스레터』   183
〈삼성〉   78, 275
새마을운동   80
생명권력   73, 75, 76, 135, 136,
  141, 248, 312, 315
생산적 복지   62, 77, 79, 81, 82,
  84, 86, 90, 121, 141, 177, 186,
  187, 198, 202, 210, 211, 236,
  246, 249, 256, 258, 259, 267,
  306, 307, 309, 312, 313
서두원   67

서동진   12, 18, 19, 26, 37, 67,
  245, 258, 309, 310
서민   67, 89, 256, 274
『서비스 이코노미: 한국의 군사
  주의 성 노동, 이주 노동』 9
〈서울 벤처 센터〉 282~284
〈서울산업진흥재단〉 282
〈서울시 노숙자대책협의회〉
  103, 115, 116, 211, 212, 216,
  231
〈서울시 실업대책위원회〉   13,
  31, 115, 116, 117, 119, 170,
  211, 218, 219, 220, 260, 261,
  263, 264, 266
서울역 광장
  공무원 방문   106~107
  금지 사항   106
  노숙자   100~104
  노숙자 지원 조직   102, 103,
  105
  노점상   98, 108, 109
  무료 급식   102
  상징적 가치   96~97
  〈여성복지상담소〉 192~195
  집회 및 데모 장소   98~100
서울역 회군   100
〈서울창업투자조합〉 282
성공회 대학교   102, 103,
성 정치   14, 36, 37, 39, 41, 42,

47, 164, 165
성차별(젠더적 편견)   39, 41, 157,
  159, 161, 187, 194, 196, 203,
  206, 251, 252, 255
〈성폭력 상담소〉   154, 188
〈세계은행(World Bank)〉   59, 60,
  128, 259, 262, 309
세계화(지구화)   61, 62, 80, 277,
  278
소규모 기업(SOHO)   259, 265,
  282
소액 주주 운동   302~305
소유권   17, 250, 305
송지나   293
순더 라잔, 카우식   84, 245, 274
쉼터
  가정 폭력   177
  가족 회복 프로그램   181~182
  과다 수용   217~218
  관리자   165, 169, 180, 203,
  206, 223
  규정과 요구 사항   208, 216
  기도원   117, 197, 216
  여성 (노숙자) 쉼터   47, 49,
  50, 194, 211, 212, 216~220,
  224~227, 231, 232, 234~
  236, 263, 285
  〈여성노숙자쉼터연대〉   217,
  224, 231

일자리 50, 86, 133
종교 단체 115, 212
슈미드, 앙드레 9
스미스, 애덤 75, 304
스미스, 앤 마리 214
스타이벡, 존 183, 184
스티글리츠, 조지프 61
〈슬픈 유혹〉 108
시민권(시민의 권리) 35, 141,
302, 303
시민사회 57, 62, 66, 67, 75,
90, 102, 115, 148, 180, 182,
186, 188, 190, 224, 231~234,
297, 298, 304, 312, 313
신광영 113
신분증 104
신세대 29, 156, 244, 250
신용카드 104, 172
신유교
가부장제 77, 78, 182
모성 이데올로기 182
『신자유주의적 노선을 가로질러:
태평양 연안 이주와 대도시』
96
신조어 7, 29
신지식인 6, 14, 25, 28, 29, 31,
33, 36, 45, 73, 87, 88, 91, 92,
244, 245, 249, 256~262, 266~
268, 283, 286, 312

실업
고학력 실업자 28, 46, 89
공공 근로 사업 6, 13, 14, 33,
34, 36, 45, 46, 49, 50, 62, 86,
88, 89, 111, 116, 126, 127,
132, 139, 202, 212, 224, 226,
237, 246, 249, 257, 259~262,
267~269, 271, 273, 278
〈노사정위원회〉 63, 64, 75,
122
백수 33, 87, 245, 261, 262,
264, 273, 314
신지식인 33, 36, 45, 249, 261,
262, 267, 268
아르바이트 39, 266
〈실업극복국민운동본부〉 186,
189
실업 대책반 117
심철호 105

ㅇ

아나그노스트, 앤 25, 26, 183
아르바이트 39, 209, 266
아리기, 조반니 245
IMF(국제통화기금)
구조 조정 44, 58, 61, 128,
193, 242

구제금융 28, 57, 58, 100, 126, 193

아시아 외환 위기 28, 57, 59, 60, 90, 121, 311

IMF 노숙자 28~30, 33, 73, 87, 91, 100, 107, 111, 118, 120, 121, 123~126, 131, 132, 135~141, 168, 170, 171, 179, 202, 221, 222, 228, 229, 238, 312

『아파트 공화국』 9

알튀세르, 루이 43, 289

얀, 해이룽 71

에이블먼, 낸시 7, 9, 23, 26, 288, 296

에자와, 아야 23

〈여먹살〉 39

〈여명의 눈동자〉 294

여성

가정 폭력 105, 113, 120, 154, 175, 177, 179, 185, 188, 189, 199, 213, 216, 217, 231

결혼에 대한 압박 40, 42

〈농협〉의 '자발적' 퇴직 157~165

〈여성긴급상담전화〉 201·

〈여성가족부(여성부)〉 45, 185, 251, 254

여성 노숙자

모성 이데올로기 20, 153, 170, 176, 230, 237

아이들 212~215

에미병 231, 234, 236

여성 노숙자 쉼터 47, 49, 50, 194, 211, 212, 216, 218~220, 224~227, 231, 232, 234~236, 263, 285

원인 113, 174, 176, 177, 212~214, 216, 217, 228, 234, 235

〈여성노숙자쉼터연대〉 217, 224, 231

〈여성민우회〉 45, 67, 161, 162, 221

〈여성민우회 고용평등추진본부〉 161

〈여성복지과〉 44, 284, 285

〈여성복지상담소〉 192~195

〈여성위원회〉 162

〈여성의전화〉 105, 154, 188

〈여성학 연구 모임〉 46

〈영등포 산업 선교회〉 133

오말리, 팻 32

「오아시스」 123, 124

『옥중수고』 54

옹, 아이화 71

요보호여성 175, 177, 228

『우리가 사랑한 남자』 108

우-커밍스, 메러디스   80
월드컵(2002년)   109
위기 지식 매개자   17, 18, 32,
    38, 91, 289
유기적 지식인   291, 292, 296,
    299
윤홍식   108
이나미   108
이남희   9
이재정   102
이진경   9
이한열   292
이혼   150, 153, 154, 172, 181,
    183, 184
『인간에 대한 예의』   296~297
〈인도주의실천의사협의회〉   105
인클로저 운동   305
〈인터파크〉   280
일본   58, 59, 88, 294
〈일시시립부녀보호소〉   175,
    217, 218
일제강점기   57, 65, 97, 98, 110,
    182, 186

ㅈ

'자격이 없는' 시민   33, 97,
    120, 121, 131, 144, 169, 173,
174, 177, 238, 312
'자격이 있는' 시민   31, 33, 52,
    55, 73, 81, 86, 87, 89, 90, 97,
    120, 121, 123, 131, 132, 134,
    141, 144, 148, 168, 169, 178,
    179, 196, 201, 203, 204, 222,
    229, 238, 243, 246, 257, 268,
    308, 312, 313
'자격이 있는' 청년   89, 92,
    245, 260, 273
자기 계발 주체   48, 55, 72, 88,
    91, 245, 247, 250, 251, 259,
    260, 310
자기 관리   18, 48, 227, 242,
    245, 249, 250, 255, 266
자넬리, 로저   78
자유 의지   48, 49, 295
『자유의 의지 자기 계발의 의지』
    18, 19
자유주의
    복지 체제   55, 79, 82, 83, 85,
        92
    신자유주의와의 관계   16, 17,
        29, 30, 38, 68~70, 74, 82
    (신)자유주의적 통치   19, 29,
        34, 48, 61, 68~70, 72~76,
        84, 90, 96, 105, 117, 180,
        187, 188, 242, 248~251
    질 나쁜 자유주의   299~305

질 좋은 자유주의 299~305
〈자유의집〉 136
『자유주의: 그 이름 안에 무엇이?』 242, 299
자율성 128, 250, 310, 311
〈장애여성네트워크〉 46
장하준 60, 303, 304
재벌 58, 77~81, 111, 272, 279, 283, 286, 302~305
재야 세력(반체제 단체) 63, 66, 186, 187
〈전국백수연합(전백련)〉 268, 269
전태일 290
정보화(정보사회) 62, 88, 89, 246, 249, 257, 259, 272
정보 통신 기술(IT) 70, 87, 243, 272, 273, 280
〈정보통신부〉 282
정원오 113
정지우 151
『제국 그 사이의 한국 1885~1919』 9
제메어, 안나 284
제3의 길 63, 82
제솝, 밥 56, 74
〈제2의 건국 범국민추진위원회〉 258
조계종 232

조문영 15
조창인 108
조한혜정 22
『좌파 법치주의/좌파 비판』 300
주덕한 269
주민등록증 103
줄레조, 발레리 9
중국 69, 294, 296
중산층(중간계급) 65, 67, 81, 89, 90, 125, 163, 171~173, 210, 256, 298, 302
지식인
　정치적 역할(사회적 행위자) 51, 52, 237, 291~299
　민주화 운동 37, 51, 66, 290, 291~299
　신자유주의적 역할 110, 261
『지식인과 권력』 54
직업교육 111, 117, 258

ㅊ

차홍봉 106
〈참여연대〉 67, 304
창업 정신 250
창의성 87, 247, 248, 249, 250, 260, 266, 267, 314
〈창작자 기획연대(창기연)〉 269

청년 실업

　공공 근로 사업　244~246, 262

　대중매체 보도　85, 280

　벤처 산업　29, 245, 278, 281

　신지식인　33, 36, 45, 249, 261,
　　262, 267, 268

　아르바이트　39, 209, 266

　정보 통신 기술　70, 87, 243,
　　272, 273, 280

〈청년여성실업대책 모니터링 팀〉
　92, 160, 217, 218, 260

최윤　296

최인훈　109, 195

〈친구사이〉　39

ㅋ

『캔맥주를 마시며 생각해 낸 인생
　을 즐기는 방법 170』　269

〈컴투게더〉　39

컴퓨터　81, 250, 257, 272

켄달, 로렐　9

〈코마 문화 기획단〉　39

코머로프, 존　85

코머로프, 진　85

쾨쳉, 장　71

킹피셔, 캐서린　205

ㅌ

통치

　대상　33, 36, 48, 92, 246

　신자유주의적 통치　16, 18, 30,
　　36, 48, 49, 52, 55, 63, 69,
　　70, 135, 141, 143, 144, 196,
　　244, 245, 255, 259, 273, 287

　이론적 관점　27~28

　행위자　17, 32

택시 기사　92, 274

ㅍ

파사로, 조앤　205

파콰르, 주디스　71

페렐만, 마이클　75

펙, 제이미　74

〈평화란 없다〉　158, 164

푸코, 미셸

　권력 기제　32

　생명권력　73~75, 135, 248,
　　310, 313

　자기 계발(자기통제, 자기 관리 기
　　술)　18, 48, 72

　자유주의　48, 68, 71, 72

　통치성　16, 18, 19, 30, 34,
　　48, 54, 301, 313

『푸코 효과: 통치성에 관한 연구』
18, 32
『푸코와 정치 이성』 32
프레이저, 낸시 168, 169, 203,
204, 206
〈프리워FReE-War〉 39, 46, 162.
269
핀치, 존 153
필요-발언, 169, 202, 203
쉼터 관리자 223~238
행정 직원(공무원) 219~223
『필요를 둘러싼 투쟁: 사회주의
적 여성주의의 후기 자본주의
정치 문화 비판 이론 개론』
168

혈세 262
호주제 185
호프만, 리사 71
홍석천 150, 154~156
〈환경운동연합〉 67
황혼 이혼 150, 153, 154
『회색 눈사람』 296
〈희망의집〉 131, 132, 136, 212,
216, 219, 224, 231, 232, 234,
259
힌데스, 베리 242, 299

ㅎ

〈하녀〉 151
하비, 데이비드 74, 300
〈한국경영자총협회〉 63
『한국 노동계급의 형성』 9
〈한국여성단체연합(여연)〉 67
〈할미꽃〉 269, 270
〈해피엔드〉 150, 151, 152, 156
헬리, 자넷 300
〈현대〉 78
현장 기술적 관찰 266

복지의 배신

지은이_ 송제숙
옮긴이_ 추선영
펴낸이_ 이명회
펴낸곳_ 도서출판 이후
편집_ 김은주, 홍연숙, 김대한
편집 도움_ 천승회
표지 디자인_ 김태형

첫 번째 찍은 날 2016년 6월 9일

등록 _1998. 2. 18(제13-828호)
주소 _121-754 서울시 마포구 양화로 156, 1229호(동교동, 엘지팰리스 빌딩)
전화 _대표 02-3141-9640 편집 02-3141-9643 팩스 02-3141-9641
www.ewho.co.kr

ISBN 978-89-6157-087-9 93300
이 도서의 국립중앙도서관 출판예정도서목록(CIP)은 서지정보유통지원시스템 홈페이지
(http://seoji.nl.go.kr)와 국가자료공동목록시스템(http://www.nl.go.kr/kolisnet)에서 이용하실
수 있습니다.(CIP 제어번호: CIP 2016012689)